INHALT

1. JENSEITS DES ÜBERLEBENS

Ich bin Jude. Zwischen 1933 und 1945 lebte ich in Deutschland, im Land meiner Geburt, mit vielen, die vernichtet wurden, und den wenigen, die den Holocaust überlebten.

Damals kam es mir nie in den Sinn, dass mein täglicher Kampf ums Überleben mich eines Tages an das unvermeidbare Ende meines Lebens führen würde. Mit jedem Tag, der vergeht, gibt es mehr Vergangenheit, auf die ich zurückblicken kann, und weniger Zukunft, die auf mich zukommt.

Ich habe gelernt, dass das Leben eine Reise ist. Erfüllung findet man nicht auf einem Gipfel unterwegs, sondern in dem man den gesamten Weg von der frühen Kindheit bis ins hohe Alter beschreitet.

Ich bereue nichts, verspüre keinen Hass, beanspruche keine Privilegien – ich bin zutiefst dankbar für jeden Augenblick meines Lebens und jede Begegnung auf meinem Weg.

Meine Freunde und meine Feinde, das Tageslicht und die Stunden der Dunkelheit haben mich geleitet. Ihnen verdanke ich die Erkenntnis, dass der Sinn des Lebens nichts jenseits des Überlebens zu finden ist, sondern darin, meine Mitreisenden an den gewonnenen Lehren teilhaben zu lassen.

Es mussten fünfzig Jahre der Auseinandersetzung mit diesen Ereignissen vergehen, bevor ich das Bedürfnis verspürte, über meine Reise zu schreiben. Möge die Welt von gestern allen, die die Welt von morgen aufbauen, Mut und Hoffnung schenken!

2. DER ANFANG

Ich kam am Dienstag, den 16. April 1929, um Viertel zwei in der Früh in Breslau zur Welt. Schon damals muss ich dickköpfig gewesen sein. Frau Weinhausen, die Hebamme, hatte beträchtliche Schwierigkeiten, mich aus der Sicherheit des Mutterleibs herauszubugsieren – hinein in eine Welt, die gerade dabei war, sich in eine Wirtschaftskrise, Massenarbeitslosigkeit und politischen Extremismus zu stürzen. Frau Weinhausen sah sich dazu gezwungen, Frau Doktor Berg-Platau, die Geburtshelferin meiner Mutter, hinzuzuziehen. Frau Doktor Berg-Platau war eine Freundin der Familie. Wenige Tage nach meiner Ankunft wanderte sie nach

Palästina aus. Sie und ihre Familie waren Zionisten – eine Weltsicht, die unsere Familie und die meisten unserer Freunde als fehlgeleitet ansahen, da sie zu der Zeit unser deutsches Vaterland ohne Einschränkung als ihre Heimat betrachteten.

Am Dienstag, den 23. April 1929, morgens um halb elf, führte mich Doktor Schlesinger in den ›Bund mit Abraham‹ durch den Ritus der Beschneidung ein. Ich habe mir sagen lassen, dass dies ein großes Ereignis für unsere Familie war. Um ehrlich zu sein, kann ich mich an nichts erinnern! Alfred Redlich, der Cousin meines Vaters, war mein Pate. Wer hätte damals erahnen können, dass Alfred, seine Frau Käthe und ihr Sohn Walter im November 1941 nach Kaunas, Litauen, deportiert werden würden? Am Morgen des 29. November 1941 wurden 939 jüdische Frauen und Männer (durchschnittlich 42 Jahre alt) und 66 Kinder im Alter von bis zu zehn Jahren aus Breslau im dortigen IX. Fort erschossen. Meine Verwandten gehören zu ihnen.

Die ersten vier Jahre meines Lebens verliefen ganz normal, obwohl sie mit dem Verfall der Weimarer Republik zusammenfielen. Das demokratische Deutschland kämpfte auf verlorenem Posten gegen seinen schwersten Feind, die Nationalsozialistische Deutsche Arbeiterpartei unter der Führung Adolf Hitlers. Zwei Monate nach meiner Geburt kehrte meine Mutter zur Arbeit in den Betrieb meines Vaters zurück. Meine Großeltern beaufsichtigten von nun an meine Erziehung, und sie verwöhnten mich nach Strich und Faden. Gelegentlich sahen sich meine Eltern deshalb gezwungen, Korrekturmaßnahmen einzuleiten. Der Gegensatz zwischen der Sanftmut meiner Großeltern und der eisernen Disziplin meiner Eltern sorgte in mir aber nie für Verwirrung. Ich betrachtete sie als zwei unterschiedliche Ausdrucksweisen liebevoller Sorge und Aufmerksamkeit.

Mein Leben begann so richtig erst nach meinem dritten Geburtstag. Am 1. Oktober 1932 wurde ich in einen kleinen privaten *Montessori*-Kindergarten, der sich in einer palastartigen Wohnung in der Kaiser-Wilhelm-Straße befand, eingeschrieben. Der Kindergarten wurde von einer jüdischen Professorin der Erziehungswissenschaft an der Breslauer Universität, Frau Stern, geleitet, die mithilfe der fünf dort angestellten Lehrer Forschung zu frühkindlichen Verhaltensweisen betrieb.

Wir durften uns immer nur ein Spielzeug aussuchen, das wir eine ganze Stunde lang nicht gegen ein anderes tauschen konnten. Wenn die Stunde vorbei war, mussten wir das Spielzeug zurückgeben. Jeder hatte auch eine Topfpflanze, um die er sich kümmern musste. Die zwanzig Töpfe standen nebeneinander auf einer Bank, und an jeder Pflanze hing ein Namensschild. Für Pflanzen, die aus Vernachlässigung eingingen, gab es keinen Ersatz. Ein Topf mit einer eingegangenen Pflanze, der neben einer blühenden Pflanze stand, sprach Bände. Weiteres Lob oder Züchtigung waren überflüssig. Wir mussten eine ›leise Stunde‹ einhalten, während der niemand sprechen durfte. Jedes Kind erhielt nur ein einziges Blatt Papier und Buntstifte. So mussten wir genau überlegen, bevor wir den Stift ansetzten. All das diente dazu, uns zu nachdenklichen und zuvorkommenden Menschen zu erziehen und eine geordnete Welt schätzen zu lernen. Die täglichen Berichte über mein Verhalten existieren bis heute, und sie gewähren mir Einblicke in die Herausbildung meiner Denkvorgänge und Einstellungen.

Nachmittags spielte mein Kindermädchen Lotte Abraham, eine ausgebildete Kindergärtnerin, mit mir und unternahm mit mir Ausflüge zum nahegelegenen Kaiser-Wilhelm-Platz. Die Eins-zu-eins-Beziehung zu Lotte, im Gegensatz zum Gruppenumfeld im Kindergarten, lehrte mich, die Einzigartigkeit und Liebenswürdigkeit jeder menschlichen Seele wertzuschätzen. 1997 besuchte ich Breslau, das die Polen ›Wrocław‹ nennen. Der Kaiser-Wilhelm-Platz hieß nun ›Plac Powstańców Śląskich‹ [Platz der schlesischen Aufständischen]. Der Sandkasten, in dem Lotte und ich gespielt hatten, war noch da, aber Lottes Leben war in den Gaskammern von Auschwitz ausgelöscht worden.

Die drei Jahre im Kindergarten (1932 bis 1935) führten mich ein in eine Welt, die es wert ist anzustreben. Sie lehrten mich den Unterschied zwischen Recht und Unrecht. Doch die Welt bewegte sich in die entgegengesetzte Richtung. Am Eingang meiner Lieblingseisdiele hing nun ein Schild: »Juden unerwünscht«. Auf Parkbänken hatte man mit Schablonen den Spruch »Nicht für Juden« gemalt. Diese Parolen verschwanden im August 1936, während der Olympischen Sommerspiele im Deutschen Reich, für einen Monat. Der Mann, der Luftballons, Spielzeug und Eis am Kaiser-Wilhelm-Platz verkaufte, weigerte sich, mit Juden Geschäfte zu machen. Der Betrieb meines Vaters wurde ›arisiert‹, und er wurde als Zwangsarbeiter beim Bau von Autobahnen in Werlte im Emsland eingesetzt. Es wurde immer schwieriger, die Welt, wie sie war und wie sie hätte sein können, zusammenzuführen.

Wir waren nicht nur dem Namen nach deutsche Juden, sondern sowohl in der deutschen als auch der jüdischen Kultur verwurzelt. Die Maßnahmen Hitlers führten dazu, dass wir unsere wahre Identität erforschen und überdenken mussten. Bis heute sehe ich es als fortwährende Aufgabe an, die idealisierte Welt, die ich im Kindesalter in meinen Gedanken erschuf, mit der Welt, in der sich mein Leben abspielt, in Einklang zu bringen.

Der viel geschmähte und falsch zitierte Philosoph Friedrich Nietzsche definiert das Dilemma der jüdischen Identität kurz und bündig im ›§ 205‹ seines Werkes *Morgenröte:* »In Europa aber haben sie [die Juden] eine Schule von achtzehn Jahrhunderten durchgemacht, wie sie hier kein andres Volk aufweisen kann, und zwar so, dass nicht eben der Gemeinschaft, aber umsomehr den Einzelnen die Erfahrungen dieser entsetzlichen Übungszeit zu Gute gekommen sind.«

3. GERÜCHE

Von Historikern wird erwartet, dass sie Tatsachen auf geordnete Weise darstellen. Sie bringen Ereignisse in eine zeitlich und örtlich logische Reihenfolge. Das ist jedoch nicht die jüdische Art, Geschichte zu schreiben. Für Juden ist Geschichte nicht nur eine systematische Aufzeichnung der Vergangenheit, sie ist auch eine Lehre für die Zukunft. Thomas Carlyle schrieb: »Die Juden sind ein Volk ohne Geschichte.« Er hatte aber versäumt zu sehen, dass Geschichte eine Reaktion des Menschen auf seine Umwelt und seine Mitmenschen ist. Ich habe Ihnen etwas über meine Vorfahren und die, die mich am Anfang meiner Reise durchs Leben begleiteten, erzählt. Im Folgenden erhalten Sie Einblicke in das, was ich auf meiner Reise erfahren habe, wie ich mich daran erinnere und wie es mich zu dem Menschen gemacht hat, der ich heute bin. Wenn man versucht, sich an Ereignisse aus früher Kindheit zu erinnern, verschmilzt die Realität mit Geschichten, die in der Familie und von Freunden erzählt wurden. Es ergibt wenig Sinn, zu versuchen, die persönlichen Erfahrungen von den Geschichten zu trennen. Geschichte und Geschichten sind zu meiner Lebenswirklichkeit verschmolzen.

Im Januar 1933 lebten wir in einem prachtvollen Viertel Breslaus, in einer 15-Zimmerwohnung in der Charlottenstraße 8. Die meisten Möbel waren speziell für diese Wohnung angefertigt worden, noch dazu waren mehrere antike Möbelstücke Teil der Ausstattung. Das große Wohnzimmer wurde mit zwei wunderschönen Kachelöfen geheizt, die eine Woche im Voraus angefeuert wurden, um die Zimmer für 25 oder mehr Gäste, die oftmals zum Abendessen geladen wurden, gemütlich zu machen. Das Dienstmädchen, Maria, das bei uns wohnte, zog zu solchen Anlässen ein besonderes schwarzes Kleid an, dazu eine weiße Schürze und eine weiße Haube, um die Gäste am Tisch zu betreuen und ihnen am Ende des Abends in ihre Mäntel zu helfen.

Die Perserteppiche, die mit Kelims – handbestickten Vorhängen – geschmückten Fenster und die wunderschönen Gemälde verliehen der Wohnung ein besonders vornehmes Erscheinungsbild. Es erforderte viel Personal, um unser Zuhause instandzuhalten. Wenn ich an viele dieser Menschen zurückdenke, empfinde ich noch immer eine große Zuneigung.

Jeden Morgen war Frau Wahl unsere erste Besucherin. Sie frisierte die Haare meiner Großmutter mit einem Lockenstab, den sie über einer Brennspiritusflamme erhitzte. Bevor er auf den Haaren meiner Großmutter zur Anwendung kam, prüfte Frau Wahl die Temperatur des Stabs auf alten Zeitungsausschnitten. Den Geruch des angesengten Papiers und der Brennspiritusflamme habe ich nie vergessen. Frau Wahl war nicht nur eine Bedienstete, sie war eine Freundin. Sie galt darüber hinaus als die ›Zeitung des jüdischen Breslau‹ und verbreitete die neuesten Gerüchte von Haushalt zu Haushalt.

Der französische Holzpolierer kam einmal im Jahr, um die Möbel zu restaurieren, und einmal im Monat klopfte der Hausmeister alle Perserteppiche im Hof und entfernte so den angesammelten Staub. Maria war für die Grundreinigung zuständig. Alle zwei Monate kam Frau Müßigbrot, um die ›große Wäsche‹ zu erledigen, und ihr folgte Klara, die Kleidungsstücke flickte.

Mittags holte Leo, der Fahrstuhlführer, das Mittagessen für meine Eltern bei uns Zuhause ab und brachte es ihnen ins Büro. Die Geschäfte in der Stadt waren zwischen ein und zwei Uhr zur Mittagspause geschlossen, dafür blieben sie dann bis sieben Uhr abends geöffnet. Obwohl Leo nicht jüdisch war, sah er aus wie eine jener Karikaturen von Juden, die im antisemitischen *Stürmer* abgebildet wurden. Er musste eine große Familie ernähren, hatte außerdem ein Alkoholproblem und einen Buckel. Meine Eltern bemühten sich, ihm und seiner Familie zu helfen: Sie überließen ihnen immer Lebensmittelpakete und Altkleider.

Alle unsere Angestellten waren auch Freunde, und sie hatten immer ein liebenswertes Wort für mich übrig. Jeder von ihnen erzeugte einen unverwechselbaren und unvergesslichen Geruch, der meine Erinnerung an sie herbeizaubert. Die schwelende Zeitung, die französische Politur, der Geruch der Seifenlaugen von der Wäsche, der Weihnachtsbaum im Zimmer des Dienstmädchens, den ich zwar betrachten durfte, der in unserer Wohnung aber sonst nichts zu suchen hatte, und nicht zuletzt der Duft der Mittagessen, der aus der Tragetasche entwich, die Leo abholte.

Jeden Sonntagmorgen mieteten wir eine Pferdekutsche, die uns zum Frühstück in die *Terassen-Gaststätte* im Scheitniger Park fuhr. Während ein Orchester für die Frühstücksgäste spielte, gesellte ich mich zu all den anderen Kindern, die hinter dem Dirigenten standen und seine Bewegungen nachahmten. Auf dem Nachhauseweg statteten wir einigen Mitgliedern unserer großen Verwandtschaft einen Besuch ab. Wenn wir zurückgekehrten, hatte Maria das Mittagessen schon vorbereitet. Nachmittags kamen Freunde meiner Eltern und Großeltern zu Kaffee und Gespräch. Ich war für diesen Anlass immer angemessen gekleidet. Danach ging ich mit Lotte spielen. Am frühen Abend wurde ich zu Bett gebracht, während meine Eltern in die Oper oder ins Theater gingen, Konzerte besuchten oder bei engen Freunden eingeladen waren. Gelegentlich kamen Verwandte aus anderen Teilen Deutschlands zu Besuch und wohnten bei uns.

Ich kann mich nur vage an einige der schillernden Persönlichkeiten, die uns besuchten, erinnern. Da war zum Beispiel Arnold Karfunkelstein, ein guter Freund meines Großvaters, der eine Villa in Scheitnig besaß. In seinem großen Garten züchtete er exotische Tiere, die er von seinen Reisen nach Afrika mitgebracht hatte. Arnold hatte auch die umfangreichste Briefmarkensammlung im ganzen Reich, die jedoch nach 1933 beschlagnahmt wurde. Der Cousin von Opa, Paul Aufrichtig, arbeitete mit einem Antiquitätenhändler und Innenausstatter zusammen, der sich auf die Einrichtung von Schlössern und Herrenhäusern spezialisiert hatte. Die Gnadenfelds hatten ein Geschäft mit luxuriösen Lederwaren, das mittlerweile zum Wahrzeichen der Gartenstraße geworden war, Breslaus bekanntester Einkaufsstraße. Nach dem Krieg traf ich Herrn Gnadenfeld im Jüdischen Altenheim Berlin wieder. Er hatte das Ghettolager Theresienstadt überlebt – um genau zu sein, hatte sein Körper überlebt, doch sein Geist war entschwunden und es gab nichts, worüber wir hätten sprechen können. Dann gab es noch Familie Silbermann mit ihrem taubstummen Sohn Erich. Mir graute immer vor ihrem Besuch, denn Erich wollte nett zu mir sein, aber ich fand es sehr schwer, ihn zu verstehen. Rabbi Dr. Jacob Sänger kam oft, um Angelegenheiten der ›B'nai B'rith‹ zu besprechen. Obwohl das Leben in unserem eleganten und luxuriösen Umfeld frei von finanziellen Sorgen war, gab es doch viele Mitglieder der Jüdischen Gemeinde zu Breslau, die an der Armutsgrenze lebten und Hilfe benötigten.

Das ›Blutschutzgesetz‹, das am 15. September 1935 erlassen wurde, setzte all dem ein Ende. ›Arier‹ durften nicht mehr mit Juden verkehren, und die erzwungene Umsiedlung von Juden in kleinere Wohnungen machte die Aufgaben, die unser Personal einst für uns übernommen hatte, überflüssig. Sie alle waren sehr fleißige Menschen, und mit nur einer Ausnahme besuchten sie uns weiterhin im Schutze der Dunkelheit – um ihr Mitgefühl auszusprechen, Essen zu bringen und sich für die grausamen Taten der Nationalsozialisten zu entschuldigen. Leo, der Fahrstuhlführer, war die Ausnahme. Er begrüßte das neue Regime mit offenen Armen, trug seine braune SA-Uniform, fuhr mit seinen Parteigenossen auf offenen Lastwagen durch die von Juden bewohnten Stadtteile und schrie lauthals: »Juda verrecke!« Doch Leo konnte unseren Glauben an die anständigen Deutschen – die Menschen, deren Freundschaft und Andenken ich immer schätzen werde, – nicht erschüttern. Uns trennte so vieles: Altersunterschiede, Weltanschauung und die Weise, in der wir unseren Lebensunterhalt bestritten. Zwischen uns bestand aber eine tiefe Verbundenheit: Zuneigung und zwischenmenschlicher Respekt. Das Vermächtnis ihrer ehrlichen Arbeit ist in meinem Gedächtnis haftengeblieben.

4. MEINE HELDEN

Meine Großväter – Opa Isidor Aufrichtig und Opa August Schneider – haben mein Leben entscheidend beeinflusst. Isidor starb im Dezember 1934, wodurch ihm die Jahre des Wahnsinns sowie die Auswirkungen des Holocaust erspart blieben. In dieser Zeit wurde alles, was er aufgebaut hatte, zerstört.

Einer der wertvollsten Gegenstände, die ich besitze, ist ein abgenutztes, schwarzes Stück Stoff. Nach genauerer Betrachtung erkennt man, dass der Stoff in besseren Zeiten ein Käppchen – die Kippa – gewesen war. Mein Urgroßvater, mein Großvater und mein Vater setzten sie zum Beten auf. Opa Isidor, geboren 1856, öffnete jeden Abend die Vorhänge seines Schlafzimmers, wandte sich in Richtung Jerusalem, schaute auf den im Winter schneebedeckten Garten und sprach sein Abendgebet. Oft beobachtete ich ihn heimlich dabei. Noch heute staune ich über die außergewöhnliche Bewunderung für die Welt, die im Ma'arivgebet zum Ausdruck kommt, und über das Privileg, die besondere Beziehung zwischen Schöpfer und Schöpfung zu erfahren. Am Sabbat und an wichtigen jüdischen Feiertagen besuchte Opa Isidor die Neue Synagoge mit Zylinderhut und im Nadelstreifanzug. An den weniger wichtigen jüdischen Feiertagen zog er es hingegen vor, Urlaub in Venedig oder in Karlsbad zu machen.

Isidor war ein äußerst begabter Mann, der sich Latein und Griechisch selbst beigebracht hatte. In seiner umfangreichen Bibliothek konnte man sowohl die großen Klassiker und moderne literarische Werke als auch Bücher zu Geschichte und Philosophie sowie Enzyklopädien finden. Er schrieb Gedichte, konnte gut zeichnen und besuchte regelmäßig Konzerte, Theater- und Opernvorstellungen. Opa Isidor kegelte, spielte Skat, baute ein bedeutendes Geschäft auf und pflegte herzliche Beziehungen zu seinen Gesellschaftern, Mitarbeitern und Kunden. Er finanzierte die Mitgiften und Hochzeiten seiner drei Schwestern, und in seinem Testament, das er vor dem Ersten Weltkrieg verfasste, hinterließ er ihnen ein ›kleines Geschenk‹ von je 100.000 Goldmark. Aus dem Sohn eines Dorfwirtes in Pitschen, Oberschlesien, war ein landesweit anerkannter Geschäftsmann geworden. Sein Damenmodengeschäft befand sich in der Junkernstraße im Herzen der Stadt. Nach dem Krieg wurde die Straße zur ›Ulica Ofiar

Oświęcimskich‹ [Straße der Opfer von Auschwitz]. Was für ein unheimlicher Zufall!

Früher stand ich oft neben Opa Isidor auf einem Ledersofa, hielt seinen Kopf in den Händen und brüllte in sein Ohr, denn er war schwerhörig. Bis heute erinnere ich mich daran, wie sich seine kurzen weißen Haare und seine Umarmung anfühlten. Seine Schwerhörigkeit war kein Hindernis, uns miteinander zu verständigen. Oft zeigte er mir Bilder aus den Büchern, die er am meisten schätzte – zum Beispiel aus der vollständigen Ausgabe von *Meyers Konversations-Lexikon*. Er erlaubte mir sogar, mit Buntstiften darin zu malen, zum Entsetzen der ganzen Familie. Als meine Eltern viele Jahre später versuchten, die Bücher zu verkaufen, sagten sie, Großvater und ich hätten sie verschandelt und unverkäuflich gemacht. Erst viel später wurde mir klar, dass Großvater es mir ermöglicht hatte, schon von früh an einen Bezug zu Büchern zu entwickeln – er hat mir vermittelt, dass es nicht auf den Zustand, sondern auf den Inhalt der Bücher ankommt.

Es gibt eine wunderschöne rabbinische Geschichte: »Als Rabbi Akiba verbrannt wurde, wickelten ihn die Römer in das Pergament einer Torarolle ein. Die Flammen verschlungen Akiba, und die Buchstaben und Worte erhoben sich über das Pergament der Tora, damit die Menschheit sie greifen konnte, um ihre ewigwährende Botschaft zu lernen.«

Auch die Bücher meines Großvaters fielen dem Holocaust zum Opfer. Doch wie in der Geschichte über Rabbi Akiba verließen ihre Bedeutung und ihre Botschaft das Papier und währen bis zum heutigen Tage in mir fort. Mit unendlicher Geduld baute Opa mir Kartenhäuser, die ich mit großer Freude zusammenstürzen ließ. Zu meiner Belustigung baute er sie immer wieder auf. Von ihm lernte ich, dass wir alle in unserem Leben Kartenhäuser bauen, die uns jedoch meistens wieder zerstört werden. Je höher wir sie bauen, desto leichter fallen sie zusammen, doch die Freude besteht im Bauen und in den gemeinsam verbrachten Stunden. So lernen wir Geduld und erlangen innere Ruhe.

Isidor Aufrichtig starb am 29. Dezember 1934 und wurde am Montag, den 31. Dezember 1934, um Viertel zwei auf dem jüdischen Friedhof in Breslau-Kosel beigesetzt. Hunderte von Großvaters jüdischen und christlichen Freunden kamen zu der Beerdigung – trotz des Frosts, der bevorstehenden Neujahrsfeiern und der zunehmenden staatlichen

Schikanen. Neun Monate später, am 15. September 1935, verabschiedete der Reichstag das ›Gesetz zum Schutze des deutschen Blutes und der deutschen Ehre‹, das solche Demonstrationen von Freundschaft und Solidarität unmöglich machte. Der bescheidene, moosbewachsene Grabstein steht noch heute auf dem völlig überwucherten jüdischen Friedhof. Außer mir und meiner Familie gibt es keinen, der das Grab besuchen würde. Alle, die Opa kannten, sind entweder verstorben, emigriert oder wurden ermordet. Sein nachhaltigstes Denkmal ist sein Leben. Es symbolisiert die einst erfolgreiche und zugleich zerbrechliche Symbiose jüdischer und deutscher Werte: schwere Arbeit, Lernen, Ehrlichkeit, Integrität, Menschlichkeit und die Suche nach dem Sinn des Lebens. Er zitierte oft Goethe, der schrieb: »Charakter haben heißt, in allen Dingen und in jedem Menschen immer nur das Gute zu suchen.« Opa Isidor besaß diese Fähigkeit, sie war ein fester Bestandteil seines Ich. Die Erinnerung an ihn hinterließ in mir den Wunsch, die Suche nach dem Guten fortzuführen. Dies ist eine besonders schwierige und doch notwendige Aufgabe nach Auschwitz und den Greueltaten der jüngeren Geschichte.

Der Vater meiner Mutter, Opa August Schneider (1870 bis 1942), war ein nicht praktizierender Protestant. Ab 1935 hinderten die durch die ›Nürnberger Rassegesetze‹ eingeführten Einschränkungen mich, den jüdischen Enkel, mit seinem nichtjüdischen Großvater zu verkehren. Ich habe ihn daher nur selten gesehen. Wir wohnten in unterschiedlichen Städten, und Juden durften nicht ohne eine Genehmigung der Gestapo reisen, die jedoch zu rein familiären Zwecken nicht erteilt wurde.

Unsere frühen Begegnungen machten einen tiefen Eindruck auf mich. Opa August führte mich in eine ganz andere Welt ein. Meine Mutter war 1928 zum Judentum konvertiert. Ihre Vorfahren kamen aus protestantischen Familien und waren seit Generationen Bauern in der Niederlausitz. Nach dem Wiener Kongress 1815 war das Gebiet von Sachsen an Preußen übergegangen und seine Bewohner zeigten sich fortan dem neuen König gegenüber loyal. Die Familie von Großvater August (Schneider) besaß eine Ziegelbrennerei und mehrere Torfgruben. Großmutter Mienchens (Wilhelmine) Familie (Schneider) bestand aus Viehzüchtern. Der Name ›Lausitz‹ stammt vom slawischen

Wort ›Luzicy‹ ab – was soviel wie sumpfige Wiesen bedeutet, und die meisten Bauern in der Umgebung lebten von dem, was sie auf diesem fruchtbaren Boden ernten konnten. Großvater August war nicht der älteste Sohn in seiner Familie, und Großmutter Wilhelmine hatte als Frau kein Erbrecht auf den Familienbauernhof. Beide hatten zwar ein Anrecht auf ein Einkommen, jedoch nicht auf das Land. So verließ Großvater den Hof und wurde Berufssoldat in der preußischen Artillerie. 1918 in den Ruhestand versetzt, arbeitete er anschließend bei der Reichspost. 1935 ging Opa August auch dort in den Ruhestand und lebte fortan in Guben. Seine Leidenschaft waren Pferde, und er half dem örtlichen Sägewerk oft dabei, Tannenbäume aus dem Wald zu holen. Einmal durfte ich ihn dabei begleiten. Bei Tagesanbruch fuhren wir mit vier schweren Arbeitspferden und der notwendigen Ausrüstung in Richtung Wald. Es war sehr aufregend, neben Opa auf dem Wagen zu sitzen, die kopfsteingepflasterten Straßen entlangzuklappern und über all die Menschen am Wegesrand hinwegzublicken. Opa erzählte mir Geschichten aus seiner Kindheit auf dem Bauernhof, über den Ersten Weltkrieg, über den Anbau von Bäumen, über Weidetiere und wie man für sie sorgt. Zu unserem gemeinsamen Frühstück und Mittagessen bestrich er frisch geschnittene Scheiben Brot großzügig mit Butter und belegte sie mit Käse. Gegen Mittag kamen wir endlich im Wald an. Während die Waldarbeiter die langen Tannenrundhölzer auf den Wagen luden, fütterten wir die Pferde und spazierten dann auf dem weichen Moosteppich im Wald umher. Immer wieder hielten wir an, und Opa zeigte auf Käfer unter Baumrinden, auf Pilze und Beeren, die ich zertreten hätte, wenn er mich nicht auf sie aufmerksam gemacht hätte.

Er regte mich dazu an, die klare Waldluft einzuatmen und bewusst die Farben des Lichts, das durch die Baumkronen schien und die Blätter auf dem Waldboden bestrahlte, wahrzunehmen. Dank ihm verliebte ich mich in die Natur, die Stille, die Pracht und die Vielfältigkeit der Schöpfung. Ich weiß noch, wie sich die raue Haut seiner Hände anfühlte, und erinnere mich daran, wie fest er meine Hand auf dem Spaziergang vor unserer Heimfahrt hielt. Als wir bergab fuhren, durfte ich bremsen, und wenn der Weg uns bergauf führte, spornte er die vier starken Pferde an, stärker zu ziehen. Wir sprachen wenig; die Nähe und Freundschaft, die auf diesem Ausflug zwischen uns entstanden war, erforderte keine Worte. Die Rücken der vor Anstrengung schwitzenden Pferde dampften im Licht der untergehenden Sonne. Erst nach Einbruch der Dunkelheit kamen wir nach Hause, und Großmutter wollte mich sofort ins Bett schicken. Doch Opa entgegnete: »Der Junge bleibt bei mir, er muss lernen, dass Tiere vor Menschen Vorrang haben.« Es gab keine Diskussion. Wir fütterten die Pferde, trockneten sie ab, bürsteten und streichelten sie, legten frisches Stroh im Stall aus, und – in einer Geste der Dankbarkeit – stupsten sie uns leicht mit ihren Köpfen an. Ich vermute, dass wir mehr taten, als nötig war, doch keiner von uns wollte, dass der Tag zu Ende geht. Es war für uns beide eine einmalige Zeit.

Einige Jahre später sah ich Opa wieder, nur wenige Monate vor meiner Deportation ins Zwangsarbeitslager. Er machte Station in Breslau auf dem Weg zu seinem letzten Urlaub im Riesengebirge – Opa hatte Leberkrebs im Endstadium. Sein Besuch dauerte nur wenige Stunden, und er wollte mit mir spazieren gehen. Mutter erklärte, dass ich auf der Straße den Gelben Stern tragen müsse und dass wir von der Polizei oder der Gestapo belästigt werden könnten. Opa antwortete darauf, dass er dann auch den Stern tragen würde. Es war nicht einfach, ihn davon abzubringen, seine Wut in der Öffentlichkeit zum Ausdruck zu bringen. Als wir auseinandergingen, wusste er, dass wir uns nie wieder sehen würden, und doch blieb so viel unausgesprochen. Nach seiner Rückkehr nach Guben entfernte er überall, wo er hinkam, die Hitlerportraits von den Wänden. Kritischen Freunden sagte er: »Ich möchte diesen Kriminellen nicht sehen.« Es war ein Glück, dass der Leberkrebs seine Seele in Frieden ruhen ließ, bevor die Gestapo einschritt. Ich fühle mich immer noch zu den europäischen Wäldern hingezogen, zu ihrer Pracht, Einsamkeit und Schönheit. In ihrer Stille erfreue ich mich an der Weisheit dieses wundervollen, einfachen und ehrlichen Mannes, der mich lehrte, meine Augen weit zu öffnen und die Welt um mich herum wahrzunehmen.

Oma Mienchen (1871 bis 1944) war eine schüchterne und zurückhaltende Frau, deren Leben sich um die Arbeit drehte. Als junges Mädchen arbeitete sie auf dem Familienbauernhof, und ihre Liebe für das Ländliche begleitete sie ihr ganzes Leben lang. Als ich meine Großeltern besuchte, war Oma oft beschäftigt: Entweder half sie in den Stadtgärten beim Pflanzen und Ernten aus oder sie sammelte Pilze und Beeren im

Wald, von denen sie einige besonders schöne zu Hause einkochte oder einlegte, um sie für einen späteren Zeitpunkt im Keller einzulagern. Es bereitete mir große Freude, ihr beim Backen und Kochen zuzusehen. Jede Frucht und jede Zutat fasste sie sorgsam und liebevoll an, und die Ergebnisse ihrer Bemühungen in der Küche waren legendär. Viele suchen nach einem Sinn im Leben. Für Oma Mienchen bestand er einfach darin, zu leben. Eine Berührung ihrer Hand, ihre ruhige Art und Zuneigung – sie waren ein Lichtblick in der aufgewühlten Welt der 1930er und 1940er Jahre. Der Abschiedskuss, den sie mir bei unserem letzten Besuch in Guben 1937 gab, habe ich mein ganzes Leben lang als bleibenden Segen empfunden. 1944 verstarb sie viel zu jung, während einer einfachen, jedoch schlecht ausgeführten Operation.

5. BOYKOTT

Bereits 1933 wurden die Voraussetzungen für die kommenden zwölf Jahre der Judenverfolgung geschaffen. Am 22. März 1933 wurde das erste Konzentrationslager in Dachau bei München in Betrieb genommen. Der *Völkische Beobachter* schrieb am 21. März 1933: »Am Mittwoch wird in der Nähe von Dachau das erste Konzentrationslager mit einem Fassungsvermögen für 5.000 Menschen errichtet werden. Hier werden die gesamten kommunistischen und soweit dies notwendig ist der Reichsbanner und sozialdemokratische Funktionäre, die die Sicherheit des Staates gefährden, zusammengezogen, da es auf die Dauer nicht möglich ist und den Staatsapparat zu sehr belastet, diese Funktionäre in den Gerichtsgefängnissen unterzubringen.« Darauf folgte ein Plakat, das überall in Deutschland aufgehängt wurde: »Zur Abwehr!« Hier einige Textpassagen, die auf dem Plakat zu lesen waren: »Die nationale Revolution schlug das alte System in Trümmer, der Marxismus liegt zerschmettert am Boden, Deutschland geht einem neuen Aufstieg entgegen. Dieser grandiose deutsche Freiheitskampf erfüllt den internationalen Weltjuden mit Hass und Grimm. Er sieht, dass es mit seiner Macht in Deutschland zu Ende geht. Er sieht, aus diesem Deutschland kann er keine sowjetjüdische Verbrecherkolonie mehr machen. [...] Sie haben ihre Rassengenossen im Ausland zum Kampf gegen das deutsche Volk ausgerufen. Sie haben die Lügen und Verleumdungen hinausgemeldet. Darum hat die Reichsleitung der deutschen Freiheitsbewegung beschlossen, in Abwehr der verbrecherischen Hetze ab Samstag, den 1. April 1933, vormittags 10 Uhr über alle jüdische Geschäfte, Warenhäuser, Kanzleien usw. den Boykott zu verhängen. Dieser Boykottierung Folge zu leisten, dazu rufen wir Euch, deutsche Frauen und Männer, auf! Kauft nichts in jüdischen Geschäften und Warenhäusern! Geht nicht zu jüdischen Rechtsanwälten! Meidet jüdische Ärzte! Zeigt den Juden, dass sie nicht ungestraft Deutschland in seiner Ehre herabwürdigen und beschmutzen können. Wer gegen diese Aufforderung handelt, beweist damit, dass er auf der Seite der Feinde Deutschlands steht.« Am 1. April 1933 fand dieser angekündigte Boykott jüdischer Geschäfte dann statt: Läden wurden mit Hakenkreuzen beschmiert, und die SA hinderte Kunden daran, sie zu betreten. In vielen Fällen wurde die jüdische Geschäftsleitung belästigt und zusammengeschlagen.

Die große, loyale und mehrheitlich nichtjüdische Belegschaft im Geschäft meines Vaters hatte damals noch den Mut, die SA davon abzuhalten, den Laden zu betreten. Der jüdische Besitzer des benachbarten Geschäfts hatte weniger Glück. Die SA-Schläger nahmen ihm zuerst seine Hosenträger ab, dann trieben sie ihn mit heruntergelassener Hose durch die belebte Ohlauer Straße, angefeuert von vergnügten Passanten.

Der ›Central-Verein deutscher Staatsbürger jüdischen Glaubens‹ schickte folgendes Telegramm an die Oberhäupter der evangelischen und der katholischen Kirche: »Die deutschen Juden erhoffen auch gegenüber den gegen sie gerichteten Bedrohungen ein baldiges Wort, das im Namen der Religion von der evangelischen Kirche in Deutschland gesprochen wird, damit unwiederbringlicher Schaden auch für Gemeinsames des Glaubens abgewendet werde. Gleiche Depesche an Kardinal Bertram gesandt.« Der Generalsuperintendant der Evangelischen Kirche in Preußen, Otto Dibelius, nahm Stellung zu den Ereignissen: »Verfolgen Entwicklung mit größter Wachsamkeit. Hoffen, dass Boykottmaßnahmen mit heutigem Tage ihr Ende finden. Oberkirchenrat.« Einige Tage später zeigte er sein wahres Gesicht in einer der Radiosendungen *Evangelischer Appell an Amerika*, in der er die ausländische Berichterstattung als »Auslandshetze des internationalen Judentums« bezeichnete. Kardinal Michael von Faulhaber von der katholischen Kirche beschied lapidar: »Für die Kirche bestehen weit wichtigere Gegenwartsfragen, denn Schule, der Weiterbestand der katholischen Vereine, Sterilisierung sind für das Christentum in unserer Heimat noch wichtiger.« Adolf Kardinal Bertram, ebenfalls Katholik und Erzbischof von Breslau, hielt es nicht für nötig, sich überhaupt zu äußern. Aufzeichnungen zufolge, sagte er auf einer Bischofskonferenz, dass die Juden fähig seien, sich selbst zu helfen.

Am 24. August 1943 erhielt Bertram einen Brief von einem Juden aus dem ›Generalgouvernement für die besetzten polnischen Gebiete‹, der sich Achad Hoq nannte, was auf Hebräisch entweder ›einer aus dem Volke‹ oder auch ›dem Tode geweiht‹ bedeutet. In dem Brief wurden Details über die Massenvernichtung von Juden im Osten geschildert, und Bertram – als Vorsitzender der Fuldaer Bischofskonferenz – wurde dazu aufgefordert, zu handeln. Zumindest offiziell unternahm er nichts, und der Brief wurde erst nach dem Krieg in seinem Breslauer Bischofssitz aufgefunden.

Mein Vater wandte sich an seinen befehlshabenden Offizier aus dem Ersten Weltkrieg und bat ihn darum, sich für ihn einzusetzen. Zum Glück stieß die Fürsprache durch diesen Offizier bei den Nationalsozialisten nicht auf taube Ohren, und zunächst wurden die Verdienste meines Vaters für das Deutsche Reich in den Jahren 1914 bis 1918 berücksichtigt. Doch dieser Erfolg währte nicht lange. Am 13. März 1934 schickte der Schuhgroßhandel *Conrad Tack & Cie. AG* unaufgefordert ein Empfehlungsschreiben an meine Eltern, in dem deren Führungsqualitäten gelobt wurden. Es endete mit folgendem Satz: »Die Entlassung des Herrn Aufrichtig erfolgt mit Rücksicht auf sein Nichtariertum.« Die Maßnahme war eine Reaktion auf das ›Gesetz zur Ordnung der nationalen Arbeit‹ vom 20. Januar 1934, wonach es Juden nun verboten war, Führungspositionen in der Wirtschaft innezuhaben.

Diese Ereignisse beeinträchtigten unser Leben in vielerlei Hinsicht. Das Einkommen reichte nicht mehr aus, um unseren großen Haushalt aufrechtzuerhalten. Kaum einer unserer nichtjüdischen Freunde wagte es, sich mit uns zu treffen. Jüdische Verwandte und Freunde versuchten verzweifelt, Deutschland zu verlassen; manchen gelang es. Bis Ende 1935 waren zwischen 79.000 und 82.000 der 500.000 in Deutschland lebenden Juden ausgewandert.

Wir mussten unseren Lebensstil an die neuen Umstände anpassen, und so zogen wir in eine Vierzimmerwohnung in der Gabitzstraße 136.

Selbst dort sahen wir uns dazu gezwungen, noch zwei der vier Zimmer unterzuvermieten, um über die Runden zu kommen. Eine der Untermieterinnen, Fräulein Ottilie Schein, unterrichtete Englisch, Französisch und Spanisch. Ihr mangelte es nicht an Schülern, die diese Sprachen in Vorbereitung auf ihr Leben im Exil erlernen wollten.

Die meisten unserer Besitztümer mussten wir regelrecht verscherbeln, denn viele jüdische Familien waren in einer ähnlichen Situation, und der Markt war überflutet mit ihren zum Verkauf angebotenen Kostbarkeiten. Kontakte zu Freunden und Bekannten wurden immer seltener; unser jüdischer Bekanntenkreis schwand dahin, und die nichtjüdischen Freunde wahrten Distanz. Trotz weiterer Einschränkungen durch die antijüdische Gesetzgebung verzweifelten wir nicht. Für uns war die Feindlichkeit der Außenwelt eine Herausforderung, als Familie enger zusammenzurücken und uns dem ›Tausendjährigen Reich‹ mit fester Entschlossenheit zu widersetzen.

Als mein Vater seine Stelle verloren hatte, arbeitete er für mehrere kleine Firmen in Breslau, München und Berlin, zumeist ohne festen Vertrag. Die letzte dieser Anstellungen war im jüdischen *Schuhhaus Ideal* in der Nähe des Breslauer Hauptbahnhofs. Sie endete, als das Geschäft im Zuge der Reichspogromnacht verwüstet wurde. Meine Mutter arbeitete als Küchenhilfe in einem jüdischen Altenheim.

Im reifen Alter von fast sechs Jahren wurde ich in der Privaten Vorschule *Wohl,* Lothringer Straße 8, eingeschult. Ich musste lernen, nach der Schule allein zu spielen. Meine Großmutter lebte nun bei uns. Sie erlag langsam ihrem Magenkrebs, doch bis zu ihrem Tod am 19. April 1938 wurde sie meine Vertraute und Freundin. Freunde und Verwandte hinterließen uns viele Bücher, die sie weder hatten verkaufen noch mit ins Ausland nehmen können. Unsere Bibliothek wurde immer umfangreicher, und mein Vater erzählte mir etwas über jedes Buch, bevor er es ins Regal einordnete. Anfangs bevorzugte ich Bilderbücher, doch als ich älter wurde und zu lesen begann, wurden Bücher zu meinen besten Freunden. Aus medizinischen Büchern und Enzyklopädien lernte ich etwas über die Unterschiede zwischen den Geschlechtern, historische und wissenschaftliche Bildbände erweckten mein Interesse an der Welt, und die literarischen Klassiker beflügelten meine Phantasie.

Nichtjüdische Freunde, die wichtige Führungspositionen innehatten, deuteten 1934/35 an, dass wir uns vielleicht taufen lassen sollten. Unsere Familie wollte jedoch auf gar keinen Fall aus Zweckmäßigkeit konvertieren. Besonders meine Mutter, die 1928 zum Judentum übergetreten war, wies darauf hin, dass sie aus freien Stücken und aus Überzeugung Jüdin geworden war. Dafür musste Mutter einen hohen Preis zahlen: Sie wurde regelmäßig zur Gestapo bestellt, wo ihr geraten wurde, sich von meinem Vater scheiden zu lassen und sich von der Last ihrer jüdischen Familie zu befreien, was sie allerdings standhaft verweigerte. Die Gestapo riet ihr dazu, es sich bis zum nächsten Treffen zu überlegen, und fügte noch hinzu, dass sie noch schlimmer als gebürtige Juden sei.

Jüdische Verwandte und Freunde drängten uns dazu, so schnell wie möglich auszuwandern, doch meine Eltern waren nicht bereit, meine sterbende Großmutter im Stich zu lassen. Noch war zudem Paul von Hindenburg Reichspräsident, bis zu seinem Tod am 2. August 1934. Dieser Held des Ersten Weltkriegs, unter dessen Kommando auch mein Vater 1914 bis 1918 gekämpft hatte, hatte versprochen: »Der Dank des Vaterlandes ist Euch gewiss.« Es gab also keinen Grund, in Panik zu geraten und zu flüchten, meinte mein Vater.

Dies wurde außer Hörweite von mir und meiner Großmutter diskutiert. Das war jedoch eine unnötige Schutzmaßnahme, denn zu diesem Zeitpunkt hatte ich noch die feste Überzeugung, dass meine Eltern mich vor allen Wechselfällen des Lebens beschützen konnten.

6. DER STURM BRAUT SICH ZUSAMMEN

Zwischen 1935 und 1937 wurde die antijüdische Gesetzgebung wesentlich verschärft. Während die bisherigen Maßnahmen hauptsächlich auf den wirtschaftlichen Bereich abgezielt hatten, wurden Juden nun auch ihre Grundrechte entzogen. Die schwerwiegendsten Folgen hatten die sogenannten Nürnberger Gesetze, also das ›Gesetz zum Schutze des deutschen Blutes und der deutschen Ehre‹ vom 15. September 1935. Juden verloren ihre Bürgerrechte; sie durften weder eheliche noch außereheliche Beziehungen mit Nichtjuden haben; sie durften nicht mehr beim Militär dienen und durften auch nicht die deutsche Fahne hissen.

Bis 1943 wurden 2.211 Männer, unter ihnen fast die Hälfte Juden, wegen ›Rassenschande‹ zu Gefängnisstrafen verurteilt. Die Häftlinge wurden meistens in Konzentrationslager eingewiesen, was üblicherweise auch das Ende ihres Lebenswegs bedeutete. Als Dachau mit der ständig wachsenden Anzahl von Häftlingen nicht mehr zurechtkam, wurden zwei weitere Konzentrationslager errichtet: Sachsenhausen 1936 und Buchenwald 1937. Es wurde immer deutlicher, dass Juden keine Minute länger in Deutschland bleiben sollten. Im Januar 1938 trat ein Gesetz in Kraft, nachdem alle Juden, die aus der Emigration zurückkamen, sofort in Konzentrationslager gebracht werden sollten. 1938 kamen um die 1.500 Juden in Lager, nur weil die von ihnen als Ziele ausgewählten Staaten sie nicht aufnehmen wollten.

Deutsche Juden lernten Englisch und Spanisch, erlernten Kuchenbacken, Schmuckanfertigen, das Hutmacherhandwerk und, sogar, wie man Bridge spielt, – alles in Vorbereitung auf das Leben im Exil. Ab und zu kamen einige wenige glückliche Verwandte und jüdische Freunde, um vor ihrer Ausreise von uns Abschied zu nehmen. Tante Henny Bernstein, die ein Mädcheninternat in der Schweiz abgeschlossen hatte, fand Arbeit als Gouvernante bei einer wohlhabenden Familie in Athen. Cousine Ilse Redlich kam mit einem ›Kindertransport‹ nach England, wo sie als Dienstmädchen eingestellt wurde. Ihr Bruder Walter und deren Eltern blieben in Deutschland und wurden schließlich 1943 ermordet. Walter Monasch, der Sohn unseres Cousins Hans Monasch, kam uns in Breslau kurz besuchen, um sich – stellvertretend für seinen Familienzweig – von uns zu verabschieden. Der Cousin von Hans, der australische General Sir John Monash, war am 8. Oktober 1931 gestorben. Es bestand wenig Kontakt zwischen der Familie des Generals und der Familie in Deutschland, also emigrierten Hans und seine Familie schließlich nach Chicago, wo sie als Hausierer Lexika und Silberbesteck verkauften. Hilde Aufrichtig, eine Cousine meines Vaters und Anwältin in Breslau, immigrierte nach England, wo ihre Qualifikation als Juristin wertlos war. Sie wurde von ihrer Mutter begleitet, die für die feine Gesellschaft von Manchester kochte und buk, damit Hilde auch in England einen Juraabschluss machen konnte, was sie schließlich mit Erfolg tat. Nach dem Tod ihrer Mutter studierte Hilde klassische chinesische Literatur und lehrte diese auch an der Universität. Einige Verwandte wanderten nach Südamerika aus. Die ältere Generation pflegte den Kontakt zu uns, doch ihre Nachkommen konnten deutsch weder sprechen noch schreiben, und mit der Zeit erloschen alle Beziehungen.

Meine Eltern schoben die Emigration möglichst weit hinaus, weil sie meine Großeltern, die ›zu alt‹ waren, um von irgendeinem Staat aufgenommen zu werden, nicht in Deutschland zurücklassen wollten. Als Oma Emma ihrem Magenkrebs am 19. April 1938 erlag, wurde Auswanderung zum Hauptthema in der Familie. Shanghai, Australien, die USA, die Dominikanische Republik, Südafrika und Südamerika – alles kam in Frage. Doch es war zu spät. Weitere Gesetze, die in der zweiten Hälfte des Jahres 1938 erlassen wurden, bauten zusätzliche Hürden auf. Juden mussten jegliches Bargeld und Besitztümer, die über 5.000 Reichsmark wert waren, ab dem 26. April 1938 bei der Gestapo anmelden, und alle ihre Bankkonten wurden gesperrt. Mit der Verordnung vom 23. Juli 1938 wurde der Kennkartenzwang für Juden eingeführt. Am 16. November 1938 verloren alle jüdischen Pässe, die als solche nicht gekennzeichnet waren, ihre Gültigkeit; die Beantragung von neuen Pässen wurde stark begrenzt. Ab dem 1. Januar 1939 mussten jüdische Männer zusätzlich den Vornamen ›Israel‹ annehmen, Frauen hingegen ›Sara‹.

Ich weiß noch, wie meine Großmutter mir von ihrem Sterbebett aus liebevoll beim Spielen mit Zinnsoldaten zusah. Drei Tage vor ihrem Tod feierte ich meinen neunten Geburtstag. Als Geschenk hatte ich mir eine Spielfigur des im Volke beliebten Hermann Göring, unter anderem preußischer Ministerpräsident und Oberbefehlshaber der Luftwaffe, gewünscht. Meine Eltern waren natürlich empört, dass ich so etwas verlangte, sie waren jedoch umso fassungsloser, als meine Großmutter mir diesen Wunsch erfüllte. War es wirklich so überraschend? Einst glaubten wir, deutsche Bürger mosaischen Glaubens zu sein. Es hat gedauert, bis wir begriffen, dass wir ›nur‹ Juden waren – »Deutschlands Unglück«. Mein Ururgroßvater Leiser Schimmelburg (1791 bis 1838) diente in der preußischen Armee während der Befreiungskriege gegen Napoleon und erhielt sogar eine schriftliche Belobigung des General von Lützow. Urgroßvater Jacob Schimmelburg (1823 bis 1907) diente in der preußischen Kavallerie im Deutsch-Französischen Krieg 1870/71. Eine wunderschöne französische Vorderladerkavalleriepistole, die er im Krieg erbeutet hatte, schmückte jahrelang unsere Wohnzimmerwand. Auch diese Pistole fiel dem Holocaust zum Opfer. Am 10. November 1938 erließ Heinrich Himmler folgende Anordnung: »Personen, die nach den Nürnberger Gesetzen als Juden gelten, ist jeglicher Waffenbesitz verboten. Zuwiderhandelnde werden in Konzentrationslager überführt und auf die Dauer von zwanzig Jahren in Schutzhaft genommen.« Weil Juden fortan keine Feuerwaffen mehr besitzen durften, steckte mein Vater die Pistole in unseren Ofen; alle Holzteile verbrannten, die übriggebliebenen Metallteile warfen wir nach Einbruch der Dunkelheit in einen Gully auf der Straße. Wir mussten aufpassen, dabei nicht gesehen zu werden. Julius, der Bruder meines Urgroßvaters, fiel im Kampf. Nicht zuletzt diente mein Vater vier Jahre lang im deutschen Heer während des Ersten Weltkriegs. Vor der Verfolgung bewunderte ich oft sein Eisernes Kreuz und spielte mit seinem Stahlhelm. Großmutter wollte mir bis zuletzt ihre Liebe beweisen – egal, was ich mir von ihr gewünscht hätte, ich hätte es ohne Frage als letztes Geburtstagsgeschenk bekommen. Vielleicht war der dicke und drogenabhängige Göring in ihren Augen nichts als ein Spielzeug, besonders im Vergleich zu unseren drei Generationen jüdisch-preußischer Soldaten mit Kriegserfahrung.

Oma Emma war sich bewusst, dass sie im Sterben lag und meine Bar Mitzwa in drei Jahren nicht erleben würde. Sie hinterließ mir also ein Sparbuch mit ihren gesamten Ersparnissen, das ich als Bar-Mitzwa-Geschenk erhalten sollte. Dem Sparbuch fügte sie einen bewegenden und liebevollen Brief bei: »Lerne alles, was Dir geboten, voll und ganz!« Sie hätte nicht erahnen können, was mir im Leben bevorstand. Doch ihrer Bitte, die Fülle und Vollkommenheit des Lebens zu entdecken, habe ich mich bemüht zu entsprechen. Ich war stets bestrebt, zumindest ein kleines bisschen des Guten zu finden, – selbst wenn ich lange suchen musste, noch dazu in schweren Zeiten. Leider hatte Oma Emma nicht vorhersehen können, dass, als es endlich soweit war und ich meine Bar Mitzwa feiern sollte, das Sparkonto längst gesperrt und im Wahnsinn des Kriegs wertlos geworden war. Sie hatte nicht erahnen können, dass Synagogen verwüstet sein würden, Religionsausübung in der Öffentlichkeit verboten und die Teilnehmer der Wannseekonferenz sich mit der Umsetzung der ›Endlösung‹ beschäftigen würden. Für mich war keine Bar Mitzwa vorgesehen.

Hitlers Kriegshetze und die zunehmende Verfolgung der deutschen Juden spornten uns dazu an zu versuchen, Deutschland um jeden Preis zu verlassen. Doch Juden ohne Geld und ohne entsprechende Sprachkenntnisse waren kaum ein Exportschlager, also scheiterten unsere Pläne. Einige deutsch-jüdische Familien schickten ihre Kinder voraus. 1938, als ich neun Jahre alt war, wurde bei uns zu Hause diskutiert, ob ich nicht mit einem ›Kindertransport‹ in die Niederlande fahren sollte. Nach langen Überlegungen kamen meine Eltern zu dem Schluss, dass es doch sicherer sein wäre, wenn ich bei ihnen bliebe. Ihre Argumentation hatte Schwachstellen, die Entscheidung erwies sich aber als lebensrettend für mich. Die meisten der Kinder, die aus Deutschland dorthin geschickt worden waren, gehörten zu den ersten, die nach der Besetzung des Landes durch deutsche Truppen in Vernichtungslager deportiert wurden.

Bis November 1938 war die Judenverfolgung im Deutschen Reich zwar unmoralisch, folgte jedoch dem Buchstaben des Gesetzes. Es galt die Hitlersche Maxime: »Recht ist, was dem Volke nützt.« Dies änderte sich durch drei wichtige Ereignisse:

- die Aufnahme von Fragen zur rassischen Abstammung in die Volkszählung – so wurden alle, die potenziell für die Vernichtung vorgesehen waren, registriert (17. Mai 1938),
- die Reichspogromnacht – ein Ereignis, das sich außerhalb des Gesetzes abspielte (9./10. November 1938),
- die ›Verordnung über eine Sühneleistung der Juden deutscher Staatsangehörigkeit‹ in Höhe von einer Milliarde Reichsmark, die zur individuellen und kollektiven Pleite der deutschen Juden führte (12. November 1938).

Meine kindliche Vorstellung ließ mich glauben, dass die Neue Synagoge in Breslau schon immer da gewesen war. Bis heute kann ich kaum begreifen, dass dieses herrliche Gebäude nur 66 Jahre lang durch die Bürger Breslaus geduldet wurde. In den meisten europäischen Städten durften bis Anfang des 19. Jahrhunderts keine Synagogen an der Straßenfront gebaut werden, zudem wurde ihre Höhe auf zwei Stockwerke beschränkt. Mit der jüdischen Emanzipation wurden diese Einschränkungen Mitte des Jahrhunderts gelockert, was einen gewaltigen Aufschwung im Bau von Gotteshäusern zur Folge hatte. Die von

Edwin Oppler entworfene Neue Synagoge wurde am 29. September 1872 eingeweiht und war mit über 2.000 Plätzen eine der größten in Europa. Sie verfügte über eine prachtvolle Pfeifenorgel und einen hervorragenden professionellen Chor. Selmar Cerini (eigentlich Steifman, 1861 bis 1923), Tenor an der Breslauer Oper, war jahrelang Kantor in der Neuen Synagoge. Die dortigen Rabbiner waren großartige Redner und Gelehrte, und die gelegentlichen Predigten, die von Gelehrten des Jüdisch-Theologischen Seminars (Fränckelsche Stiftung) gehalten wurden, stießen immer auf großes Interesse. Die hohe Kuppel und die vier Türme des Gebäudes ragten über die Stadt und waren von überall gut sichtbar. An den hohen jüdischen Feiertagen war sie so gut besucht, dass die Gemeinde zusätzliche Gottesdienste im Großen Konzerthaussaal und Jugendgottesdienste im Kammermusiksaal der Breslauer Philharmonie in der Gartenstraße abhalten musste.

Meinen Großvater bei einem Besuch im Tempel zu begleiten, war immer ein unvergessliches Ereignis. Er trug seine graue Nadelstreifenhose, einen ›Stresemann‹ und Zylinder. Er saß stets auf einem erstklassigen Platz im Vorderteil des Gebäudes, so dass ich immer alles aus unmittelbarer Nähe beobachten konnte. Zu Jom Kippur erhielt ich nachmittags gerade genug Taschengeld, um davon zwei kleine Veilchensträuße von den Blumenhändlern, die vor der Synagoge auf der Straße standen, zu kaufen und sie meiner Mutter und Großmutter in die Frauengalerie zu bringen. Ich war nicht der einzige. Der Duft Tausender von Veilchensträußen erfüllte die Synagoge für die Dauer des gesamten Gottesdienstes; daran kann ich mich bis heute erinnern.

Die Neue Synagoge war zu vielen Anlässen von Menschenmengen gefüllt – vor allem nach 1933, als sie nicht nur als Bethaus, sondern auch als Zufluchtsort diente. Dort wurden Informationen über Überlebensmöglichkeiten ausgetauscht, und man sah sich ängstlich um, welche bekannten Gesichter verschwunden waren, wer das Glück gehabt hatte zu emigrieren. Mein Blick nahm etwas ganz anderes ins Visier. Freitags während der Gottesdienste rief man die besten Schüler und Schülerinnen aus dem Hebräischunterricht aus, um den Kantor beim Kidduschgebet zu unterstützen: Sie erhielten ihre eigenen Becher Wein, die sie zum entsprechenden Zeitpunkt trinken sollten. In meinen Augen war es eine außergewöhnliche Möglichkeit, als stolzer Jude vor 2.000

Gottesdienstbesuchern zu stehen – noch dazu zu einer Zeit, in der Juden und das Judentum verleumdet wurden. Im Rückblick ist es für unsere säkulare Gesellschaft womöglich schwer zu verstehen, wie so viele Menschen einen einfachen Sabbatgottesdienst besuchen konnten.

Meine Sternstunde fiel auf den 4. November 1938. Auch weil die Synagoge ausgesprochen voll war, war es ein besonderer Anlass: Es war der Abschied von Altrabbiner Dr. Hermann Vogelstein (1870 bis 1942), der bald darauf nach Großbritannien auswandern sollte und danach weiter in die USA. Am Samstag, den 5. November 1938, fand der Begrüßungsgottesdienst für den neuen Rabbiner, Dr. Reinhold Lewin, statt. Er war mit seiner Familie aus der ostpreußischen Hauptstadt Königsberg nach Breslau gezogen. Rabbi Lewins Sohn Ulli und ich waren bis zur Deportation und Ermordung der gesamten Familie Lewin in Auschwitz eng befreundet. All dies stand uns noch bevor, und an dem aufregenden Sabbatmorgen in der Neuen Synagoge konnten wir nicht ahnen, dass es unser letzter Morgen dieser Art sein würde.

In der darauffolgenden Woche, am 9. November 1938, Mittwochabend, kam ein nichtjüdischer Freund meines Vaters, an dessen Seite er im Ersten Weltkrieg gekämpft hatte, zu Besuch. Zwar war er mittlerweile NSDAP-Mitglied, doch schätzte er meinen Vater für seine Führungsqualitäten, seine Kameradschaft und den Mut, der ihm das Eiserne Kreuz eingebracht hatte. Er drängte darauf, dass wir vor Sonnenuntergang in einen nahegelegenen Wald flüchteten und nicht vor Sonnenaufgang zurückkehrten. Er nannte keinen Grund für seinen geheimnisvollen Hinweis; er wollte auch nicht bleiben. Er bat nur darum, dass wir ihm vertrauten und seinen Rat befolgten. Mein Vater revanchierte sich, indem er ihn belehrte: Er sei während seines Dienstes im Ersten Weltkrieg nie vor dem Feind geflüchtet und hätte es auch dieses Mal nicht vor.

Während dieser Nacht zerstörte ein flammendes Inferno die Neue Synagoge. Es war der Auftakt zur Vernichtung der deutschen Juden.

7. INFERNO

Am Morgen des 10. November suchte uns die Frau unseres jüdischen Nachbarn auf und weinte vor Erschütterung. Sie erzählte meiner Mutter, dass ihr Mann gemeinsam mit den meisten der im Viertel lebenden jüdischen Männer aus ihren Wohnungen verschleppt, auf Lastwagen geladen und abtransportiert worden waren. Keiner wusste wohin. Sie schlug vor, ich solle mich auf die Suche nach meinem Vater machen, der bereits zur Arbeit gegangen war, denn die Nationalsozialisten schnappten jüdische Männer von der Straße weg. Die Synagogen brannten und die jüdischen Geschäfte waren verwüstet. Ich war bereits in der Schule gewesen und hatte mich unterwegs an verstreuten Süßigkeiten erfreut, die in der Hohenzollernstraße vor einer zerstörten jüdischen Zuckerbäckerei lagen. Ein freundlicher Polizist, der den Laden bewachte, warnte mich vor Glassplittern in den Pralinen. Außer mir kamen nur wenige andere zur Schule, und die Lehrerin schickte uns sofort wieder nach Hause. Es war eine gefühlsgeladene Szene, als Gestapomänner ihre Kollegen in der Schule abholten.

Auf Anraten der Nachbarin schickte mich Mutter in die Stadt, um Vater zu suchen, doch ich konnte ihn nicht finden. Der jüdische Schuhladen, in dem er gearbeitet hatte, war verwüstet worden. Wie ich später erfuhr, war Vater schnurstracks zur Versicherungsgesellschaft gelaufen, um Entschädigungsansprüche geltend zu machen. Auf dem Nachhauseweg ging ich an der Neuen Synagoge vorbei: Solch einen menschlichen Abgrund hatte ich nie zuvor gesehen. Die schreiende Menge, die das Gebäude umzingelte, war angsteinflößend, und ich wollte einfach nur schnell nach Hause. Unterwegs ging ich an vielen zerstörten jüdischen Geschäften vorbei. Insbesondere erinnere ich mich an den Laden des Weinhändlers Herzberg. Der Mob muss alle Weinflaschen zerschlagen haben, denn der Bürgersteig vor der Tür war von einer Mischung roter und weißer Weine, Champagner und Liköre überflutet. Ein unvergesslicher Geruch!

Erst jetzt befolgten meine Eltern und ich den Rat unseres nichtjüdischen Freundes und versteckten uns in der Nähe. Auf dem endlos langen Weg wechselten wir kaum ein Wort. Es herrschte kaltes Novemberwetter, und nur wenige Menschen waren auf dem Weg in den Wald unterwegs. Die Furcht vor einer Verhaftungsaktion setzte uns zu, und wir wollten niemanden antreffen. Am Nachmittag trauten wir uns auf einen Aussichtspunkt, von dem aus wir ganz Breslau, samt brennender Synagoge, sehen konnten. Wir wollten schon weitergehen, als wir eine Explosion hörten und uns umdrehten. Nur Rauch! Wo war die prächtige Synagogenkuppel? Vielleicht hatten wir nicht richtig hingesehen! Am nächsten Tag erhielten wir eine Antwort. Folgender Ausschnitt ist in der *Schlesischen Zeitung* erschienen: »Die tausenden von Volksgenossen, die während dieses Donnerstags die Straßen bevölkerten, nahmen ohne Wehmut Abschied von den nun in Schutt und Asche zerfallenden letzten Erinnerungen an die Zeit, da Breslau eines der beliebtesten Domizile des Judentums war. Lange genug hatte sich der Nationalsozialismus mit Gewehr bei Fuß das unverschämte Treiben der frechen Eindringlinge angesehen. Jetzt, an der Bahre eines neuen Blutopfers, hatte er zugegriffen. Und von diesem Zugriff wird sich das Judentum weder in Breslau noch sonst irgendwo im Deutschen Reiche jemals wieder erholen.« Die Breslauer Gestapo schrieb ihren Vorgesetzten in Berlin: »Eine Synagoge verbrannt, zwei zertrümmert; zwei jüdische Gesellschaftsräume zertrümmert; ein ›Haus der Freunde‹ demoliert; mindestens 500 Läden restlos zertrümmert; mindestens zehn Gastwirtschaften zertrümmert; ca. 600 Mann in Gemeinschaft mit Polizei verhaftet; weitere ca. 35 jüdische Betriebe zerstört.« Zudem wurde eine Hundertschaft aus SS und Polizei als Begleitmannschaft für einen Transport ins Konzentrationslager Buchenwald abgestellt. Wir liefen durch die Gegend, bis es dunkel wurde, dann kehrten wir nach Hause zurück. Von den Nachbarn erfuhren wir, dass niemand nach Vater gesucht hatte. Der Bekannte aus Kriegszeiten musste seine Deportation wohl erfolgreich verhindert haben. Andere hatten weniger Glück.

Der Cousin meines Vaters, Richard Bernstein, starb wenige Tage nach seiner Rückkehr aus Buchenwald im Jüdischen Krankenhaus Breslau an den Folgen der Haft. Die Gestapo hatte sein Kaufhaus in der Kleinstadt Öls am 9. November zerstört und die Ware auf der Straße verstreut. In seiner Abwesenheit zwang die örtliche Polizei seine siebzigjährige Mutter dazu, das Kaufhaus aufzuräumen. Tante Meta Bernstein rief uns – wie immer – zu Hilfe, und meine Mutter fuhr nach Öls, um zu versuchen, das Chaos allein zu bewältigen. Die Menschen auf der Straße beschimpften sie und bewarfen sie mit Glas, und sie musste die Polizei rufen, die dann Wache stand, während sie aufräumte. Wir hatten wenig Ahnung von Richards Geschäften, also wandten sich meine Eltern an einen Cousin, Kurt Schimmelburg, einen Juristen, der alle rechtlichen Fragen klären sollte. Kurt kam unverzüglich. Was für ein Witz! Es stellte sich heraus, dass Richard das Kaufhaus am 8. November an einen ›Arier‹ verkauft hatte und die Gestapo somit das falsche Ziel erwischt hatte. Für den neuen Besitzer war es eine nützliche Lehre über den Zustand des Rechts im ›Dritten Reich‹.

Jeden Freitagabend erheben wir im Kreise der Familie den Weinbecher und sprechen die traditionellen hebräischen Worte: »Mit diesem Becher erinnern wir uns an die Schöpfung der Welt und den Exodus aus Ägypten.« Auch in Kirchen wird jede Woche der Becher Wein erhoben und der Priester paraphrasiert die alte jüdische Kidduschlobpreisung mit den Worten: »Dies tut zu meinem Gedenken.« Wie wird der kirchliche Abendmahlskelch, dessen Inhalt das Blut des vor 2000 Jahren gestorbenen Sohn Gottes symbolisiert, jemals in der Lage sein, das Blut der sechs Millionen Söhne und Töchter Gottes zu fassen, die genauso tragisch in unserer Zeit ihr Leben ließen?

In der Woche nach der Reichspogromnacht fanden die Sabbatgottesdienste in jüdischen Einrichtungen und in der zwar verwüsteten, aber noch vorhandenen orthodoxen Synagoge statt. Die Gottesdienste waren bis auf den letzten Platz besetzt, und es war ein emotionaler Anlass – wie eine Bestandaufnahme, wessen Familie noch unversehrt geblieben war. Ulli, der Sohn des gerade berufenen Rabbiners Reinhold Lewin, wurde zu meinem Schulfreund. Wir spielten in der Lewinschen Wohnung, die auf die Ruinen der Neuen Synagoge blickte. Oft guckten wir durch die Vorhänge und betrachteten den Schutt dieses vormals prachtvollen Gebäudes. Behutsam führten uns Ullis Vater vom Fenster weg und sagte: »Wir werden überleben und dann werden wir alles wieder aufbauen müssen.«

Jede Medaille hat zwei Seiten, so hat auch jedes Ereignis zwei Seiten – die menschliche und die historische. Die historische Bedeutung des Novemberpogroms sollte ebenfalls berücksichtigt werden. Dieses spektakuläre Ereignis geschah noch vor Kriegsbeginn, doch es rief keinen Widerstand hervor – weder bei der nichtjüdischen deutschen Bevölkerung noch bei der internationalen Staatengemeinschaft. Dies bot dem ›Dritten Reich‹ neue Möglichkeiten, die ›jüdische Frage‹ zu lösen. Die Kriegsjahre 1939 bis 1945 begannen mit der willkürlichen Ermordung von Juden im Zuge des Vormarsches der Wehrmacht in Polen und endeten mit der systematischen Vernichtung von bis zu sechs Millionen Juden durch Giftgas und bei Massenerschießungen.

Die Ereignisse, die zur ›Kristallnacht‹ führten, sind relativ wenig bekannt, doch müssen sie erwogen werden, um diesen gewichtigsten Bruch in der deutsch-jüdischen Geschichte zu verstehen. Am 31. März 1938 erließ die Warschauer Regierung ein Gesetz über den Entzug der Staatsbürgerschaft, mit dem polnische Staatsangehörige ausgebürgert werden konnten, wenn sie seit mehr als fünf Jahren im Ausland lebten. Am 9. Oktober folgte eine Verfügung, nach der im Ausland ausgestellte Pässe ab 30. Oktober nur mit einem Prüfvermerk des polnischen Konsulats zur Einreise nach Polen berechtigten. Auf diese Weise wollte die polnische Regierung verhindern, dass in Deutschland lebende Juden polnischer Staatsangehörigkeit massenhaft nach Polen flohen. Berlin wiederum forderte die polnische Regierung am 26. Oktober ultimativ auf, die Inhaber polnischer Pässe auch künftig ohne Sichtvermerk einreisen zu lassen; andernfalls werde man die polnischen Juden noch vor Inkrafttreten des Gesetzes abschieben. Der Chef der Sicherheitspolizei, Reinhard Heydrich, ließ zwischen dem 28. und 29. Oktober 1938 bis zu 17.000 polnische Juden verhaften und in Eisenbahnwaggons an die deutsch-polnische Grenze, vor allem bei Bentschen, schaffen. Da der polnische Grenzschutz ihre Einreise mit Waffengewalt verhinderte, mussten die Betroffenen dort Tage ausharren und kamen dann zunächst in einem Auffanglager unter. Unter den vertriebenen Juden dieser ›Polenaktion‹ befand sich Sendel Grynszpan aus Hannover, mit seiner Frau und seiner Tochter. Sendels Sohn Herschel, geboren am 28. März 1921 in Hannover, war zu der Zeit bei seinem Onkel in Paris. Am 7. November 1938, um 9.25 Uhr morgens, ging Herschel zur deutschen Botschaft und bat darum, dem Gesandtschaftsrat I. Klasse Ernst vom Rath wichtige Dokumente überreichen zu dürfen. Er wurde in dessen Büro geführt. Herschel erschoss vom Rath, wurde kurz darauf von der französischen Polizei verhaftet, verhört und inhaftiert. Der Polizeibeamte François Collet Autret, der Untersuchungsrichter Jean Tesnière und, was höchst ungewöhnlich war, der deutsche Botschaftsrat, führten die Vernehmung zusammen durch. Im Protokoll hielt man fest, dass Grynszpan angab, vom Rath erschossen zu haben, um seine jüdischen Glaubensbrüder zu rächen. Ernst vom Rath starb an den Folgen seiner

Verletzung am 9. November 1938. Hitler veranstaltete an dem Tag ein Abendessen im Münchner Rathaus für seine ›alten Kämpfer‹ aus Anlass des 25. Jahrestags des versuchten Putsches vom 9. November 1923. Das Signal zum Auftakt der ›Kristallnacht‹ – eine von Hass erfüllte Hetzrede, die Reichspropagandaminister Dr. Goebbels hielt, – folgte auf die Nachricht über vom Raths Tod innerhalb kürzester Zeit. Der Pogrom wurde durch die SA, die SS, die Gestapo, die Kriminalpolizei und Polizei durchgeführt. Das Reichsministerium der Justiz wies die Gerichte an, auf Ermittlungen und rechtliche Schritte hinsichtlich der Gewalttaten und Verwüstungen der Reichspogromnacht zu verzichten.

Goebbels war praktisch der Organisator des Pogroms, da dies für ihn eine willkommene Gelegenheit war, seine geschwächte Position zu stärken: Im Sommer 1938 hatte Hitler ihn dazu aufgefordert, sich entweder von seiner tschechischen Geliebten Lida Baarová zu trennen oder zurückzutreten. Für Hitler war das öffentliche Turteln, zumal mit einer Tschechin, inakzeptabel. Doch mit den Novemberpogromen provozierte Goebbels die Kritik vieler seiner Parteigenossen. Laut einem Besprechungsprotokoll vom 12. November 1938 merkte der von den Ereignissen gänzlich überraschte Göring zähneknirschend an: »Mir wäre lieber gewesen, ihr hättet 200 Juden erschlagen und hättet nicht solche Werte vernichtet.« Dennoch setzte er sich nun an die Spitze der Verfolgung und erlegte den deutschen Juden am 12. November besagte ›Buße‹ von einer Milliarde Reichsmark auf. Außerdem beschleunigte er die ›Entjudung‹ der deutschen Wirtschaft, um Geld abzupressen. Darüber hinaus wies Hitler Göring an, »die Judenfrage jetzt [...] so oder so zur Erledigung zu bringen«. Goebbels wiederum befürwortete die Durchführung eines Schauprozesses gegen Herschel Grynszpan; Hitler stimmte zu. Dem stand jedoch die Weigerung Frankreichs, Grynszpan auszuliefern, im Weg. Um die Enttäuschung zu lindern, ließ der französische Justizminister die deutsche Botschaft in Paris wissen: »Jederzeit auf Anfrage über den Stand des Prozesses in vertraulicher Form Auskunft zu geben und Anregungen der Botschaften bezüglich Prozessführung auf demselben Wege entgegenzunehmen«. Frankreich war sich darüber im Klaren, dass dies eine politisch äußerst heikle Angelegenheit war, und Vincent de Moro-Giafferi, einer der besten Anwälte der Republik, wurde als Verteidiger berufen. Goebbels taufte ihn in der deutschen Presse bald einen »Verteidiger der jüdischen Weltverschwörung«. Die Franzosen zögerten den Prozess immer weiter hinaus.

Nach der deutschen Besetzung Frankreichs am 15. Juli 1940 fand die Gestapo Grynszpan in einem Pariser Gefängnis und verlegte ihn in die Haftanstalt Berlin-Moabit. Der Schauprozess sollte am 16. Oktober 1941 beginnen, aber bereits in der Vorbereitungsphase schlug eine Bombe ein: Gerüchten zufolge war der wahre Grund für die Ermordung vom Raths seine homosexuelle Affäre mit Grynszpan, den er bereits seit längerem gekannt hatte. Im *Informationsblatt Nr. 60* des Reichsjustizministeriums an Hitler ist zu lesen: »Der Jude Grynszpan hat in einer geschlüsselten Niederschrift zugegeben, dass seine Behauptung geschlechtlicher Beziehungen zu vom Rath unrichtig ist. Er deutet jedoch den Verdacht an, dass der Ermordete zu Anderen gleichgeschlechtliche Beziehung gehabt habe. In diesem Zusammenhang ist von Interesse, dass ein Bruder des Ermordeten vom Rath, Oberleutnant und Chef der Reiterschwadron z. B. V. 428 wegen Unzucht mit Männern zu 1 Jahr Gefängnis und zum Rangverlust verurteilt worden ist.« Als Hitler dies erfuhr, verlor er seine Fassung und befahl weitere Schritte zu unterlassen, bis zum ›Endsieg‹. Zwar gibt es einige Dokumente, die Auskunft über Herschel Grynszpans weiteres Schicksal geben – das letzte stammt vom September 1942, es bleibt jedoch unklar, wie er zu Tode kam. Am 30. November 1960 erklärte ihn das Amtsgericht in Hannover für tot; als Datum wurde der 8. Mai 1945 eingesetzt.

Von Anfang an war es das Ziel der Nationalsozialisten, die europäischen Juden gewaltsam loszuwerden. Man kann spekulieren, ob die internen und außenpolitischen Intrigen, die auf die Novemberpogrome folgten, diesen Prozess beschleunigten und viele Juden so an einer rechtzeitigen Emigration ins sichere Ausland gehindert wurden.

Der kleine jüdische Schuhladen, in dem mein Vater fast zwei Jahre lang gearbeitet hatte, wurde völlig zerstört. Auf die Reichspogromnacht folgten weitere antijüdische Gesetze: Jüdische Unternehmen wurden ›arisiert‹, Juden durften keine Geschäfte mehr betreiben, und alle Versicherungsansprüche für die verursachten Schäden wurden durch den Staat beschlagnahmt. Vater war nicht lange arbeitslos. Am 14. Dezember 1938 wurde er von der Gestapo zur Zwangsarbeit für das Bauunternehmen *Carl Nicolai* im emsländischen Werlte eingesetzt. Viele deutsche und österreichische Juden mussten dort Autobahnen bauen. Sein karger Lohn reichte nicht aus, um unsere Familie zu unterhalten. Somit setzte sich unser unaufhaltsamer Abstieg fort.

Jetzt war ich der Mann im Haus und musste meinen Lebensunterhalt selbst verdienen. Mutter arbeitete den ganzen Tag lang, also musste ich nach der Schule einkaufen gehen, das Abendessen zubereiten, putzen, meine Hausaufgaben erledigen und lernen, was das Leben bot. Das gesellschaftliche Leben trocknete buchstäblich aus, denn jeder war mit seinen eigenen Problemen beschäftigt und ging nur selten raus, um Belästigungen und Ärger aus dem Weg zu gehen.

Lesen, Lernen und Geigeüben – diese Beschäftigungen waren nicht nur Mittel zum Zweck, sondern sie halfen mir, die einsame Zeit interessant zu gestalten und erträglich zu machen. Mutter weinte sich oft bei mir aus und erzählte mir von den vielen dramatischen Ereignissen, die sich in der jüdischen Gemeinde zutrugen. Wir hatten einen guten Draht zueinander, und die Beziehung blieb unser ganzes Leben lang eng. Vater war sehr verschlossen und sprach nicht über seine Sorgen – das hat mich gelehrt, meine eigenen Probleme zu lösen und andere nicht damit zu belasten. Was konnte uns noch zustoßen nach 1938? Auf die Antwort mussten wir nicht lange warten. Das Jahr 1939 bahnte den Weg für die ›Endlösung‹.

8. DIE TÜR FÄLLT ZU

Die Phase, während der das Leben der Juden in Deutschland lediglich unerträglich gemacht wurde, ging mit der ›Kristallnacht‹ zu Ende. Die antijüdische Gesetzgebung, die vor 1938 verabschiedet worden war, erschien uns bald unerheblich im Vergleich zu dem, was noch kommen sollte. Nachdem unsere materiellen Besitztümer, unser Selbstbewusstsein und unsere Lebenswelt zerstört worden waren, kamen nun jüdische Organisationen und Einrichtungen an die Reihe. Sie wurden systematisch aufgelöst – mit Ausnahme derer, die die Gestapo für weitere Verfolgungsmaßnahmen instrumentalisieren konnte. Am 24. Januar 1939 erfolgte eine ›Ermächtigung‹ Görings, in der dieser eine ›Reichszentrale für die jüdische Auswanderung‹ unter Leitung Heydrichs anordnete, um die Vertreibung zu beschleunigen. Sechs Tage später erklärte

Hitler im Reichstag: »Wenn es dem internationalen Finanzjudentums in- und außerhalb Europas gelingen sollte, die Völker noch einmal in einen Weltkrieg zu stürzen, dann wird das Ergebnis nicht die Bolschewisierung der Erde und damit der Sieg des Judentums sein, sondern die Vernichtung der jüdischen Rasse in Europa.«

Endlich hörten die deutschen Juden auf Hitler. Schätzungen nach verließen zwischen dem 1. Januar und Ende Dezember 1939 fast 250.000 Juden Deutschland. Die Tür zur Freiheit schloss sich schnell. Ab Juli schränkte die britische Mandatsmacht jüdische Einwanderung nach Palästina ein. Im Juli 1938 hatte Präsident Franklin Delano Roosevelt eine internationale Konferenz einberufen, um über die Flüchtlingsfrage zu diskutieren. Als Tagungsort hatte man die Schweiz vorgeschlagen, doch diese lehnte ab. Schließlich fand die Konferenz im französischen Évian statt. ›Lieutenant Colonel‹ Thomas Walter White, Minister für Handel- und Zollangelegenheiten, führte die australische Delegation an; er repräsentierte Australiens absolut negative Einstellung gegenüber dem Problem. In seiner Ansprache verkündete er, dass »Australien unter den Umständen nicht mehr tun kann und dass man Verständnis dafür haben muss, dass ein so junges Land Arbeitskräfte aus dem Herkunftsland der meisten seiner Einwohner bevorzugen muss. Australien kann nicht eine Gruppe von nichtbritischen Bürgern bevorzugt behandeln, ohne dabei andere zu benachteiligen. Es muss auch anerkannt werden, dass wir zurzeit keine Rassenprobleme haben, und wir nicht den Wunsch verspüren, solche Probleme durch große Migrationsflüsse herbeizurufen.« Die Vereinigten Staaten hingegen waren zwar großzügig in ihrer Annahme von ›Affidavits‹, beglaubigter Bürgschaftserklärungen, doch die eigentliche Einreise konnte nur langsam erfolgen, da sie durch ein Quotensystem reglementiert wurde.

Zu Kriegsbeginn waren vermutlich 213.390 Juden – von den 500.000, die 1933 in Deutschland lebten – im ›Dritten Reich‹ gefangen. Auch unsere Familie ist Teil dieser Statistik. Theoretisch war die Ausreise in neutrale Länder noch möglich, zum Beispiel nach China (Shanghai), Spanien und Südamerika. In Wirklichkeit gelang es aber nur 13.000 Juden, zwischen September 1939 und Oktober 1941, als auch dies verboten wurde, Nazideutschland zu verlassen. Die Politik Deutschlands bei der ›Lösung der Judenfrage‹ zielte offensichtlich immer mehr auf

Vernichtung statt auf erzwungene Auswanderung. Die Einstellung meiner Eltern allerdings änderte sich nicht. Sie waren stets optimistisch, was uns ohne Zweifel half, unsere Vernunft zu bewahren und sich der verändernden Welt anzupassen.

Im Jahr 1939 lernten wir, dass die Aufrechterhaltung unseres wunderschönen Zuhauses und das Hängen an liebgewonnenen Besitztümern wenig Bedeutung im Vergleich mit dem Zusammenhalt der Familie und der Sorge um unsere Gesundheit hatten. Am 22. Februar 1939 mussten wir all unsere Edelsteine, unser Gold und unser Silber abgeben. Zusammen mit anderen jüdischen Familien musste meine Mutter den ganzen Tag lang vor dem städtischen Pfandhaus anstehen, beladen mit zwei Wäschekörben voller Silberbesteck, Sabbatkerzenleuchter, Diamantenringe, Golduhren und Silberverzierung, die unser Haus über Jahre stolz geschmückt hatten. Dafür erhielten wir lediglich einen nicht näher aufgeschlüsselten Beleg. Die Nationalsozialisten ermutigten zudem eine angemessene Demütigung derer, die in der Schlange standen, durch Passanten und Zuschauer. Wir konnten nicht ahnen, dass wir bald wieder an derselben Stelle stehen würden, diesmal mit unseren Radioapparaten, die Juden auch nicht mehr besitzen durften. Am 23. September 1939 war Jom Kippur – ausgerechnet am wichtigsten jüdischen Feiertag hinderte die Gestapo die Juden daran, in die Synagoge zu gehen, und ließ sie stattdessen in der Herbstkälte auf der Straße stehen.

Schrittweise wurde uns unser Besitz genommen, und Juden durften nun nicht mehr im selben Haus mit ›Ariern‹ wohnen oder in denselben Geschäften einkaufen. Durch diese Maßnahmen waren wir gezwungen, uns auf die wirklich wichtigen Dinge im Leben zu konzentrieren. Wir gaben unsere Wohnung auf und zogen in das Zimmer des Hausmeisters im Keller des Breslauer Kinderheims der ›Reichsvereinigung der Juden in Deutschland‹. Das kleine Zimmer lag im Souterrain neben dem Kesselraum und hatte kein Fenster, nur ein Oberlichtfenster, das etwas frische Luft und Tageslicht hereinließ. All unsere überflüssigen Sachen mussten wir verkaufen, um die Ausstattung von 15 Zimmern auf ein Zimmer zu reduzieren. Damals war der Markt für Möbel, Antiquitäten, Gemälde, Bücher und Haushaltswaren überschwemmt, und Händler nutzten dies gnadenlos aus: Wir waren in keiner Position zu verhandeln, also wurde alles zu Schleuderpreisen verkauft. Unter unserem Bett bewahrten wir einige Kartons mit unseren größten Schätzen auf, von denen zu trennen wir noch nicht bereit waren. Es war nicht einfach, sich in diesem Zimmer überhaupt zu bewegen, geschweige denn, es ordentlich zu putzen.

Vater wurde aus dem Zwangsarbeitslager in Werlte entlassen, um als Hausmeister und Erzieher für die Jungen im Kinderheim zu arbeiten. Mutter war Hausmeisterin und Küchenhilfe im selben Haus.

Den Ergebnissen einer 1874 durchgeführten medizinischen Untersuchung durch die jüdische Gemeinde in Preußen zufolge betrug die durchschnittliche Lebenserwartung von 1800 bis 1874 zwischen 30 und 35 Jahren; zu Kriegszeiten, Zeiten von Hungersnot und weitverbreiteter Seuchen betrug sie zwischen 25 und 30 Jahren. Pro 1.000 Kinder starben zwischen 250 und 400 vor ihrem 14. Geburtstag. Waisenhäuser waren also eine Notwendigkeit, und die Breslauer Jüdische Gemeinde hatte eine hervorragende Einrichtung in einem prächtigen Gebäude eröffnet. Ende 1938 trat ein Gesetz in Kraft, das jüdischen Kindern verbot, dieselben Schulen wie nichtjüdische Kinder zu besuchen. So mussten jüdische Kinder aus kleineren Gemeinden in den Waisenhäusern der größeren Gemeinden untergebracht werden. Die Gemeinde in Breslau musste somit jüdischen Kindern aus Schlesien und dem Sudetenland eine Ausbildung ermöglichen. Im Juli 1939 wurde das jüdische Waisenhaus in ein Kinderheim umgewandelt, in das wir schließlich zogen. Es war ein glückliches Zuhause für über hundert Jungen und Mädchen, mich eingeschlossen, und bestand bis Mitte 1941.

Ich schlief in unserem kleinen Zimmer, doch den Rest der Zeit verbrachte ich mit den anderen Kindern. Wir waren wie eine große, glückliche Familie. Im Hinterhof spielten wir Fußball und schützten die kleinen Jungen und Mädchen, wenn sie in der Schule gehänselt und eingeschüchtert wurden. Es graute uns davor, Grießpudding zu essen, denn aufgrund der unzureichend ausgestatteten Küche war er oft verbrannt und schmeckte ekelhaft, noch dazu roch das ganze Gebäude nach verbrannter Milch. Am meisten freuten wir uns auf die seltenen Tage, an denen wir von der Heimleitung eine Zitronenhälfte bekamen, die wir in Zucker tunkten und zum Nachtisch aßen. Der Duft von hundert Kindern, die an Zitronen kauten, erfüllte das Gebäude. Jedes dieser Kinder hatte eine eigene Geschichte. Der kleine Max Müller hatte einen Wasserkopf, und weil er so lieb und hilflos war, wurde er von allen rundum verwöhnt. Die beiden Brüder Hernstädt stammten aus einem wohlhabenden und behüteten Elternhaus auf dem Lande. Sie fühlten sich im Getümmel des Kinderheims sehr verunsichert, meistens hielten sie sich an der Hand und beschützten einander. Die Beziehung zwischen diesen beiden Jungen war besonders zärtlich und liebevoll. Nelly Schüftan hatte einen jüdischen Vater und eine nichtjüdische Mutter. Am 9. November 1938 wurde ihr Vater ins Konzentrationslager Buchenwald verschleppt; nach seiner Entlassung wurde er dazu aufgefordert, innerhalb von 48 Stunden das Land zu verlassen. Er und seine Frau reisten nach Palästina aus und ließen die zehnjährige Nelly bei ihren nichtjüdischen Großeltern zurück. Als die Großeltern anfingen, sich im Zuge der zunehmenden Judenverfolgung über ihre eigene Zukunft zu sorgen, wiesen sie Nelly ins Kinderheim ein und besiegelten so das Schicksal ihrer Enkelin. Dann waren da noch Werner Tuch und Albert Jacob, die Trost in der Lehre und Ausübung ihrer Religion fanden. Sie nahmen mich unter ihre Fittiche und weihten mich in die Durchführung von Gottesdiensten ein. Von ihnen lernte ich viel über den Reichtum der jüdischen Musik und Lehre.

In der ersten Etage des Gebäudes befanden sich die Restbestände des Jüdischen Museums, darunter auch schlesische Kunstobjekte, die einige Jahrhunderte zurückdatierten. Das Museum war ursprünglich Teil des städtischen Geschichtsmuseums gewesen. Die Ausstellungsräume, auch die historische Synagoge, wurden während der Reichspogromnacht von der Gestapo verriegelt. Gegen Ende 1939 wurden wir angenehm überrascht. Die Gestapo schloss das Museum auf, beschlagnahmte alle Gegenstände aus Edelmetall, und wir durften die kleine Synagoge nun freitags wieder nutzen. Ich war an der Reihe, den Freitagsgottesdienst zu leiten. Es war eine besondere Erfahrung, eine wunderschöne Synagoge erneut einzuweihen, – an einem Ort und zu einer Zeit, da die Schließung und Verwüstung von Synagogen alltäglich war. Im Rückblick bedauere ich zutiefst, dass ich diese Ehre nicht Werner und Albert, denen ich so viel verdanke, überlassen habe, denn beide fielen dem Holocaust zum Opfer.

9. AUF NACH NIRGENDWO

Bis Ostern 1939 hatte ich die vorgeschriebenen vier Jahre an der Privaten Jüdischen Volksschule zu Breslau abgeschlossen und konnte mich so für das Gymnasium qualifizieren. Die private Grundschule *Wohl* war aus mehreren Gründen geschlossen worden: Da jüdische Konten gesperrt waren, konnten Juden das Schulgeld nicht mehr bezahlen; die nichtjüdischen Lehrer durften Juden nicht unterrichten oder überhaupt mit ihnen verkehren; zwei der jüdischen Lehrer hatten die Reichspogromnacht nicht überlebt; Juden durften keine Schulen in Gebäuden, die auch ›arische‹ Einwohner hatten, betreiben.

Nach der behüteten Zeit, die ich in einer vornehmen Privatschule erlebt hatte, war die Private Jüdische Oberschule am Rehdigerplatz 3 ein wahrer Kulturschock. Der Schulgründung lag das Ziel, bei den Schülern orthodoxes Judentum und Zionismus zu fördern, zu Grunde. Ursprünglich hieß sie ›Privates Jüdisches Reform-Realgymnasium‹. Ich stammte aus einem liberal-jüdischen Elternhaus: Für uns war das Jüdischsein eine Frage der Religion, nicht der Rasse oder Volkszugehörigkeit. Die Schule, die in einem schönen Gebäude untergebracht war, war bald mit Kindern überfüllt, die als Juden ihrer Schulen in Breslau und auf dem Lande verwiesen worden waren. Durch den Mangel an jüdischen Lehrern wurden wir teilweise von ehemaligen Universitätsdozenten, Architekten, Rabbinern und Musikern unterrichtet.

Ich wurde zum ›braven Jungen‹ erzogen. Bald merkten auch die Jugendbanden, dass ich ein Weichling war, und ich wurde zum Ziel ihrer Hänseleien. Es geschah nicht selten, dass ich in Tränen aufgelöst nach Hause kam, und obwohl ich das Lernen immer sehr mochte, graute es mir jeden Morgen davor, zur Schule zu gehen. Meine Mutter brachte mich hin und holte mich auch ab, so oft sie konnte, und gut gesinnte Lehrer mahnten die Raufbolde. Natürlich verschlimmerte das die Situation nur. Eines Tages bat mich mein Vater zu sich; in wenigen Worten erklärte er mir, dass man seine Probleme im Leben nur allein lösen kann. Er sprach aus seiner Soldatenerfahrung im Ersten Weltkrieg: »Selbst ist der Mann.« Der zweite Rat ging aus seinen jüngsten Erfahrungen hervor. Vater lehrte mich, dass persönlicher Besitz und Ansehen vorübergehend sind, doch: »Wissen ist Macht.« Für mein Problem fand ich eine Lösung. Als zwei Schulhofschläger mich angriffen, schlug ich blindwütig zurück. Da ich schon immer groß gewesen war und auch lange Arme hatte, gelang es mir, sie völlig zu überrumpeln und ziemlich schlimm zuzurichten. Sie zogen sich zurück und heulten sich die Augen aus dem Kopf, während die Zöglinge des Kinderheims einen Kreis um uns bildeten und mich anfeuerten. Das war das letzte Mal, dass ich angegriffen wurde, und ich war auch nicht mehr auf die Hilfe anderer angewiesen. Jetzt konnte ich mich der Schule widmen, ohne mir ständig Sorgen machen zu müssen. Die wenigen Worte, die mein Vater mir mitgab, halfen zu überleben – auch später waren sie für mich wegweisend. Bis heute bedauere ich, dass ich das Thema nicht wieder aufnahm und ihm meine Dankbarkeit erwies.

Bald darauf wurde meine neugewonnene Selbstsicherheit auf die Probe gestellt. Ich wurde zum Hauptquartier der Gestapo im Breslauer Polizeipräsidium vorgeladen. Weder Begründung noch Details wurden angegeben, ich durfte auch nicht in Begleitung meiner Eltern kommen. Würde ich wieder nach Hause kommen, würden sie mich jemals wiedersehen? Als ich bei der Gestapo ankam, gesellten sich Dutzende jüdischer Jungen zu mir. Der Grund unserer Vorladung wurde allen zusammen vorgetragen: Die Gestapo sollte aus dem Polizeipräsidium auf die gegenüberliegende Straßenseite ziehen, und zwar ins Verwaltungs- und Schulgebäude der Neuen Synagoge am Anger 8. Obwohl die Synagoge am 9./10. November zerstört worden war, war das Schul- und Verwaltungsgebäude erhalten geblieben. Es befindet sich bis heute in guter Verfassung und dient als Wirtschaftshochschule. Wir wurden als Arbeitskräfte beim Kistenschleppen im eben enteigneten Gebäude eingesetzt. Ein Fliegeralarm unterbrach unsere Arbeit an jenem Tag. Während die Gestapo im Luftschutzbunker verschwand, mussten wir draußen stehen, Gesicht zur Wand, mit hochgestreckten Armen. So hätten wir im Falle eines Bombeneinschlags nichts gesehen und wären den schlimmstmöglichen Verletzungen ausgeliefert gewesen. Zum Glück ging der Fliegeralarm ohne besondere Vorkommnisse vorbei.

Anfang 1939 wurden Kleider und Schuhe rationiert. Juden erhielten keine Rationskarten, sondern sie mussten einen ›Bezugsschein‹ anfordern – dieser wurde natürlich nicht immer erteilt. Für einen schnell wachsenden Jungen wie mich stellte das ein Problem dar. Die jüdische Gemeinde organisierte eine Kleiderkammer, um die Sache zu lösen.

Dort konnten wir Kleidungsstücke, aus denen ich herausgewachsen war, gegen andere, die mir besser passten, tauschen. Zwar war das ein Schlag für das Selbstbild und -vertrauen eines jungen Manns, doch nach einer Weile gewöhnte ich mich daran und lernte, mein etwas unmodisches Auftreten zu ignorieren.

Eine neue Freundschaft brachte ein wenig Leben in unseren dunklen Kellerraum. Meine Eltern schenkten mir zum elften Geburtstag einen Goldfisch. Er teilte mit uns das bereits überfüllte Zimmer, aber sich um ihn zu kümmern, bot mir die Möglichkeit, eine der einfachen Freuden des Lebens zu genießen. Ich denke immer noch an die glücklichen Zeiten, die ich mit den Jungen und Mädchen im Kinderheim verbrachte. Am 15. Mai 1942 trat ein weiteres Gesetz in Kraft, das dieser Zeit ein Ende setzte. Juden durften von nun an keine Haustiere mehr halten. Ist ein Goldfisch ein Haustier? So wie die Juden im Mittelalter jede Disputation mit der Kirche verloren, wussten wir, dass wir diese Anordnung bei der Gestapo unmöglich anfechten konnten. Um dem neuen Gesetz nachzukommen, wurde der Inhalt des Goldfischglases die Toilette runtergespült.

Am 4. Oktober 1940 erfuhren wir, warum die Räume des Jüdischen Museums aufgesperrt worden waren. Die Gestapo befahl die Räumung des Gebäudes innerhalb von 24 Stunden. Wo sollten wir hin? Die Gemeinde brachte uns vorerst in einer wunderschönen Villa des jüdischen Architekten Paul Ehrlich, der vor 1933 viele bürgerliche Häuser in Breslau entworfen hatte, unter. Das Haus war prachtvoll, aber völlig ungeeignet für so viele Personen. Wir schliefen alle auf dem Boden, konnten uns in dem einen verfügbaren Badezimmer nicht richtig waschen. Wir ernährten uns von Butterbroten, denn die Küche konnte nicht so viele Menschen bedienen, und vor den beiden Toiletten stellten wir uns immer in einer Schlange an. Als nächstes zogen wir ins große Jüdische Altersheim in der Kirschallee. Die bisherigen Bewohner waren in Sammellager in Grüssau, Tormersdorf und Riebnig gebracht worden, von wo sie zwischen 1941 und 1943 in Vernichtungslager im von Deutschland besetzten Osten deportiert und dort ermordet wurden. Da das Altersheim von Bettwanzen befallen war, konnten wir nachts kaum schlafen, denn wir wurden andauernd gebissen und verspürten ständig das Bedürfnis, uns zu kratzen. Die Zimmer wurden eines nach dem anderen ausgeräuchert, um die Bettwanzen loszuwerden. Als diese Gebäude auch enteignet wurden, mussten wir weiterziehen. Diesmal wurden wir in einem Gebäude der ›Gesellschaft der Freunde‹, einem seit dem 25. November 1935 verbotenen jüdischen Verein, in der Graupenstraße einquartiert. Dort schliefen wir im Tanzsaal in Doppelstockbetten, die mit Strohsäcken ausgelegt waren. Zwischen den Mädchen und den Jungen stellte man eine Trennwand auf. Einmal fiel ich aus dem oberen Bett, schlug mit der Schulter auf und brach mir das Schlüsselbein. Ich benötigte eine Operation, um eine Metallprothese einzusetzen. Das jüdische Krankenhaus, das früher 450 Betten besaß, war bereits ›arisiert‹ und in ein Militärkrankenhaus umgewandelt worden. Alles, was von der Chirurgie übrig war, war in einigen wenigen Räumen eines Wohnhauses in der Victoriastraße untergebracht.

Nach meiner Entlassung aus dem Krankenhaus kehrte ich nicht zu den Kindern zurück, da das Kinderheim wieder den Ort gewechselt hatte und sich jetzt in einem Gutshaus außerhalb Breslaus befand. Von dort wurden die Kinder am 24. Februar 1943 nach Theresienstadt deportiert. Vater betreute sie bis April 1941, doch schon früher, im November 1940, zogen wir in ein Zimmer einer Zweizimmerwohnung in einem ›Judenhaus‹ in der Kopischstraße 65 um. Die Kinder kehrten nicht zurück, und sie wurden nie erwachsen. Ihr Gelächter ertönt immer noch in meinen Ohren, und ich bin dankbar für ihre Freundschaft und die Zeit, die ich mit ihnen verbringen durfte.

Das Jahr 1940 brachte einen Vorgeschmack dessen, was noch geschehen sollte. Mitte Februar begannen die ersten Deportationen von deutschen Juden. Die Juden aus Schneidemühl, Stettin und Stralsund wurden in den Distrikt Lublin im besetzten Polen deportiert. Ende Oktober wurden 6.504 Juden aus Baden und der Pfalz nach Südfrankreich verschleppt. Im Mai 1940 eröffneten die Deutschen das Konzentrationslager Auschwitz. Das Wissen um all diese Ereignisse erreichte uns in Form von Gerüchten, und nur die wenigsten waren dazu bereit, sie als Wahrheit zu akzeptieren. Der Wunsch, zu überleben, ließ die meisten alle Tatsachen ausblenden.

10. DIE LAGE SPITZT SICH ZU

1939 und 1940 hatten nur noch wenige Juden und Nichtjuden den Mut, persönliche Beziehungen aufrecht zu halten. Im Januar 1940 wurden Nichtjuden, die mit Juden verheiratet waren, und alle, die als Kinder aus ›Mischehen‹ hervorgegangen waren, aus dem Militär entlassen, auch wenn alle Mitglieder der Familie einer christlichen Kirche angehörten.

Im Laufe des Jahres 1941 spitzte sich die Lage zu. Am 1. März 1941 beauftragte Heinrich Himmler den Lagerkommandanten des Konzentrationslagers Auschwitz, Rudolf Höß, das Vernichtungslager Birkenau zu errichten. Ab dem Jahreswechsel 1941/42 begann die Massenvernichtung von Juden in Gaskammern. Die Zahlenschieber der nationalsozialistischen Maschinerie hatten ihre Hausaufgaben gemacht.

Das Lager lag nur wenige hundert Kilometer von Breslau entfernt. Doch damals war es für uns allein deshalb kein Grund zur Besorgnis, weil wir nichts von ihm wussten. Wir kämpften mit anderen Problemen. Die Benutzung von Telefonzellen war uns ab dem 29. Juli 1940 untersagt. Wir durften keine öffentlichen Verkehrsmittel ohne Befugnis der Gestapo nutzen – diese wurde nur dann erteilt, wenn die Arbeitsstelle ihrer Meinung nach weit genug vom Wohnort entfernt lag. Weder vor noch nach Anbruch der Dunkelheit durften wir unsere Wohnung verlassen. Vater musste von seiner Arbeit im Kinderheim zur Papierfabrik *Sacrau* wechseln. Mutter musste die ganze Nacht lang Straßenbahnen waschen. Juden durften das Gymnasium nicht mehr besuchen, woraufhin das jüdische Gymnasium am 9. April 1941 geschlossen wurde. Ich wechselte an die Jüdische Volksschule am Rehdigerplatz. Zum Glück teilten wir unsere Wohnung in der Kopischstraße 65 mit einer sehr netten Familie, die einen jungen Sohn hatte. Die Familie Korngrün kannten wir schon lange, denn sie hatten nicht weit von uns gewohnt, bevor wir ins Kinderheim zogen. Herr Korngrün war Handelsvertreter, der oft Großvaters Geschäft aufsuchte und ihm Waren verkaufte.

Ab dem 19. September 1941 mussten wir gelbe Davidsterne tragen. Sie wurden uns am 1. September ausgehändigt, und wir mussten folgende Erklärung unterzeichnen: »Ich verpflichte mich, das Kennzeichen sorgfältig und pfleglich zu behandeln und bei seinem Aufnähen auf das Kleidungsstück den über das Kennzeichen hinausragenden Stoffrand umzuschlagen.« Wer dieser Regelung nicht nachkam, musste mit einer

Geldbuße oder einer Haftstrafe von bis zu sechs Wochen rechnen. Am Freitag, den 20. September 1941, war der Sabbatgottesdienst überfüllt. Die gelben Sterne schmückten die versammelte Menge und ließen keinen Zweifel an ihrem Jüdischsein. Einige Tage später sagte ein überraschter nichtjüdischer Verkäufer meiner Mutter, dass ich den Gelben Stern wie eine Auszeichnung trage. Ich war keine Ausnahme, das taten wir alle.

An einem dunklen und düsteren Septembermorgen 1941 hörten wir zwischen sechs und sieben Uhr hämmernde Fäuste an unserer Tür: »Aufmachen, Gestapo!« Meine Mutter ging an die Tür. Zwei Gestapooffiziere schoben sie zur Seite. »Wo sind die Juden Korngrün?« Sie stürmten ohne zu klopfen ins Zimmer der Korngrüns. Die Familie schlief noch. Uns wurde befohlen, in unserem Zimmer zu bleiben. Die Korngrüns mussten sich sofort anziehen und ihre Sachen packen – aber nur, soviel sie selbst tragen konnten. Sie sollten genügend Brot für eine zweitägige Reise mitnehmen, aber ihr Werkzeug – eine Nähmaschine, eine Axt, Hammer, Schraubenzieher, einen Eimer usw. – in den Flur stellen. Daraufhin versiegelte die Gestapo ihr Zimmer. Uns sagte man, sie würden in die neubesetzen Gebiete im Distrikt Galizien gebracht, wo sie – endlich – die »Gelegenheit bekämen, ehrliche Arbeit zu leisten«. Ihr Werkzeug würde später abgeholt und ihren restlichen Sachen zu gegebener Zeit nachgeschickt werden. Die Geschichte war nicht unplausibel; einige ältere Juden waren bereits in die Durchgangslager Tormersdorf, Grüssau und Riebnig gebracht worden und Freunde und Verwandte hatten von ihnen gelegentlich Nachricht erhalten.

Von Frau Korngrün wurde erwartet, dass sie sich im Beisein der Gestapomänner ankleidete, doch sie hatte noch den Mut, sie für einige Minuten aus dem Zimmer zu werfen. Die Familienmitglieder durften die Tür zur Toilette nicht schließen, sie musste einen Spalt breit offenbleiben. Ich half beim Koffertragen und begleitete sie. Bewacht durch die Gestapo fuhren wir mit der Straßenbahn zum Schießwerder, wo es einen beliebten Tanzsaal gab, in dem bereits viele jüdische Familien versammelt waren. Die meisten hockten auf ihren Rucksäcken und warteten auf die Weiterreise. So viele andere Juden anzutreffen, entspannte die Korngrüns etwas. Ihr sechsjähriger Sohn Heini weinte und war nicht zu trösten, denn sein Teddybär war in der Wohnung zurückgeblieben. Seine Mutter flehte mich an, das Stofftier zu holen, damit es Heini auf der bevorstehenden Reise trösten konnte. Ich ging nach Hause und fand den Teddy auf dem Flur. Es war eine ungeheure Freude, diesen kleinen Jungen mit seinem Teddybären im Schießwerdersaal zu vereinen und ihm so etwas wie Trost zu schenken. Das Werkzeug wurde nie abgeholt. Aufzeichnungen der Gestapo geben an, dass der Transport Breslau am 25. November 1941 verließ und drei Tage später in Kaunas ankam. Angehörige des deutsch-litauischen Einsatzkommandos 3 erschossen am 29. November im dortigen IX. Fort – nach eigenen Angaben – 693 Männer, 1.155 Frauen und 152 Kinder, insgesamt 2.000 jüdische ›Umsiedler‹ aus Breslau und Wien. Vielleicht war der Teddybär ein gewisser Trost, als eine Kugel Heini Korngrüns junges Leben gewaltsam beendete.

Am 3. April 1942 wurde das Gesetz, das den Gelben Stern verordnete, dahingehend erweitert, dass nun auch von Juden bewohnte Wohnungen mit einem weißen Stern aus Papier gekennzeichnet werden mussten.

Am 10. Juni 1942 mussten wir die Wohnung in der Kopischstraße verlassen. Erst zwei Monate zuvor hatte die Gestapo die Habseligkeiten der Korngrüns abgeholt. Wie üblich gab man uns nur 48 Stunden, um die Wohnung zu räumen. Wir wurden in die Zimmerstraße 5/7 umgesiedelt, in eine Vierzimmerwohnung. In jedem Zimmer war eine jüdische Familie untergebracht, und alle teilten sich die kleine Küche und das Bad.

Die Kopischstraße zu verlassen, brachte eine gewisse Erleichterung. Nach der Deportation der Korngrüns kamen wir nicht umhin, uns Sorgen um sie zu machen, andauernd auf die versiegelte Tür zu sehen und zu überlegen, was aus ihnen geworden war. Die Kochtöpfe, Teller und Löffel, die sie in der Küche zurücklassen mussten, behandelten wir mit großem Respekt, als ob dies die Gewalt, die den Korngrüns zuteil wurde, wiedergutmachen könnte.

Der Gemüsehändler in unserem Viertel hatte Mitleid mit mir. Ich musste für uns die Einkäufe tätigen, denn Juden durften nur zwischen vier und fünf Uhr in ausgewählten Läden einkaufen. Da meine Eltern um diese Tageszeit noch bei der Arbeit waren, war es meine Aufgabe, mich in die Schlange einzureihen und zu versuchen, die wenigen

Waren zu ergattern, die uns durch unsere ›Judenmarken‹ zustanden. Einmal durfte ich dreimal zurückkommen, um Spinat zu kaufen. Wir benötigten einige Stunden, um die ganze Badewanne voll mit frischem Spinat zu verarbeiten. Den Geschmack dieses Spinats, der wenigstens für kurze Zeit meinen Hunger lindern konnte, spüre ich noch immer auf der Zunge. Ein Geschäft für Juden zu betreiben, war damals äußerst profitabel. Der Händler konnte zum Beispiel eingelegte Heringe filetieren und das Filet an ›arische‹ Kunden verkaufen. Die unverkäuflichen Reste drehte er durch den Wolf und verkaufte sie an Juden. Mit der Zeit lernte man, alles zu essen, was den Hunger linderte.

Aus der Ferne betrachtet, glaube ich, dass die immer drängenderen Sorgen und Pflichten des Alltags uns halfen, bei Verstand zu bleiben. Es blieb wenig Zeit, zu grübeln und sich mit den tatsächlich großen Problemen auseinanderzusetzen.

11. DIE UMSETZUNG DER ›ENDLÖSUNG‹

Das Jahr 1942 war ein Annus horribilis. Der erste ›Osttransport‹ 1941 war lediglich ein Versuchslauf gewesen. 1942 wurde der Großteil der Breslauer Jüdischen Gemeinde verschleppt: am 13. April um die tausend Juden nach Izbica; am 3. Mai weitere Tausend in den Distrikt Lublin; Ende August 1.065 nach Theresienstadt. Die Deportationen 1943 und 1944 waren bloße ›Aufräumaktionen‹ von Menschen, die als Zwangsarbeiter kriegswichtig gewesen waren. Vor jedem Transport teilte die Gestapo dem Rabbiner der Jüdischen Gemeinde mit, wie viele Menschen deportiert werden sollten. Ausgewählt wurde nach folgenden Kriterien: zuerst die Reichen, damit der Staat ihr Eigentum übernehmen konnte, dann die Arbeitsunfähigen und die, die auf Wohlfahrt angewiesen waren, schließlich waren die Arbeiter der Schwerindustrie dran, die durch ›arische‹ Kräfte ersetzt wurden. Als nächstes waren es die Frontkämpfer aus dem Ersten Weltkrieg, am Ende kamen dann die in ›Mischehen‹ lebenden Juden und ›Geltungsjuden‹ dran. Angst erfüllt fragten wir uns ständig: Werden wir die nächsten sein?

Der Überlebenswille ließ uns nur ausgewählte Fakten wahrnehmen. Eines Tages kam mein Vater völlig erschüttert von der Arbeit nach Hause. Ein SS-Mann hatte ihn auf der Straße angegriffen und angeschrien: »Du lebst noch Jude! Dir werden wir schon bald einen Genickschuss geben!« Ich glaube, was meinen Vater am meisten bestürzt hatte, war die Gefühlskälte dieses Mannes und seine eigene Unfähigkeit, sich auf der Stelle zu verteidigen. Ich bezweifle, dass es ihm in den Sinn kam, dass diese Drohung hätte ernst gemeint sein können. Der Mangel an zuverlässigen Informationen, die sich weitverbreitenden widersprüchlichen Gerüchte und der Widerwille, ihnen Glauben zu schenken, ermöglichten es den meisten Juden, eine gute geistige Verfassung zu bewahren. Man hoffte auf Befreiung, ohne über die Art möglichen weiteren Leidens nachzudenken.

Später erfuhr ich von der sogenannten Wannseekonferenz am 20. Januar 1942, auf der die industrielle Vernichtung der europäischen Juden koordiniert worden war. Der offizielle Beschluss klang wenig verheißungsvoll: »Unter entsprechender Leitung sollen nun im Zuge der Endlösung die Juden in geeigneter Weise im Osten zum Arbeitseinsatz kommen. In großen Arbeitskolonnen, unter Trennung der Geschlechter, werden die arbeitsfähigen Juden straßenbauend in diese Gebiete geführt, wobei zweifellos ein Großteil durch natürliche Verminderung ausfallen wird. Der allfällig endlich verbleibende Restbestand wird, da es sich bei diesem zweifellos um den widerstandsfähigsten Teil handelt, entsprechend behandelt werden müssen, da dieser, eine natürliche Auslese darstellend, bei Freilassung als Keimzelle eines neuen jüdischen Aufbaues anzusprechen ist.«

Wieder einmal hielten uns Alltagsprobleme davon ab, uns über die großen Fragen den Kopf zu zerbrechen. Im Januar mussten wir unsere Pelze und Wollsachen abgeben, im Juni wurden alle überflüssigen Kleidungsstücke, Fahrräder, alle optischen Geräte, Schreibmaschinen und Schallplatten beschlagnahmt. Im Juli mussten alle verbliebenen liturgischen Gegenstände, die aus Edelmetall waren, abgeben werden. Bei den Gottesdiensten wurde der silberne Weinbecher durch ein einfaches Glas ersetzt, und die Silberverzierung der Torarolle verschwand. Juden durften sich bei ›arischen‹ Friseuren die Haare nicht mehr schneiden lassen. Einige Juden, die einem das Haar schneiden konnten, ohne es dadurch besonders attraktiv aussehen zu lassen, mussten die Lücke füllen. Diese Regelung erwies sich als Glück im Unglück, denn der Friseursalon war eine Anlaufstelle für den Austausch von Informationen und Gerüchten. Im Oktober wurden schließlich alle Milch-, Fleisch- und Weizenprodukte von unseren Lebensmittelkarten gestrichen. Diese Maßnahme traf die gesamte jüdische Gemeinde.

Ab dem 1. Juli 1942 durften Juden nicht mehr zur Schule gehen und auch keine Bücher mehr kaufen. Folglich wurden alle jüdischen Schulen geschlossen. Die Gestapo musste nicht lange überlegen, um zu dem Schluss zu kommen, dass die jüdischen Kinder, egal welchen Alters, als Zwangsarbeiter eingesetzt werden sollten. Am Nachmittag des 1. Juli fing ich bei der Chemiefabrik *Charles Boeger & Co.* an. Meinem winzigen Gehalt wurde noch zusätzlich eine 15-prozentige ›Judensondersteuer‹ auferlegt. Der Zeitraum, als das Schulverbot für jüdische Kinder schon in Kraft getreten war, der Arbeitseinsatz aber noch nicht begonnen hatte, stellte für die Eltern und die jüdische Gemeinde ein Problem dar. Es gab keine Beaufsichtigung durch Erwachsene, und so waren die Kinder entweder allein zu Hause oder schlenderten durch die Straßen und spielten die üblichen Streiche. Diese konnten jedoch im Falle einer Verhaftung durch die Gestapo oder die Polizei lebensgefährlich sein. Als Lösung des Problems beschloss die Gemeinde, die Kinder einzusperren und mit Aufräumarbeiten auf dem historischen Friedhof in der Lohestraße zu beauftragen. Der Friedhof war von einer hohen Mauer umgeben, und das schmiedeeiserne Tor ließ sich abschließen. Der Friedhof war früher immer sehr gepflegt worden, und durch die hohen Bäume sah er von außen wie eine wunderschöne Parkanlage aus. Ich konnte einem persönlichen Interesse nachgehen und den Gräbern meiner Urgroßeltern, der drei Brüder meines Vaters und unserer berühmten Verwandten Friederike Kempner, deren ungewöhnliche Dichtung ihr den Spitznamen ›Schlesische Nachtigall‹ eintrug, besonders viel Beachtung schenken. Friederike hatte zu ihrer Zeit für viele Anliegen gekämpft – eines war die Einäscherung. Als eine der ersten in der modernen deutschen Gesellschaft erhielt sie dann eine Feuerbestattung. Der große Theaterkritiker und Schriftsteller Alfred Kempner änderte seinen Namen in Alfred Kerr, um nicht mit seiner extravaganten Verwandten Friederike in Verbindung gebracht zu werden. Die Arbeit auf dem Friedhof war wie eine Geschichtsstunde. Der älteste Grabstein stammte aus dem Jahr 1203 und gehörte einem Kantor der jüdischen Gemeinde. Das Grab Ferdinand Lassalles, einem der Wortführer der deutschen Arbeiterbewegung und Gründervater der Sozialdemokratie, wurde vor 1933 jedes Jahr von Hunderten Arbeitern aufgesucht. Er war in Folge eines Pistolenduells in der Schweiz, zu dem er aufgrund seiner Liebe zur Nichtjüdin Helene von Dönniges, die dem schlesischen Adel angehörte, aufgefordert worden war, am 31. August 1864 verstorben.

Das Grabmal von Heinrich Graetz, dem Verfasser der ersten Gesamtdarstellung zur jüdischen Geschichte, lag nicht weit vom Grab der Familie Milch, deren Nachfahre Generalfeldmarschall Erhard Milch eng mit Albert Speer und Reichsmarschall Hermann Göring auf Deutschlands ›Endsieg‹ hinarbeitete, trotz seiner jüdischen Abstammung. Als Göring darauf angesprochen wurde, soll er geantwortet haben: »Wer Jude ist, bestimme ich.« Etwas weiter befand sich die Grabstätte der Familie von Edith Stein, der jüdischen Wahrheitssuchenden, die schließlich Karmeliterin wurde und den Ordensnamen ›Theresa Benedicta vom Kreuz‹ annahm. Ihr Aufruf an Papst Pius XII., sich für ihre einstigen Glaubensbrüder und -schwestern einzusetzen, wurde nicht erhört. Nicht nur diese, sondern auch sie kam in Auschwitz zu Tode. Anscheinend hat das kirchliche Machtgefüge gelegentlich Vorrang vor dem Gebot der Nächstenliebe.

Es gab eine Planänderung. Die Gestapo befahl der Jüdischen Gemeinde, uns vom alten jüdischen Friedhof in der Lohestraße auf den neueren und viel größeren in Kosel zu verlegen. Die Anzahl der verfügbaren Arbeitskräfte hatte sich durch Deportation und Zwangsarbeitseinsätze deutlich verringert, doch die Arbeitsbelastung stieg aufgrund der riesigen Fläche des Friedhofs. Die Bronzetore der Gewölbe von Familiengräbern und die Stahleinfassungen um die kunstvoll gefertigten Ruhestätten waren auseinandergenommen, das Metall der Kriegsindustrie zugeführt worden. Unserer Verlegung lag ein Hintergedanke zugrunde. Die Gemeinde erhielt regelmäßig Leichen zur Beerdigung, und wir sollten die Gräber ausheben. Die Verstorbenen kamen aus den nahegelegenen Arbeitslagern in Hundsfeld, Masselwitz, Breslau-Neukirch und Klettendorf, die für Juden aus dem polnischen Teil Oberschlesiens bestimmt waren. Diese Menschen wurden nicht erschossen oder ›vergast‹, sie arbeiteten sich zu Tode. Einer Studie zufolge, die Daniel Bogacz von der Breslauer Universität 1990 durchführte, kamen 122 Juden in diesen Lagern um. Es gab uns Stoff zum Nachdenken. Wie wird unsere Zukunft aussehen? Zwar konnten wir uns eine industrielle Massenvernichtung von Menschen nicht vorstellen, doch diese Ereignisse ließen uns ängstlicher werden und schufen ein erhöhtes Bewusstsein für die Gefahr, in der wir uns befanden.

Die häufigen Umzüge und das enge Zusammenleben während der Verfolgung schweißten viele Menschen zusammen und schufen besondere Freundschaften von Dauer. Eine unserer engen Bekannten war Fräulein Ottilie Schein, die bereits 1934 unserer ursprünglichen Wohnung als Untermieterin zugewiesen worden war. Wir besuchten uns gegenseitig, so oft wir konnten, und blieben immer in Kontakt. Sie unterrichtete Englisch, Französisch und Spanisch – ein gefragter Beruf in den Tagen des Nationalsozialismus in einer jüdischen Gemeinde, in der alle verzweifelt ausreisen wollten.

Anfang 1942 besuchte sie uns, um in einer Flut von Tränen zu berichten, dass ihre begabte, erst 22-jährige Schülerin Anita Treitel am 16. November 1941 Selbstmord begangen hatte, um der drohenden Verschleppung zu entgehen. Daraufhin zeigte sie uns ihre eigene Vorladung zur Deportation am Folgetag. Sie gestand, dass sie etwas Geld aus ihren Sprachlektionen beiseite gelegt hatte, und hoffte, dass es ihr helfen könnte, an ihrem Reiseziel Vorräte zu kaufen. Ob wir nicht wüssten, wie sie ihr Geld sicher mitnehmen könne? Fräulein Schein besaß ein kleines Daunenkissen. Meine Mutter und sie rollten die Geldscheine in Wattebäusche ein, steckten diese ins Kissen und nähten es wieder zu. Es war ein unvergesslicher Anblick: Die beiden Frauen, die in ihren Wintermänteln im kalten Zimmer saßen, umgeben von weißen Federn, die überall durch die Luft flogen. Ottilie Schein hatte nur eine Niere – die andere war operativ entfernt worden – und sie achtete immer genau darauf, regelmäßig entsprechende Gesundheitstees zu trinken. Ich wurde in mehrere Drogerien geschickt, um ihren Vorrat an Kräutertees aufzustocken, falls sie Schwierigkeiten haben sollte, sie unterwegs zu bekommen. Als wir von ihr Abschied nahmen, musste sie sich eigentlich keine Sorgen machen: Ihr bescheidenes Hab und Gut war in ihren Koffern, das Geld gut versteckt, und sie hatte genügend Tee für die ganze Reise. Sie konnte nicht erahnen, dass ihre Sorgen bald nach ihrer Ankunft in Theresienstadt am 27. Juli 1942 vorüber sein würden. Am 11. August war sie bereits tot.

Wir verloren nicht nur Freunde, sondern auch Verwandte aus den Augen. Der Cousin meines Vaters, Walter Schimmelburg, schaffte es noch, uns eine Postkarte über das Rote Kreuz aus dem Warschauer Ghetto zukommen zu lassen, in der er uns versicherte, ihm und seiner Frau, Fanny Schimmelburg, gehe es gut. Eine weitere Cousine, Ellie Ritter, kam – zusammen mit 275 weiteren Juden – aus Breslau nach Theresienstadt. Als ich Theresienstadt 1993 besuchte, fand ich folgende Notiz: »Ellie Ritter, deportiert nach Theresienstadt in Transport IX/4 aus Breslau am 2. April 1943, persönliche Transportnummer 197; Weitertransport aus Theresienstadt nach Auschwitz am 23. Oktober 1944, persönliche Transportnummer 1.005.« Ellie war eine äußerst wohlhabende Witwe. 1936 hatte sie ihren Besitz in Container gepackt und in Hamburg zur Lagerung gegeben – in der Hoffnung, die Hitlerzeit wäre nur vorübergehend und sie könnte die Sachen bald abholen und nach dem Untergang Hitlers zu Hause wieder auspacken. Im Notfall war sie aber darauf vorbereitet, die Container zu ihren Söhnen nach Amerika zu schicken, wo sie sich einem der beiden, der rechtzeitig ausgewandert war, in Baltimore anschließe könnte. In ihrem Plan stimmte nur die Zeitabfolge nicht, und sie war in Deutschland gefangen. Sie sollte Breslau mit dem ersten Transport im November 1941 gen Osten verlassen. Doch sie war eine Kämpferin: Gut überlegt, fiel sie versehentlich hin und brach sich den Hüftknochen, woraufhin sie ins Jüdische Krankenhaus eingewiesen und von ihrem Bekannten, dem Chirurgen Siegmund Hadda, behandelt wurde. Immer wenn ein Transport Breslau verlassen sollte, war für Ellie eine weitere Hüftoperation angesetzt. Sie wurde schließlich in einem der letzten Transporte deportiert. Es ist traurig, dass ihr Kampfgeist sie nicht retten konnte. Tante Ellies Transport war vermutlich der letzte von elf, die zwischen September und Oktober 1944 von Theresienstadt Richtung Auschwitz fuhren. Das Kriegsende verpasste sie nur um sechs Monate.

Das letzte Familienmitglied, das Breslau verließ, war die Schwester meiner Großmutter, Meta Bernstein, für mich einfach nur Tante Meta. Sie war eine warmherzige ältere Dame – allerdings nicht von dieser Welt –, die sich immer auf uns verlassen konnte, wenn sie Probleme hatte. Eine Zeit lang musste sie von einem Altersheim ins nächste ziehen, letztendlich fand sie eine Bleibe in einem der wenigen übriggebliebenen Räume der Jüdischen Gemeinde. Im August 1942 mussten die letzen Einwohner dieses Altenheims in Busse nach Theresienstadt steigen. Wir packten Metas Hab und Gut, doch wir konnten sie nicht dazu überreden, sich vernünftig und praktisch für die Reise zu kleiden. Sie zog ihre besten Sachen an, als wäre sie mit ihren Freundinnen zu Kaffee und Kuchen verabredet, wie in alten Zeiten. Um den Hals trug sie eine Kette, die sich im Schultergurt ihrer Tasche verfing. Die Kette platzte, und die Perlen verstreuten sich überall im Bus. Sie versuchte, sie aufzuheben, und hielt so ihre Mitreisenden auf. Ein Gestapomann schrie sie an, packte sie an den Schultern und warf sie auf ihren Sitz. Wir durften nicht zu ihr, konnten ihr also weder helfen noch sie beruhigen. Bei der Abfahrt erblickten wir sie noch einmal, als der Bus an uns vorbeifuhr. Sie war in Tränen aufgelöst. In den Akten des Ghettolagers Theresienstadt setzen die folgenden Worte meiner Tante Meta ein Denkmal: »Auf Transport 11-2 aus Breslau am 31. August 1942 nach Theresienstadt deportiert, persönliche Transportnummer 904, gestorben in Theresienstadt am 29. Oktober 1942.« Obwohl sie guter Gesundheit war, als sie uns verließ, starb sie nach nur acht Wochen in Theresienstadt. In den ersten vier Monaten des Bestehens des Ghettos Theresienstadt begrub man die Toten noch. Als aber die Sterberate anstieg – alles in allem würden 33.000 Menschen ihr Leben dort lassen – wurden die Toten eingeäschert und ihre Überreste in einer Urnenhalle aufbewahrt. Gegen Ende des Krieges wollten die Nationalsozialisten alle Spuren vernichten, die auf die Greueltaten hindeuteten. Im November 1944 befahlen sie den Häftlingen, die Asche in die Eger zu schütten. Die Aufgabe nahm vier Tage in Anspruch. So wurde dieser Fluss zur letzten Ruhestätte meiner Tante Meta.

Im November und Dezember 1942 landeten die Westalliierten in Nordafrika, die Russen begannen mit ihrer Gegenoffensive. Doch für uns war das ein schwacher Trost, denn es war gleichzeitig ein Ansporn für die Nationalsozialisten, die Umsetzung der ›Endlösung‹ zu beschleunigen.

12. ZUSEHEN UND WARTEN

Mit großer Hoffnung und gleichzeitiger Besorgnis verfolgten wir das Weltgeschehen. War das Ende unseres Leidens in Sicht, und wenn ja, würden wir bis dahin überleben? Folgende Gewinne und Verluste sind für das Jahr 1943 zu verbuchen: Die deutschen Truppen gaben in Stalingrad auf, Offiziere der Heeresgruppe Mitte scheiterten mit einem Attentatsversuch auf Hitler, die letzten deutschen und italienischen Truppen kapitulierten in Afrika, die Amerikaner und Briten landeten auf Sizilien, und schließlich wechselte Italien die Seiten und erklärte Deutschland den Krieg. Juden im Warschauer Ghetto, in den Vernichtungszentren Treblinka und Sobibor setzten sich in Aufständen gegen die Deutschen zur Wehr, und bereits im Dezember fand der erste Prozess gegen deutsche Kriegsverbrecher im ostukrainischen Charkow statt. Reichsführer-SS Heinrich Himmler ordnete die Liquidierung der Judenghettos im besetzten Polen und die Deportation der Insassen in Vernichtungslager an. Am 30. April 1943 wurde Juden die deutsche Staatsbürgerschaft entzogen, am 10. Juni die ›Reichsvereinigung der Juden in Deutschland‹ aufgelöst und am 1. Juli Juden aus dem Zuständigkeitsbereich deutscher Gerichte ausgeschlossen und der Polizei unterstellt. Nicht zuletzt nahm die SS Gaskammern, die Zyklon B verwandten, nun auch in einigen Konzentrationslagern auf Reichsgebiet in Betrieb.

Diese dramatischen Ereignisse beeinflussten unser Leben kaum. Die meisten gingen unbemerkt an uns vorüber.

Unser vorletztes Zuhause vor der Deportation befand sich in der Zimmerstraße 5/7. 1943 waren viele der Häuser in dieser recht kleinen Straße ›Judenhäuser‹. Wir wohnten in einer Fünfzimmerwohnung, in jedem Zimmer eine Familie. Herr Armer, ein Schlosser, war unser unmittelbarer Nachbar. Ihm war es gestattet worden, eines der Zimmer als Werkstatt zu benutzen, um Metallarbeiten für die verbliebenen Juden zu erledigen. Wann immer er konnte, nahm er mich mit in seine Werkstatt und behandelte mich wie einen Lehrling: Er lehrte mich die Kunst, Schlösser und Schlüssel herzustellen sowie zu schweißen.

Vater ermutigte meine Schlosserlehre nicht, denn abends, nach der Arbeit, unterrichtete er mich in Latein, Griechisch, Geschichte, Französisch und vielem mehr und erwartete, dass ich meine Hausaufgaben machte. Meine Tage verbrachte ich bei Dr. Blumenthal, der mich im Gegenzug für das Erledigen seiner Einkäufe in Mathematik unterrichtete.

In der wenigen verbliebenen Freizeit fand ich Zuflucht in der Musik. Einige Jahre lang hatte ich Violinenunterricht bei Siegfried Rosenthal genommen, dem einstigen Konzertmeister im Breslauer Opernhaus und bei der Schlesischen Philharmonie. Er wohnte uns gegenüber in der Zimmerstraße. Wie immer ging ich abends zu ihm, um das wunderschöne *Violinkonzert a-Moll* von Johann Sebastian Bach einzustudieren. Doch diesmal wurde der Unterricht durch einen Überraschungsbesuch Elfriede Breslauers unterbrochen. Vor der Verfolgung hatte Elfriede die Zweite Geige bei der Schlesischen Philharmonie gespielt, und sie war mit den Rosenthals eng befreundet. Sie war sehr aufgebracht und zeigte Siegfried und seiner Frau einen Brief. Weinend umarmten sie sich. Der Unterricht wurde abgebrochen, aber ich durfte noch bleiben und Siegfried und Elfriede zuhören, wie sie Bachs *Doppelkonzert für zwei Violinen* spielten, unter Begleitung von Siegfrieds Frau am Klavier. Die klassische Majestät des wunderschönen dritten Satzes *largo ma non troppo* erklang wie ein Gebet. Der Brief, den sie gelesen hatten, war Elfriedes Vorladung zum ›Freundesaal‹ am nächsten Morgen, von wo sie nach Auschwitz deportiert wurde. Von dieser Reise kehrte sie nicht zurück.

Viele ältere Menschen wohnten noch in eigenen Zimmern in den Räumlichkeiten der Jüdischen Gemeinde. Die meisten von ihnen konnten nicht mehr für sich selbst sorgen, also mussten Schuljungen ihnen jeden Tag Essen aus der Gemeindeküche bringen, bis auch wir bei der Zwangsarbeit eingesetzt wurden. Diese Großküche war von der Breslauer Jüdischen Gemeinde im ›Freundesaal‹ eingerichtet worden – einem Sammellager, in dem schlesische Juden sich 48 Stunden vor ihrer Deportation aufhielten und auch bewirtet wurden. Von dort brachte man sie mit dem Bus zum Bahnhof, damit sie ihre letzte Reise antraten. Zwischen den Transporten war die Küche verfügbar und konnte die Alten und Notleidenden bedienen. Jeden Tag besuchte ich den einstigen Chorleiter in der Neuen Synagoge, Herrn Benjamin Pulvermacher, und seine Frau, eine bekannte Konzertpianistin. Sie waren ein liebenswertes altes Paar. Ihr kleines Zimmer war voller Fotos, Auszeichnungen und Trophäen aus den Glanzzeiten ihrer Karrieren. Eines Tages drückte mir Herr Pulvermacher ein paar Geldscheine in die Hand, bedankte sich zutiefst für meine Hilfe und wünschte mir alles Gute für die Zukunft. Ich wollte das Geld nicht annehmen. Keiner von uns konnte es sich leisten, Dinge zu verschenken. Er bestand darauf. Als ich am nächsten

Tag mit dem Essen kam, stand ihre Tür weit offen. Nachbarn räumten die wertvollen Andenken weg und warfen sie in den Müll. Als sie mich sahen, waren sie überrascht, dass niemand mir gesagt hatte, dass die Pulvermachers sich umgebracht hatten – am Abend zuvor hatten sie das Gas in ihrem Zimmer aufgedreht. All dies geschah am 26. August 1942. Noch heute habe ich diese gütigen alten Menschen vor Augen, wie sie auf mich – ihren einzigen Besucher – warten. Die zwei Mahlzeiten brachte ich zurück zur Großküche. Dort fragten sie mich, warum ich sie nicht gegessen hatte, bevor sie kalt wurden? Ich hatte Hunger, aber für solchen Pragmatismus war ich noch nicht bereit.

Viele Jahre lang hatte der ›Freundesaal‹ als Tanzsaal für die jüdische ›Gesellschaft der Freunde‹ gedient und war zu besseren Zeiten Schauplatz großer Feiern gewesen. Jetzt war er zum Sammellager für Breslauer Juden vor ihrer Verschleppung geworden. Mitglieder der Jüdischen Gemeinde erhielten eine Mitteilung darüber, wann sie sich zur Deportation stellen sollten. Die Annahme, dass die Gestapo der Jüdischen Gemeinde zwar die Anzahl der zu Deportierenden vorgab, es aber die Rabbiner waren, die die Namen eintrugen und Mitteilungen an konkrete Personen und Familien verschickten, war weitverbreitet. Ich weiß noch, wie gute Freunde von Rabbi Reinhold Lewin sehr verbittert waren und sich im Stich gelassen fühlten, als sie auf einen der ersten Transporte kamen. Einige mitleidige Firmeninhaber versuchten, die Entscheidung über die Deportation ihrer Mitarbeiter anzufechten und argumentierten, sie seien für die Kriegsanstrengungen unverzichtbar. In manchen Fällen half es, doch in der Gesamtrechnung war es nur eine Frage der Zeit, bis man selbst an die Reihe kam. Der letzte Rabbiner von Breslau, Dr. Reinhold Lewin, und seine Familie wurden zuletzt verschleppt. Es wurde gesagt, dass der Rabbi, seine Frau, seine junge Tochter und der jugendliche Sohn von der Gestapo als Belohnung wählen konnten: Theresienstadt oder Auschwitz. Die Antwort des Rabbis lautete: »Ich gehe mit meiner Gemeinde mit.« So teilte er schließlich ihr Schicksal in Auschwitz-Birkenau.

Ordner waren dafür ausgebildet worden, den für die Deportation bestimmten Menschen beim Umpacken ihrer Koffer zu helfen, um alles Überzählige, das sie nicht hätten tragen können, auszusortieren. Die alten Juden, die vorübergehend in andere Durchgangslager verschleppt worden waren, wurden zurück nach Breslau gebracht, um gemeinsam mit den in Breslau Verbliebenen abzureisen. Diejenigen, die auf dem Lande wohnten, schlossen sich den Mitgliedern der Breslauer Jüdischen Gemeinde nach einem kurzzeitigen Aufenthalt im ›Freundesaal‹ an.

Wir, die etwas älteren Schuljungen, mussten bei der Vorbereitung der Transporte helfen. Wir bereiteten Betten vor, trugen Gepäck, teilten Essen aus und halfen beim Einsteigen in Bus oder Bahn. Damals kannten wir den Bestimmungsort der Züge nicht, doch das brutale Verhalten der Gestapo erweckte keine Zuversicht.

Natriumcyanid und Gas waren eine Möglichkeit, die letzte Reise zu verkürzen. Eine Studie zur Breslauer Gemeinde 1943 zeigt, dass 25,2 Prozent aller Sterbefälle auf Suizid zurückzuführen waren. Daniel Bogacz analysierte 1990 in einer Zeitschrift der Breslauer Universität die entsprechenden Statistiken mit folgendem Ergebnis: Die Mehrheit der Selbstmorde betraf Frauen über fünfzig aus dem Mittelstand, die sich mit Chemikalien vergifteten. Mehr als die Hälfte davon starb im Jüdischen Krankenhaus, daher stellt sich die Frage, ob das medizinische Personal dem Sterbewunsch seiner Patienten sogar nachkam. Bogacz gelangte zu dem Schluss, dass die Ursachen für solche Selbstzerstörung vielschichtig und hauptsächlich in der Psyche des Individuums verwurzelt sind. Es ist daher nicht möglich, zu generalisieren oder nach rationalen Gründen zu suchen.

Ich erinnere mich an die Leichen von Arnold Berger, dem Organisten der Neuen Synagoge, seiner Ehefrau Alice Helene und ihrer Kinder Artur und Marianne Eva Gerda, wie sie mitten im Flur lagen, nachdem die Familie sich mit Cyanid vergiftet hatte – im Tod vereint. Es war der 29. Februar 1943. Als ich aufwuchs, waren der beste Freund meines Vaters, Erich Silbermann, und seine Frau etwas Besonderes für mich. Sie waren beide taubstumm. Erich hatte eine erfolgreiche Karriere als einer der besten Fotografen in der Stadt absolviert, und bis heute sind viele seiner Aufnahmen Zeugen der Geschichte Breslaus. Zudem war er ein Erfinder. Da er gehörlos war, entwarf er einen Wecker, der einen schweren stählernen Ball herunterfallen ließ, und Erich wachte auf, wenn der Ball auf das Bett aufschlug. Seine Türklingel war an ein ähnliches System gekoppelt: Ein Ball fiel von der Decke und schwang durch das Zimmer, wenn jemand läutete. Das waren wunderbare Apparaturen, mit denen ich gern spielte, wenn ich sie besuchte. Am Abend vor ihrer Deportation kamen Erich und seine Frau zu uns, um sich zu verabschieden; das war 1943. Wir wussten, dass es ein endgültiger Abschied sein würde. Die ›Reise‹ haben sie nie angetreten.

Das Leben ist wie ein Gefängnis mit offenen Türen – aber nur Wenige haben den Mut, es aus eigener Kraft zu verlassen. Das moralische Rückgrat von Juden, die den Nationalsozialisten bei der Verwirklichung ihres Ziels halfen, indem sie sich selbst das Leben nahmen, wurde oft angezweifelt. Ich glaube, das können nur diejenigen, die selbst die Jahre der Verfolgung und Vernichtung als Opfer durchlebt und durchlitten haben, beurteilen – ich bezweifle aber, dass viele von diesem Recht Gebrauch machen werden.

13. DIE REISE GEHT WEITER

Das Leben im Jahr 1943 war zutiefst deprimierend gewesen, und 1944 lief nicht viel besser, denn die jüdische Welt um uns herum brach zusammen. Den Akten der Gestapo zufolge gab es am 1. September 1944 nur noch 15.574 Juden in Deutschland.

Am 6. Juni landeten die Alliierten in der Normandie, in der Nacht zum 21. Juli erfuhren wir, dass Hitler bei einem Anschlag in seinem ostpreußischen Führerhauptquartier *Wolfsschanze* lediglich verletzt worden sei. Der ›Führer‹ führte sein Überleben auf »göttliche Vorsehung« zurück, die ihm das Recht gebe, die Verschwörer und ihre Familien hinzurichten. Das ›Dritte Reich‹ stand vor dem Verfall, aber leider nicht schnell genug, um unsere Lage zu verbessern und uns die ständige Angst vor der ›Endlösung‹ zu nehmen. Die körperlich anstrengende Zwangsarbeit, die harten Bedingungen zu Hause, der Hunger und die Kälte – all dies machte es sehr schwer, mich auf das strenge Lehrprogramm zu konzentrieren, das Vater für mich geplant hatte.

Die letzte Veranstaltung des ›Kulturbundes Deutscher Juden‹ hatte im Oktober 1941 im bereits erwähnten ›Freundesaal‹ stattgefunden. Der Kulturbund war im August 1933 gegründet worden, als Reaktion auf die Einrichtung der Reichskulturkammer am 22. September 1933. Juden wurde die Mitgliedschaft dort verweigert, und nur Mitglieder der Reichskulturkammer durften in Deutschland als Künstler tätig sein. Am

6. Dezember 1938 trat ein Gesetz in Kraft, wonach Juden nicht mehr ins Theater, Kino, Kabarett, ins Konzert, in die Bibliothek, in Museen, Ausstellungen, an Veranstaltungsorte, zu Sportveranstaltungen oder in Schwimmbäder gehen durften. Der Kulturbund betrieb zwei Orchester, eine Oper, drei Theatergruppen, einige Chöre und Kammermusikensembles. Er organisierte zudem Filmvorführungen und Vorlesungen – insgesamt beschäftigte der Kulturbund 2.500 deutsch-jüdische Künstler, die auf deutschen Bühnen nicht mehr auftreten durften. Gründer und erster Vorsitzender des Kulturbunds war Dr. Kurt Singer, ein Neurologe, Musikologe und Dirigent, der von 1927 bis 1931 Intendant an der Städtischen Oper Berlin gewesen war. Singer emigrierte 1938 nach Amsterdam. Dort wurde er 1943 verhaftet und über das Durchgangslager Westerbork nach Theresienstadt deportiert. Er starb 58-jährig am 7. Februar 1944.

Eine eigens gegründete Abteilung im Reichsministerium für Propaganda, unter der Leitung Hans Hinkels, überwachte die Aktivitäten des Kulturbunds. Hinkel war ein persönlicher Freund von Goebbels und erpicht darauf, seinen Freund und Vorgesetzten zufriedenzustellen. 1934 verbot Hinkel die Aufführung der Werke Schillers durch Juden, 1936 wurde auch Goethe gesetzlich verboten. 1937 durften jüdische Orchester keinen Beethoven mehr spielen, im November 1938 wurden auch die Werke von Mozart gestrichen. Den Künstlern des Kulturbunds war es gestattet, Händel zu spielen, denn der hatte es sich bei den Nationalsozialisten verscherzt, weil er nach England ausgewandert war und sich in seinen Werken zu stark mit dem Alten Testament befasste. Die Tätigkeit des Kulturbunds wurde immer weiter eingeschränkt und die Künstler als Zwangsarbeiter eingesetzt. Am 11. September 1941 löste die Gestapo den Kulturbund schließlich auf. Gerne denke ich an die glücklichen Stunden, die ich mit meinen Eltern im ›Freundesaal‹ verbrachte, der von der Jüdischen Gemeinde in ein Theater des Kulturbundes umgewandelt worden war. Als der Kulturbund geschlossen wurde, fehlte etwas in unserem Leben, und obwohl ich zu Hause viel zu lernen hatte, war der Drang viel zu groß, sich vom trostlosen und deprimierenden Alltag loszureißen und Abenteuer zu erleben.

Als daher drei meiner Freunde – Hans Schwenk, Ulli Weißenberg und Klaus Stein – mich fragten, ob ich mit ihnen ins Kino gehen würde, sagte ich nicht nein. Ich hätte es besser wissen müssen. Einige Jahre zuvor war ein Schulfreund inhaftiert worden, weil er sich ein Eis gekauft hatte in einem Geschäft, in dem das Schild »Juden unerwünscht« im Fenster hing. Nach wenigen Tagen im Gefängnis wurden seine Eltern vorgeladen, um seine Asche abzuholen, denn er war während der Haft »verstorben«. Meine Freunde überzeugten mich davon, dass es sicher sei, ins Kino zu gehen. Das Kino, in das wir gehen wollten, lag nicht weit von einem ruhigen Park, in dem wir unsere Sterne abziehen und nach der Vorstellung wieder anbringen konnten. Wir hatten keine Ahnung, was für ein Film gezeigt wurde, aber das war egal; alles war besser, als zu Hause allein lernen zu müssen. Unseren Plan führten wir mit großer Sorgfalt aus, betraten das Kino in voller Dunkelheit und verließen es, bevor die Lichter wieder angingen. Der Film glorifizierte die Siege der Wehrmacht im Zuge des »heldenhaften« Weltkrieges. Meine Vorfahren hatten für Preußen in den Napoleonischen Kriegen gekämpft, im Deutsch-Französischen Krieg 1870/71 und mein Vater schließlich im Ersten Weltkrieg. Sollte ich die Siege meines einstigen Vaterlandes feiern oder über die gewonnenen Schlachten klagen – in der Angst, sie würden unser Leid bis zur Unerträglichkeit verlängern? Ich konnte keinen einzigen Augenblick des Films genießen. Verzweifelt suchte ich nach Antworten: Was bin ich? Deutscher, Jude oder doch nur ein Heimatloser, der überall unerwünscht ist, wohin auch immer er auswandern möchte? Alle hielten ihre Türen und ihre Herzen verschlossen. Auch in Australien, meiner heutigen Heimat, verkündete das Parlament, dass die Verfolgung von Juden durch die Nationalsozialisten ein »europäisches Problem« sei.

Ich verspürte kein Verlangen nach weiteren Ausflügen, doch meine Freunde waren auf den Geschmack gekommen, und nach einigen Tagen meldeten sie sich wieder. Diesmal schlugen sie vor, in der Oder schwimmen zu gehen. Ich lehnte ab. In ihren Augen war ich ein Feigling. Meinen Tag verbrachte ich damit, unregelmäßige lateinische Verben zu lernen. Am Abend kamen meine Eltern von der Arbeit. Bald nach Einbruch der Dunkelheit kam die Mutter von Hans und erzählte meinen Eltern weinend davon, dass wir Jungen im Kino und dass die übrigen drei heute in der Oder schwimmen gewesen seien. Zwei von ihnen gaben an, früher nach Hause gegangen zu sein als Hans, der noch nicht zurückgekehrt war, und seine Mutter hatte Angst, dass er die Ausgangssperre für Juden nicht einhalten würde. Ich konnte nicht weiterhelfen, da ich nicht dabei gewesen war, und die anderen beiden verrieten nichts. Das Rätsel wurde bald gelöst: Die Polizei meldete, sie habe die Leiche von Hans gefunden. Er war ertrunken. Die sicheren Stellen am Fluss waren ›Ariern‹ vorbehalten. Der abgeschiedene und gefährliche Teil des Flusses, wo die Jungen schwimmen gewesen waren, hatte ein Opfer gefordert. Meine beiden Freunde wollten Hans vielleicht helfen, als er in Not geriet, doch als sie erfolglos blieben, hatten sie vermutlich Angst davor, Hilfe zu rufen und hofften einfach auf ein Wunder. Wie es wirklich war, habe ich nie erfahren. Oft habe ich überlegt, was ich getan hätte, wenn ich mit ihnen gegangen wäre? Hans war ein Einzelkind. Seine Mutter, eine Witwe, blieb allein zurück. Uns dreien verbot man, am Begräbnis teilzunehmen, wir hätten bereits genug Schaden angerichtet. Ich erhielt von meinem Vater eine gewaltige Tracht Prügel und verbrachte den nächsten Tag damit, einen Kondolenzbrief an Hans' Mutter zu verfassen. Doch ich hatte einen guten Freund verloren, das war meine größte Strafe. Der Verlust ging tief und hat meine Kindheitserinnerungen stark geprägt. Hans war damals eines der vier übriggebliebenen jüdischen Kinder – von den vielen Hunderten –, mit denen ich meine frühen Schuljahre verbracht hatte.

Ich schaffte es, mit der Situation umzugehen, nicht weil ich gefühllos oder unempfindlich war, sondern weil ich von Tod und Verderben umgeben war, und ich muss schon damals intuitiv gespürt haben, was ich heute mit Sicherheit weiß: Der Tod ist unabdingbar, es ist nur eine Frage des Wie und Wann. Der Wert des Lebens besteht nicht in der Anzahl der abgeschlossenen Jahre, sondern er wird nach dem Beitrag, den man für die Menschheit geleistet hat, gemessen. Mit dem Tag, an dem Hans beerdigt wurde, endete meine Kindheit, und es begannen Jahre der Suche nach dem Sinn des Lebens.

Die Zwangsumsiedlung der Breslauer Juden wurde in der zweiten Hälfte des Jahres 1944 abgeschlossen. Die letzten 200 bis 300 Juden wurden in ›Judenhäuser‹ in der Wallstraße gebracht. Ein Offizier der Breslauer Gestapo, Herr Marsch, kam zu uns in die Zimmerstraße und nahm eine Inspektion der Räume aller fünf dort wohnenden Familien vor. Im Zimmer der Familie von Jacob Cohen entdeckte er einen wunderschönen Perserteppich, der als Erinnerung an bessere Zeiten diente. Marsch sprach Jacob Cohen an: »Sie müssen Ihre Zimmer innerhalb von 24 Stunden räumen!«, und fügte noch hinzu: »Der Perserteppich dort drüben gefällt mir.« Jacob antwortete: »Möchten Sie ihn haben?« Marsch nahm das Angebot an: »Sie dürfen einen Monat länger bleiben, und ihr nächster Aufenthaltsort wird ziemlich bequem sein.« Cohen zeigte Mut und bat darum, die anderen Familien auch ins Geschäft einzubeziehen. Marsch hielt Wort. Wir durften noch einen Monat bleiben und zogen danach in eine akzeptable Dreizimmerwohnung in der Wallstraße 31. Die Familie von Jacob Cohen erhielt in Anbetracht ihrer Bemühungen das beste Zimmer mit Blick auf die Straße. Von jenem Tag an nannten wir sie die »Vorder-Cohens«, weil ihr Zimmer an der Straßenfront war. Die Familie von Max Cohn wurde zu den »Hinter-Cohns«, denn ihr Zimmer blickte, wie auch unseres, auf den kleinen, dunklen Hinterhof. Marsch hatte allerdings den verbliebenen zwei Familien aus unserer alten Wohnung gegenüber sein Versprechen nicht gehalten – für sie war in der neuen Wohnung kein Platz. Unseren Teil der Absprache mit den »Vorder-Cohens« beglichen wir mit Brot, und das war damals eine Währung, die noch härter war als Perserteppiche.

Die Zwangsarbeit in der Chemiefabrik *Carl Boeger & Co.* raubte mir all meine Kraft. Meine Aufgabe bestand darin, 75 Kilogramm schwere Säcke mit Pulverlack von Zügen abzuladen und unterschiedliche Kräutertees zu mischen, als Ersatz für echten chinesischen Tee, der während des Krieges in Deutschland Mangelware war. Ich musste auch unterschiedliche Duftessenzen mit Alkohol verbinden und den entstandenen Sud in Parfümflakons umfüllen. Je nach Arbeitsplan kam ich entweder mit durch den Pulverlack verfärbter Unterhose nach Hause, oder ich hatte einen krampfartigen Husten vom Teestaub, oder ich roch wie eine Frau, die ihr Parfüm zu großzügig dosiert. Da ich erst 15 Jahre alt war, ist es ein Wunder, dass ich keine bleibenden Schäden vom Schleppen der Säcke, ohne richtige Nahrung, davongetragen habe.

Auf der Eisenbahnrampe, an der die Säcke ausgeladen wurden, schwärmte es wie im Bienenstock. Wir arbeiteten Seite an Seite mit französischen Kriegsgefangenen, die oft Mitleid mit mir hatten und mir Essen, das sie gestohlen oder in Lebensmittelpaketen erhalten hatten, in die Taschen steckten. Das Essen war ein Segen, doch es konnte schnell zum Fluch werden, denn wenn die Gestapo es entdeckt hätte, hätte ich für den Diebstahl büßen müssen, und das hätte schreckliche Konsequenzen haben können.

Mitte 1944 wurde Juden das Versammlungsrecht entzogen, was zur Folge hatte, dass jüdische Gottesdienste in Breslau nicht mehr stattfinden durften. Der Erlass war für manche ein Antrieb, Widerstand zu leisten und unseren wöchentlichen Sabbatgottesdienst heimlich fortzusetzen. Ungefähr zwanzig von uns trafen sich im kleinen Zimmer des Schreiners Korotowski, das zugleich Küche, Schlaf- und Wohnzimmer war. Einer nach dem anderen, wie beim Staffellauf, kamen wir an und gingen wieder nach Hause, um keinen Verdacht zu erregen. Den traditionellen Beginn des Sabbat konnten wir nicht einhalten, denn aufgrund der Ausgangssperre durften wir uns nach Einbruch der Dunkelheit nicht mehr auf der Straße aufhalten. Gebete wurden nicht gesungen, sondern geflüstert, damit keiner sie im Treppenhaus hören könnte. Einer hielt immer Wache im Flur und sollte klopfen, sobald man irgendein Geräusch aus Korotowskis kleinem Zimmer kommen hörte. Diese Gottesdienste boten eine ungeheure Genugtuung, denn wir behielten das jüdische Gebet bei – in einer Stadt, in der Juden seit über tausend Jahren gebetet hatten. Wir behielten die Treffen bei, bis der letzte von uns deportiert wurde.

Unmittelbar vor dem Abtransport erkrankte ich an Scharlach, darauf folgten Herzkomplikationen. Das große Jüdische Krankenhaus in Breslau war längst ein Militärkrankenhaus geworden, und nach mehreren Wandlungen wurde es schließlich in einem kleinen Verwaltungsgebäude auf dem jüdischen Friedhof angesiedelt. Es wurde alles versucht, um mich zu heilen, doch nichts schien das Problem zu lösen. Mein Isolationszimmer im ersten Stock dieses notdürftigen Krankenhauses blickte auf die vielen Gräber des großen Friedhofs. Irgendwo da draußen war die Familiengruft des Bruders meines Urgroßvaters, außer Sichtweite lagen die Gräber meiner Großeltern. Die Tatsache, dass Bärbel Cohen, die Tochter der »Vorder-Cohens«, wenige Wochen zuvor an derselben Krankheit gestorben war, sowie der Blick aus meinem Fenster auf die Gräber waren gewiss keine psychologische Unterstützung für den Genesungsprozess. Die letzte mögliche Behandlung, die mir das Leben retten konnte, war eine Bluttransfusion. Das jüdische Krankenhaus musste das Blut beim Gesundheitsamt beantragen. Die Antwort kam schnell: »Das Gesetz zum Schutze des deutschen Blutes verbietet die Verwendung von arischem Blut für Juden.« Mein Vater spendete Blut, trotz seines schlechten Gesundheitszustands. Bald darauf wurde er in das Zwangsarbeitslager Groß Bargen verschleppt.

Eine meiner Schulfreundinnen, Karla Wolff, arbeitete als Küchenhilfe im Krankenhaus. Sie half auch bei der Patientenpflege und beim Reinigen. In ihrem Buch *Ich blieb zurück* beschreibt sie das Leben und die Ereignisse, die um mich herum geschahen, ohne dass ich – abgeschieden in meinem Isolationszimmer – etwas davon wusste. Der Chef der ›jüdischen Abteilung‹ bei der Breslauer Gestapo, Herr Hampel, kam jeden Tag ins Krankenhaus und fällte ein Urteil darüber, wer operiert werden würde, wer etwas länger bleiben konnte, wer arbeitsfähig war und entlassen werden sollte. Die Zimmer für Infektionskranke im ersten Stock betrat er nicht, denn außer mir lag da ein Patient, der Tuberkulose hatte. Seine Furcht vor Ansteckung war größer als sein Pflichtbewusstsein. Alle Eingriffe in Operationssaal wurden im Beisein eines Gestapobeobachters durchgeführt. Jüdische Frauen, die schwanger waren, wurden vor der Geburt des Kindes in ein Vernichtungslager deportiert. Um dem entgegenzuwirken und diese Frauen zu schützen, nahm das medizinische Personal Abtreibungen vor. Der Arzt musste sich immer plausible Erklärungen für diese Operationen ausdenken. Man hätte das Krankenhaus höchstwahrscheinlich geschlossen und alle Mitarbeiter deportiert, wenn herausgekommen wäre, was der wahre Grund für diese Eingriffe war. Als ich mich etwas erholt hatte, wurde ich auf die Normalstation verlegt und bald darauf wieder als arbeitsfähig eingestuft. Ich kehrte in die Chemiefabrik zurück.

Im September 1944 war auch ich dran, die Reise anzutreten, die alle Juden Europas anzutreten hatten. Ich erhielt einen Brief von der Gestapo, in dem stand, ich solle mich am nächsten Tag an einem wenig benutzten und abgelegenen Bahngleis am Breslauer Hauptbahnhof zur Deportation in ein Arbeitslager einfinden. Wie erwähnt, war mir mein Vater bereits zuvorgekommen. Mutter musste in Breslau bleiben und weiterhin Zwangsarbeit in einer Rüstungsfabrik verrichten. Sie legte all meine taugliche Kleidung zurecht und gab mir alles, was wir noch an Essen hatten; für sich ließ sie kaum etwas übrig. Es war ihr nicht gestattet, mich zum Bahnhof zu begleiten. Früh am Morgen trennten sich unsere Wege. Über die Jahre hatten wir gelernt, Tränen und Dramatik zu vermeiden, die nur Salz in die offene Wunde streuten. Ihre letzten Worte an mich lauteten: »Vergiss den Schlüssel zu unserem Zimmer nicht!« Ich versicherte ihr, ich würde ihn nicht vergessen und ihn gut hüten. Uns war klar, dass der Schlüssel vielleicht nie mehr benutzt werden würde, aber auf diese Weise darüber zu sprechen, ermöglichte es uns, über die weniger akzeptablen Alternativen nicht nachzudenken. Ich beobachtete sie durch die Vorhänge, wie sie die Straße entlang lief, bis sie außer Sicht war. Dann warf ich einen letzen Blick auf unser Zimmer und brach in Richtung Bahnhof auf. Nur eine Handvoll der übriggebliebenen Mitglieder der Jüdischen Gemeinde war da. Wir wurden von ›Gestapo-Marsch‹ empfangen und in das reservierte Zugabteil eingeschlossen. Marsch fuhr mit uns. Er war bemerkenswert höflich und zivilisiert – vermutlich, um in der Öffentlichkeit keine Aufmerksamkeit zu erregen. Als Breslau hinter dem Horizont verschwand, wusste ich, dass ich bis auf Weiteres in dieser feindlichen Welt auf mich allein gestellt war.

14. DIE LAGER

Nach einigen Stunden Zugfahrt kamen wir an. Man befahl uns, am Bahnhof des Dorfes Groß Bargen auszusteigen. Dort übergab Marsch uns einer Lagerwache, die uns bereits erwartete. Vergeblich klammerte ich mich an mein Gepäck; es wurde uns abgenommen und auf einen Pferdewagen geladen. Man teilte Häftlingskleidung aus, und unter Aufsicht der Wache mussten wir Zuckerrüben auf einen leeren Zugwaggon laden. »Bewegt Euch! Sonst kommt Ihr zu spät, um Euer Essen im Lager noch zu kriegen!«, schrie die Wache. Es war später Nachmittag, und ich hatte seit dem frühen Morgen nichts gegessen. Wir arbeiteten so hart, wie wir konnten, um das Abendessen nicht zu verpassen. Der Wachmann sah mich an und brüllte: »Wo ist Dein Stern?« Ich hatte die Häftlingskleidung angezogen und dachte, dass man meinen Stern darunter noch erkennen konnte. Ich zeigte ihn dem Wachmann unter der Häftlingskleidung. Er belehrte mich, dass der Stern stets sichtbar sein sollte. Vor Schreck war ich wie gelähmt; ich hoffte, dass die Geschichte damit zu Ende sein würde. Es war ein langer, kalter Tag, und als es Abend wurde und wir die paar Kilometer ins Zwangsarbeitslager Kurzbach-Grüntal, einem Gehöft am Fluss Bartsch in der Nähe von Trachenberg, marschiert waren, hatte der Wachmann meinen Stern vergessen. Wieviel Glück kann man haben?

Die Holzbaracken im Lager standen leer; das ganze Lager schien verlassen zu sein, alle waren draußen bei der Arbeit. Ich bekam eine Pritsche und erhielt einen Sack, in den ich Stroh füllen musste und der als Matratze dienen würde. Ich erhielt auch Arbeitsschuhe aus Holz, eine dünne Uniform und eine Schaufel. Meine erste Aufgabe bestand natürlich darin, den Stern von meiner Kleidung abzumachen und ihn an meine Häftlingskleidung anzunähen, in Vorbereitung auf den nächsten Tag. Wo war die Toilette? Ich folgte dem Geruch und fand die Latrine, die aus einem Erdloch mit quergelegten Holzbalken zum Sitzen bestand. Schnell lernte ich, mich zu beeilen, um dem Gestank, der aus der Grube stieg, so wenig wie möglich ausgesetzt zu sein. Diese Einsicht hat mir gute Dienste geleistet, denn besonders als der verschneite Winter mit rauen Minusgraden einsetzte, war Schnelligkeit überlebenswichtig. Durch die offene Barackentür blickte ich auf den Wald, der das Lager umgab, und sah eine vom Sonnenuntergang erleuchtete Märchenlandschaft von Herbstfarben. Die Weidenbäume, die die Bartsch säumten, vollendeten die Postkartenidylle. Als ich eine Gruppe von Männern in graubraunen Häftlingsanzügen, mit Schaufeln in der Hand und umgeben von Wachen sah, wurde ich zurück in die Wirklichkeit geschleudert. Sie sangen Marschlieder. Abgemagert und erschöpft, mussten sie sich vor der Baracke zum Appell sammeln.

Ich erkannte viele bekannte Gesichter und entdeckte unter ihnen meinen Vater. Wir wohnten nicht in derselben Baracke, und da wir nur wenig Zeit hatten, um miteinander zu sprechen, teilten wir uns zuerst das Essen, das meine Mutter mir in Breslau für die Reise mitgegeben hatte. Ich habe ihn nie weinen gesehen, doch er war zweifellos zutiefst gerührt, mich wiederzusehen. Uns beiden muss klar gewesen sein, dass die natürliche Beziehung, die zwischen Vater und Sohn besteht, ein abruptes Ende gefunden hatte. Er konnte nicht mehr für mich sorgen, und ich konnte mich für seine Liebe und Anleitung nicht mit Zuneigung bedanken. Wir waren beide zu Spielfiguren in dem tödlichen Spiel geworden, das Hitler sich für die Juden ausgedacht hatte. Keine Worte konnten dieses Gefühl ausdrücken, und oberflächliche Gefühlsausbrüche wären dem Moment nicht angemessen gewesen. Die Stille brachte die tiefe Zuneigung zweier verwandter Seelen hervor – sie sollte bis an unser Lebensende währen.

Es wurde langsam dunkel, und wir mussten uns in eine Schlange einreihen für ein Stück Roggenbrot und eine Schüssel Suppe, in der Steckrüben- und Kartoffelstücke schwammen. Dann folgte der letzte Ansturm auf die Latrine, denn nachts stand uns nur ein Eimer in der Baracke zur Verfügung. Ich wurde begrüßt und von meinen Mithäftlingen mit Fragen bombardiert: Wie es in Breslau sei, wer von der Gemeinde noch übrig sei? Am nächsten Tag begann für mich die stumpfsinnige Arbeit von Tagesanbruch bis zur Abenddämmerung. Wir mussten tiefe Panzerabwehrgräben im Lehmboden entlang der Bartsch ausheben, Kiefernbäume im nahegelegenen Wald fällen, sie auf unseren Schultern zu den Gräben zurücktragen, auf die Bachweiden am Ufer klettern und mit einer Axt Ruten schlagen. Im Winter, bei Minusgraden, war das eine qualvolle Aufgabe. Man konnte die Beine kaum bewegen und war dem Windstoß, der durch das Flusstal wehte, gnadenlos ausgesetzt. Eine Seite des Grabens wurde durch eine Wand aus Holzstämmen gestützt. Darauf befestigt war eine Futtermauer aus Weidenschilfen. Die Gräben sollten für die Panzer der Roten Armee ein Hindernis sein und ihren Vormarsch auf Berlin verzögern.

Die Arbeitslagerinsassen unterschieden sich in Alter und Bildung sowie hinsichtlich ihres sozialen und religiösen Hintergrunds. Nach den ›Nürnberger Gesetzen‹ galten alle als Juden. Darunter war eine kleine Gruppe von Menschen, die zwar, wie wir, den Gelben Stern mit aufgedrucktem ›Jude‹ tragen mussten, aber christlichen Glaubens waren. Manche waren als erste in ihrer Familie getauft worden, andere hatten bereits getaufte Eltern. Während wir unsere Sabbatgebete leise sangen und Zweige anstelle von Chanukkakerzen anzündeten, hielten sie zusammen und sangen Weihnachtslieder. Die Situation war äußerst merkwürdig.

Als wir eines Tages im Wald Bäume fällten, entdeckte ich im Gebüsch ein totes Reh. Es war erlegt worden, doch der Jäger hatte es vermutlich nicht finden können. Bei Temperaturen deutlich unter dem

Gefrierpunkt war es steifgefroren. Ich wies den Fleischer Nossen darauf hin. Er meinte, wir sollten es zur Baracke mitnehmen, um zu sehen, ob es sich zum Essen eignen würde. In der Nacht schnitt er es auf und entschied, dass es ein gesundes Tier gewesen war. Nossen schnitt alle essbaren Fleischstücke heraus, woraufhin wir entscheiden mussten, wie wir es kochen würden. Wir wuschen einen der Nachteimer mithilfe von Schnee aus und kochten darin das Fleisch auf einem kleinen, gusseisernen Herd, der in der Mitte der Baracke stand. Das Fleisch sah zwar gut aus, roch jedoch seltsam und schmeckte fade; aber es war Essen, das uns etwas Kraft geben würde. Wir boten es allen in der Baracke an, doch nur die Wenigsten nahmen das Angebot an, also konnten wir uns ziemlich gut sattessen. Der aus Wien stammende jüdische Schriftsteller Karl Kraus schrieb in seinem Buch *Nachts* (1924), dass alles in den Augen des Betrachters zur subjektiven Realität würde: »Der Unterschied zwischen einer Urne und einem Nachttopf ist, dass einer dieser Behälter für das Verbliebende und der andere für das Verfallende des Menschen ist.« In der Tat sind beides nur Gefäße, und es ist unsere persönliche Sicht, die aus dem einen etwas Heiliges macht, aus dem anderen etwas Dreckiges. Das im Nachteimer zubereitete Rehfleisch war weder eine kulinarisch wertvolle Mahlzeit noch hielt es die jüdischen Speisegesetze ein. Es war ein Lehrbeispiel dafür, dass das menschliche Tier zum Überleben in erster Linie Brennstoff benötigt. Erst dann kann die subjektive Perspektive uns über die schiere physische Existenz erheben.

Die Nachbarn in meiner Baracke stellten eine bunte Mischung dar: Sie setzten sich unter anderem aus einem Chirurgen, einem Ingenieur, der Spezialist auf dem Gebiet des Baus von Schutzmauern für Wassergewinnungssysteme war, einem Opernsänger und, wie gesagt, einem Fleischer zusammen. Und dann gab es da noch mich – nicht einmal ein Schuljunge, denn die Schule durfte ich ja nicht besuchen. Uns verband viel. Wir besaßen nichts außer der Häftlingskleidung und unseren Schaufeln. Unser Fach- oder unser Unwissen, unsere Stellung im Leben, all das war bedeutungslos. Was zählte, war, dass wir den ganzen Tag lang Panzerabwehrgräben ausheben konnten. In einem unterschieden wir uns aber. Die meisten von uns unterstützten sich gegenseitig, aber einige wenige waren dazu bereit, ihren Mithäftlingen das letzte Stück Brot zu stehlen, um die eigenen Überlebenschancen zu erhöhen. Durch das Lagerleben wurde so der Unterschied zwischen denen, die Mensch geblieben waren, und denen, die sich in menschliche Tiere verwandelt hatten, besonders deutlich. Diese Erfahrung ist bis heute tief in meine Psyche eingeschrieben. Wann immer ich Menschen begegne, frage ich mich, ob sie in einer Situation, in der sie ihrer Lebenswelt beraubt wären, Menschen blieben oder zu menschlichen Tieren würden.

Später in jenem Winter hörten wir das Artilleriefeuer in der Ferne grollen. Als es sich uns näherte, wurden wir nicht mehr zur Arbeit an die Panzerabwehrgräben geführt, sondern alle Insassen des Zwangsarbeitslagers in Grünthal mussten sich mit ihren wenigen Sachen am Appellplatz aufstellen. Es war ein kalter und frostiger Tag. Das ganze Lager sollte verlegt werden. Wohin? Keiner wusste es. Ein jüdischer Anwalt aus Görlitz, der im Ersten Weltkrieg gedient hatte, rief uns ständig dazu auf, genauer im Gleichschritt zu marschieren, um den Respekt des Lagerkommandanten zu gewinnen. Er meinte es nur gut, wurde aber niedergeschrieen und dazu aufgefordert, sich um seine eigenen Angelegenheiten zu kümmern und nicht zu versuchen, die Gestapo zu übertreffen. Ganz plötzlich kippte er neben mir um und war auf der Stelle tot. Ohne verwandte Seelen im Lager hatte seine Haltung ihn von der Mehrheit abgegrenzt: Ganz offen brachte er seine Meinung zum Ausdruck, wonach die Judenverfolgung ihre Ursache zum Teil in der mangelhaften Anpassung der Juden an den deutschen Nationalstolz hatte. Mir kam es so vor, als würde sein Tod niemanden sonderlich berühren. Ein Menschenleben war wertlos – zu viele waren gestorben, als dass man um jede individuelle Tragödie hätte trauern können. Voller Kummer denke ich an ihn zurück, denn für mich war er ein Symbol der Einsamkeit inmitten einer Menschenmasse. Jeder stirbt für sich allein, während der Rest der Menschheit weiter Geschichte schreibt. Der Lagerkommandant befahl dem Fleischer Nossen und mir, ein Grab am Straßenrand auszuheben. Das erwies sich jedoch als sinnlos, da der Boden festgefroren war. Wir deckten den Toten mit seinem Mantel und ein paar Kieferästen zu – in der Hoffnung, der Schnee würde den Rest erledigen. Ein anderes Mal: Ein alter Mann, der mehrere große Textilfabriken besessen hatte, ehe er enteignet worden war, wurde zu Tode gejagt. Die Wachmänner freuten sich, als der ›reiche Kohn‹ endlich starb.

Um der vorrückenden Roten Armee zu entkommen, verließen deutsche Bauern ihre Häuser und fuhren mit Pferdewagen in Richtung Mitteldeutschland. Nossen sagte, er wolle fliehen, sich auf einem verlassenen Gehöft verstecken und dort warten, bis ihn die Sowjets befreien. Er wollte, dass ich mitkomme, doch ich war noch nicht bereit, so viel aufs Spiel zu setzen und mein Leben zu riskieren.

Ich schloss zum Rest der Häftlinge auf. Die Szene war gespenstisch: Soldaten der Wehrmacht marschierten in entgegengesetzter Richtung auf die Ostfront zu. Bauern mit vollbeladenen Pferdewagen bewegten sich ins Innere Deutschlands. Auch wir marschierten tiefer ins ›Dritte Reich‹ hinein, ohne unser Ziel zu kennen. Vor uns marschierten jüdische Zwangsarbeiter aus Ungarn auf dem Weg von Auschwitz in die Konzentrationslager Dachau und Bergen-Belsen. Hin und wieder mussten wir anhalten, um die Leichen jüdischer Frauen in Häftlingskleidung, die am Straßenrand zusammengebrochen waren, wegzuräumen. Nachts schliefen wir auf dem Boden in leeren Bauernhäusern. Dabei lagen wir ganz eng beieinander, um möglichst warm zu bleiben. Als wir an verlassenen Gütern vorbeigingen, hörten wir die Schmerzensschreie der Kühe, die in den Ställen zurückgelassen und seit Tagen nicht gemolken worden waren, und wir konnten nicht anders, als die Tiere zu bemitleiden. Nach einigen Tagen des Umherlaufens mit wenig Nahrung und wunden Füßen von den Holzschuhen kamen wir im Konzentrationslager Groß-Rosen an. Der Lagerkommandant übergab uns einem neuen Wachmann und betrat das Lager, während wir erst einmal stundenlang in der Kälte und im Schnee warteten. Ein junger SS-Mann kam auf mich zu, zündete sich eine Zigarette an und bot mir eine aus seiner Packung an. Ich hatte nie geraucht und wusste nicht, was ich tun sollte. War es eine Falle? Er schrie, ich solle mir eine nehmen. Ich zog eine aus der Packung und rauchte meine erste Zigarette. Den SS-Mann beobachtete ich aus dem Augenwinkel. Hatte das Zusammenbrechen der Welt um ihn herum ihn dazu veranlasst, einem anderen Menschen gegenüber Mitgefühl zu zeigen, oder dachte er nur, dass uns diese Geste helfen würde, zu entspannen und zu glauben, wir wären an einem freundlichen Ort angekommen?

Unser Grüntaler Kommandant schien sehr aufgebracht zu sein. Auch Groß-Rosen bereitete sich darauf vor, nach Westen zu ziehen, und die Lagerleitung war nicht dazu bereit, uns aufzunehmen. Die Nacht verbrachten wir im Tanzsaal eines Gasthauses im Dorf nebenan. Essen erhielten wir nicht. Nach Einbruch der Dunkelheit spielte ein Mithäftling Mozart auf dem Flügel. Von der Zigarette hatte ich einen widerlichen Geschmack im Mund. Bald wurde es ganz still, und alle schliefen vor lauter Erschöpfung ein.

15. ›WEIHNACHTSBÄUME‹

Das Konzentrationslager Groß-Rosen lag ungefähr sechzig Kilometer südwestlich von Breslau. Es wurde im August 1940 als Außenkommando von Sachenhausen errichtet. Die Häftlinge mussten Zwangsarbeit beim Granitabbau in den nahegelegenen Steinbrüchen verrichten. Ab 1. Mai 1941 ein eigenständiges Konzentrationslager, wuchs die Zahl der Häftlinge 1943 rasant an, sodass mehrere Außenlager eröffnet wurden. Der Ausbau von Groß-Rosen ist auf einen Konflikt unter den nationalsozialistischen Machthabern zurückzuführen: Ein Teil wollte die Juden so schnell wie möglich vernichten, ein anderer befürwortete einen verstärkten Einsatz von jüdischen Zwangsarbeitern in der deutschen Rüstungsindustrie. Zu diesem Zeitpunkt erzielte die Luftwaffe bereits immer weniger Erfolge, und ein Großteil der Rüstungsindustrie wurde in den Osten Deutschlands und somit außer Reichweite der alliierten Bomber verlegt.

Als ich in Groß-Rosen ankam, befand sich das ›Dritte Reich‹ bereits in Auflösung. Die Behandlung der Häftlinge richtete sich nun nicht mehr nach Befehlen aus Berlin, sondern nach den spontanen Entscheidungen des Lagerkommandanten Johannes Hassebroek. Einige seiner Befehle übertrafen sogar die unmenschlichen Richtlinien der Zentrale. Bella Gutterman berichtet in ihrem Buch, das von ›Yad Vashem‹ herausgegeben wurde, über die Zustände, die in Groß-Rosen während der letzten Kriegsmonate herrschten. Im Oktober 1944 kamen im Lager sieben Kinder zur Welt. Unmittelbar nach der Geburt wurden sie auf Befehl des Lagerkommandanten ermordet. Essen und Proviant war knapp unterhalb des Existenzminimums, und noch dazu verkauften die SS-Männer Essen, das für die Häftlinge bestimmt war, zu Schwarzmarktpreisen, um sich zu bereichern. Tausende von Häftlingen aus

Konzentrationslagern im Osten strömten jeden Tag ins Lager – bald stieg die Anzahl auf mehr als 40.000. Einige der SS-Wachen wurden zur Wehrmacht eingezogen, sie wurden durch ›Hitlerjungen‹ und Männer aus den Reihen des ›Volkssturms‹ ersetzt. Im Lager wurde es immer chaotischer. Anfang 1945 hatten die Sowjets Polen befreit, waren bis zur Oder vorgedrungen und marschierten in Schlesien ein. Die Insassen von Groß-Rosen sollten in Konzentrationslager im unbesetzten Teil Deutschlands verlegt werden. Die Rote Armee erreichte Küstrin und raste auf Berlin zu. Es bestand die Gefahr, dass sie Schlesien einkesseln und vom Rest Deutschlands abschneiden würde. Groß-Rosen bis Februar 1945 zu evakuieren, war also von besonderer Dringlichkeit für die Nationalsozialisten.

Wieder einmal hörten wir das Artilleriefeuer der Russen in der Ferne grollen. Im Januar 1945 waren wir noch in ziemlich guter Verfassung – im Vergleich zu den Häftlingen, die bereits länger im Lager gewesen waren. Folglich gehörte unsere ›Grüntal-Gruppe‹ zu den ersten, die auf den Marsch nach Westen getrieben wurde. Zum Glück war mein Aufenthalt in Groß-Rosen von kurzer Dauer, was mir eine bessere Überlebenschance bescherte. Wir gingen zuerst durch Jauer, die nächste Kleinstadt bei Groß-Rosen mit einer Bevölkerung von 13.700.

Der Winter 1945 war sehr kalt in Deutschland, zuweilen lag die Temperatur bei minus zwanzig Grad. Ich hatte die Folgen, die ein ›Todesmarsch‹ haben kann, auf dem Weg nach Groß-Rosen gesehen, und nun stand ich vor der Wahl, entweder mit meiner Gruppe bis zum nächsten Konzentrationslager weiterzulaufen und möglicherweise als eine dieser erfrorenen Leichen, die am Straßenrand zurückgelassen werden, zu enden, oder einen Fluchtversuch zu wagen. Wenn ich erwischt würde, wäre ich auf der Stelle erschossen oder erhängt worden. Die überfüllten Züge, die ich am Bahnhof in Jauer sah, halfen mir, meine Entscheidung zur Flucht und für ein Leben im Untergrund zu treffen. Da meine Aufmachung noch als Zivilkleidung durchgehen konnte, stieg ich in einen dieser Züge. Fahrscheine waren nicht mehr nötig, erfuhr ich nach Ankunft am Bahnhof. Die Tatsache, dass ich kein Geld hatte, zeigte, was für ein Amateur ich war – völlig unvorbereitet für eine Flucht. Während der gesamten Zugfahrt versteckte ich mich im Abort, denn mir war schmerzlich bewusst, dass eine Entdeckung den sofortigen Tod bedeutete. Langsam leuchtete mir ein, dass ich Hilfe benötigen würde, um zu überleben. Ohne Unterstützung hatte ich wenig Aussicht auf Erfolg, und weiterhin auf Glück zu hoffen, war unrealistisch. Ich fuhr 370 Kilometer mit dem Zug und schaffte es bis nach Halberstadt, wo Verwandte von uns – eine ›privilegierte Mischehe‹ – wohnten. Wir kannten uns damals nicht besonders gut, aber sie nahmen mich herzlich auf und waren überglücklich, dass ich noch am Leben war. Doch es dauerte nicht lange, ehe wir alle einsahen, dass meine Anwesenheit sie in Lebensgefahr brachte, und ich konnte nicht erwarten, bei ihnen lange bleiben zu können.

Hatte ich mein eigenes Todesurteil unterschrieben, indem ich geflohen war, ohne zuvor ein Versteck organisiert zu haben? Das Problem wurde am darauffolgenden Abend, dem 22. Februar 1945, ›gelöst‹. Der Fliegeralarm ertönte spät abends und alle gingen hinunter in den Luftschutzbunker. Plötzlich wurde mir klar, dass ich mich den anderen nicht anschließen konnte: Was sollte ich denn sagen, wer ich bin?

Das schöne, mittelalterliche Halberstadt war von Bombenangriffen bislang fast unberührt. Ich stand am offenen Fenster und blickte auf die Stadt. Plötzlich segelten vier Leuchtkugeln, die wie Weihnachtsbäume aussahen, langsam vom Himmel herunter und erhellten die ganze Innenstadt. Das Gedröhn von Flugzeugtriebwerken kam näher, und dann brach der Sturm los. Die Maschinen flogen über den Stadtkern und warfen Spreng- und Brandbomben ab. Um mich herum versanken Teile der Stadt in Ruinen. Während ich dieses großartige Feuerwerk beobachtete, kamen Menschen ums Leben. Das Zimmer, in dem ich in der Nacht schlafen sollte, hatte ein Loch in der Decke. Eine Bombe war eingeschlagen, hatte das Bett zertrümmert, war weiter durch den Boden gefallen und schließlich eine Etage tiefer zum Stillstand gekommen, ohne zu explodieren. Nach ungefähr einer Stunde war der Terror vorbei, und alles, was man noch hören konnte, waren die Rufe der Rettungsmannschaften, die Schreie der Verletzten und das Klagen derer, die geliebte Menschen oder ihre Habseligkeiten im Feuer verloren hatten. (Es sei an dieser Stelle angemerkt, dass bei einem weiteren Luftangriff am 8. April Halberstadt zu über achtzig Prozent zerstört wurde und etwa 2.500 Menschen den Tod fanden.)

Mitternacht war längst vorbei. Mir bleiben nur noch einige Stunden, um mir den nächsten Schritt zu überlegen. Es waren kaum noch Möglichkeiten offen. Ich hatte keine Verbindungen zur Untergrundbewegung, in Halberstadt war ich völlig fremd und verfügte nicht über die notwendigen Papiere, um mich als Mitglied der streng bewachten deutschen Gesellschaft ausweisen zu können. Der Abschied von meinen Verwandten war nicht dramatisch, aber sie müssen sich doch darüber im Klaren gewesen sein, dass es um meine Überlebenschancen nach dem Verlassen ihres Hauses schlecht stand. Aber ich hatte kein Recht darauf, ihnen mein Schicksal aufzuzwingen. So trennten wir uns mit einem Gemisch aus Gefühlen der Zuwendung, Angst und Enttäuschung, doch ich war dankbar für die kurze Atempause, die ich bei ihnen gehabt hatte. Am frühen Morgen wanderte ich in den Straßen Halberstadts umher. Ich erkannte, dass es an der Zeit war, weiterzuziehen, und machte mich auf den Weg zum Hauptbahnhof. Das Bahnhofsgebäude war stark beschädigt worden, und ich schätzte mich glücklich, überhaupt noch am Leben zu sein. Doch genau wie ich Gott nicht für die Verfolgung zwischen 1933 und 1945 verantwortlich machte, wollte ich ihm auch mein Überleben des Luftangriffs nicht gutschreiben. Meine Anerkennung für die Größe des Universums und für das Gute, das in so vielen Menschen verankert ist, war von dieser grauenvollen Nacht, in der sowohl schuldige als auch unschuldige Menschen umgekommen waren, unerschüttert geblieben. Der letzte Rabbiner des deutschen Judentums, Leo Baeck, schrieb: »Christentum ist die Religion der Erlösung des Menschen durch die Gnade Gottes. – Judentum ist die Religion der Verbesserung des Menschen durch das Gesetz Gottes.« Ich war dankbar dafür, dass der Zufall der Geburt es mir ermöglicht hatte, in der zweiten Tradition aufzuwachsen. Wenn alles vorbei ist, wird die Menschheit viel tun müssen, sich durch ihre eigenen Handlungen zu erlösen. Anzunehmen, dass man allein durch den Glauben – »sola fide« in den Worten des Apostels Paulus – gerettet wird, ist nichts weiter, als sich vor Wirklichkeit und Verantwortung zu drücken und einem Wunschtraum hinterherzulaufen.

16. LEHM UND ESSIG

Nicht nur der Halberstädter Bahnhof war zerstört worden, auch ein Gleis war einem Krater gewichen. Ein Munitionszug, der dort abgestellt gewesen war, hatte während des Luftangriffs einen Volltreffer abbekommen. Trotz der frühen Stunde war der Bahnhof voller Menschen. Plötzlich kam eine Frau auf mich zu und grüßte mich: »Guten Morgen, Herr Schmidt, wie schön Sie zu sehen! Sie werden hier viele Bekannte aus Breslau wiedertreffen.« Dann, ohne eine Antwort abzuwarten, verschwand sie in der Menge. Ich erstarrte vor Schreck. Wir waren in Breslau Nachbarn gewesen und sie kannte mich gut. War sie so eilig davongelaufen, um mich bei den Behörden zu melden? Warum hatte sie mich »Schmidt« genannt, obwohl sie genau wusste, dass ich Aufrichtig hieß? Weshalb hatte sie mir von den vielen »Bekannten« aus Breslau erzählt? Zwölf Jahre unter dem nationalsozialistischen Regime waren nicht imstande, meinen Glauben an das Gute im Menschen zu erschüttern. Ihr seltsames Verhalten interpretierte ich als eine Warnung, vorsichtig zu sein und meine wahre Identität nicht zu verraten. Sie war wohl so schnell weggelaufen, weil sie Angst hatte, mit einem jüdischen Flüchtling zu sprechen. Diese Begegnung erschütterte mich zutiefst und sensibilisierte mich dafür, mein Verhalten der Situation anzupassen und mit größter Vorsicht vorzugehen.

Am Ende des Bahnsteigs war ein kleines Wartezimmer. Darin saß ein Beamter, der vorläufige Kennkarten ausstellte und einen kleinen Geldbetrag auszahlte. Den Ausgebombten, die alles im Luftangriff verloren hatten, wurden Züge zugewiesen, die schon auf den Gleisen warteten, um sie zu einer neuen Unterkunft und Arbeitsstelle an einem abgelegenen Ort in Deutschland zu bringen. Ich reihte mich in die Warteschlange ein und gab dem Beamten gegenüber einen falschen Namen, nämlich ›Schneider‹, und eine falsche Adresse an. Es klappte! Wenn ich daran zurückdenke, stelle ich fest, dass ich verrückt gewesen sein muss, den Mädchennamen meiner Mutter anzugeben, meinen Vornamen zu behalten, meinen Geburtstag um nur einen Monat verschoben und meinen richtigen Geburtsort genannt zu haben. Ich musste auch meine Religion angeben: ›evangelisch‹. Die falschen Angaben waren zu nah an der Realität, um mir Schutz zu bieten, doch ich hatte keine Übung darin, mir alternative Identitäten auszudenken, und keine Zeit, mir einen klaren Plan zu überlegen.

Nach einer 300 Kilometer langen Fahrt kam der Zug in Tirschenreuth an, einer idyllischen Kleinstadt im Fichtelgebirge. Während der Reise trug ich meine Mütze tief in die Stirn gezogen und tat, als würde ich schlafen, oder ich hielt mich aus Angst, dass mich jemand erkennen könnte, erneut so lange wie möglich im Abort auf. Der Zug war mit einem Flakwaggon ausgestattet, der mir bewusst machte, was für Gefahren mich in meinem neuen Leben erwarteten. Doch diesen Risiken war ich zusammen mit dem Rest der deutschen Bevölkerung ausgesetzt. Nach der Ankunft mussten wir – ›Ausgebombte‹ – uns im Tanzsaal eines kleinen Gasthauses versammeln, um schließlich Bauernhöfen zugewiesen zu werden, wo wir arbeiten und wohnen sollten. Mit dem Bus fuhr ich nach Neudorf in Oberfranken, unweit der Grenze zu Böhmen.

Der Busfahrer setzte mich am Tor zum Gut der Familie Häckl ab. Es war der 9. März 1945. Der Bauernhof hatte die Form eines geschlossenen Rechtecks. An der Vorderseite gab es ein großes Holztor, links befand sich eine Werkstatt, rechts war die Wohnung des Bauernsohnes. Über dem Eingangstor war der Heuboden. Die Gebäude rechts waren Viehställe, im Gebäude auf der rechten Seite wohnte der Gutsherr. Hinten lag der Maschinenschuppen, darüber befand sich ein Dreschboden, der die Spreu und das Stroh vom Getreide trennte. Das gesamte Gelände war von einer Eisenschiene umschlossen, damit es der angekettete Wachhund schützen konnte. Im zentral gelegenen Hof lag ein riesiger Misthaufen auf einem Eisengitter, unter dem ein Gefäß das Regenwasser auffing, das durch den Mist geflossen und dadurch zu Flüssigdünger geworden war. Ganz vorn war noch ein Teich, in dem Karpfen gezüchtet wurden. Der Bauer und seine Frau müssen um die sechzig Jahre alt gewesen sein, und die Familie, mich eingeschlossen, sprach sie mit »Vater und Mutter Häckl« an. An ihre Vornamen kann ich mich nicht erinnern, um genau zu sein, habe ich sie nie gekannt. Der jüngere, noch unverheiratete Sohn Alois wohnte bei ihnen. Er war im Krieg verwundet worden und konnte nur mit Mühe laufen. Ihre Tochter Lena wohnte und arbeitete auch auf dem Gut. Aufgrund ihrer von Geburt an ausgerenkten Hüfte hatte auch sie Schwierigkeiten beim Laufen. Vom ältesten Sohn waren in jedem Zimmer Fotografien aufgestellt, die von frischgeschnittenen Blumen umgeben waren. Er war im Krieg gefallen und auch der Sohn gewesen, den die Familie der katholischen Kirche überlassen hatte. Er war Priester in Konnersreuth gewesen, einem Dorf in der Nähe, welches bekannt dafür war, dass Therese Neumann – die nach ihrem Tod heiliggesprochen wurde – dort an Karfreitagen ihre Stigmata zur Schau gestellt hatte. Als Landarbeiter war ich sehr willkommen. Anstelle einer Bezahlung erhielt ich eine Unterkunft auf dem Dachboden über den Ställen und nahm meine Mahlzeiten mit der Familie ein.

Ich musste vieles lernen: Wie man Felder mit Hilfe eines Ochsengespanns pflügt, Bäume fällt, Kühe melkt und alle möglichen Tätigkeiten ausführt, vor allem aber, was für eine Genugtuung es ist, mit den eigenen Händen zu arbeiten. Für mich waren diese fleißigen, anständigen und gutmütigen Menschen im Wirbel des Krieges wie eine Oase in der Wüste.

Da ich mich mit dem Christentum kaum auskannte und meine Deckung festigen wollte, las ich nachts zum ersten Mal das Neue Testament. Ich konnte nicht begreifen, wie ein Volk einen ›Nichtarier‹ als Sohn Gottes anbeten und aus einem Buch lesen konnte, dass so viel von der Weisheit Israels beinhaltete; sie bezeichneten ihre Religion als den Glauben der Liebe, verbreiteten gleichzeitig jedoch so viel Hass und verurteilten das Judentum als den Glauben des Gesetzes. Ist es ihnen nie in den Sinn gekommen, dass sie auch unter dem Fluch einer gesetzlosen Gesellschaft litten, die sie selbst erschaffen hatten?

Für die Häckls bestand Deutschland aus den Feldern, die sie und ihre Vorfahren über Generationen beackert hatten, und dem Waldstück, in dem sie für den Bau ihres Hofs Bäume fällten und Feuerholz sammelten. Deutsch war ihre Muttersprache, die einzige Sprache, die sie beherrschten und mit starkem fränkischen Dialekt sprachen.

Katholik zu sein, bedeutete für sie, ein einfaches, ehrliches Leben zu führen, vor und nach jeder Mahlzeit zu beten, genau so wie sie es von ihren Eltern und vom örtlichen Priester gelernt hatten. Sonntags liefen sie die vier Kilometer nach Konnersreuth, um am Gottesdienst in ihrer geliebten Kirche teilzunehmen. Der Bauernhof wurde abgeschlossen und ich gefragt, ob ich mitkommen wolle. Zum Glück stand in meinen falschen Dokumenten, dass ich evangelisch war, weshalb ich das Angebot dankend ablehnen konnte. Sie wiesen mich stattdessen auf die nächste evangelische Kirche hin, und ich musste zeitgleich mit ihnen den Bauernhof verlassen. Natürlich ging ich nicht in die Kirche, sondern spazierte so lange durch den Winterwald, bis ich meinte, zurückkehren zu können. Sie haben mich nie nach meinem Sonntagmorgen gefragt. Vielleicht war der Katholizismus das einzige, was für sie existierte, und alle anderen Glaubensrichtungen gingen über ihren geistigen Horizont hinaus.

Ich bin mir sicher, dass die Häckls nichts von Hitlers Verbrechen und seinen teuflischen Plänen wussten oder überhaupt wissen wollten. Ihre harte Arbeit, die Liebe zu ihrem Hof und ihr unerschütterlicher Glaube schützten sie vor dem Wirbel der Ereignisse, die sich jenseits des Fichtelgebirges abspielten.

Meine Sonntagsspaziergänge boten mir Zeit, mir Gedanken über meine jüdische Tradition zu machen – über Verwandte und Freunde, die verschleppt worden waren, und über die Zukunft, sollte ich sie denn erleben. Wie würde ich mein Leben auf dem Treibsand meiner besonderen Erfahrungen wiederaufbauen? ›Schema Jisrael, Adonai elohenu, adonai echad‹ [Höre, Israel, der Ewige ist unser Gott, der Ewige ist einzig] ist das letzte Gebet, dass ein Jude vor seinem Tod sprechen sollte. Oft dachte ich an diese Worte der Weisheit. Sie verdeutlichen die Größe von Raum und Zeit gegenüber der Winzigkeit unserer menschlichen Existenz. Sie ermuntern zur Dankbarkeit für die Möglichkeiten, die das Leben geboten hat, und verpflichten uns, das Leben voll auszukosten.

Das gemeinsame Mittagessen am Sonntag nach meiner Rückkehr war jedes Mal eine ernüchternde Erfahrung. Wir saßen um einen großen Holztisch, in dessen Mitte ein großer Topf mit heißem, nahrhaftem Essen gestellt wurde. Ein hausgemachtes Roggenbrot wurde herumgereicht, und jeder schnitt sich ein großes Stück ab. Wir hatten keine eigenen Teller – alle aßen mit ihren eigenen Löffeln aus dem Gemeinschaftstopf. Es gab meistens einen Eintopf aus Fleisch, Kartoffeln und Gemüse. Was für Fleisch? Ich stellte keine Fragen. Im Judentum gibt es das ›Pikuach-nefesch‹-Prinzip, ›eine Seele in Lebensgefahr retten‹. Danach können die Speisegesetze aufgehoben werden, um ein Leben zu retten. Ich war sowieso in einem liberalen jüdischen Haushalt aufgewachsen, wo mehr Wert darauf gelegt wurde, was aus dem Mund herauskam, als was hineinging. Nach dem Essen mussten wir die Kühe melken, die Tiere füttern und die Ställe säubern. Jedes Tier hatte einen

Namen, den man rufen musste, bevor man sich dem Tier von hinten näherte, um es zu bewegen und das Stroh unter ihm auszutauschen.

Das Leben verlief reibungslos, bis sich eines Tages eine Entzündung am Gelenk meines linken Zeigefingers entwickelte, die einfach nicht heilen wollte. Ich brauchte ärztliche Hilfe, doch war mein Finger es wert, mich einem solchen Risiko auszusetzen? Würde ich eine Vollnarkose brauchen? Ich glaubte damals, dass es – während die Krankenschwester Ether auf die Gesichtsmaske tropfte und man selbst rückwärts zählt, um einzuschlafen – dazu kommen könnte, dass man wirres Zeug redete. Würde ich einer dieser Patienten sein und unter dem Einfluss des Ethers meine wahre Identität verraten? Ich musste versuchen, meinen Finger ohne medizinische Versorgung zu heilen. Die Bauernfamilie schlug stolz alte Hausmittel vor, die bestimmt helfen würden. Am ersten Tag sollte ich Blätter um den Finger wickeln, am zweiten kaute ich Roggenbrot, beim letzten Versuch wurde mein Finger mit Lehm bedeckt und mit Essig übergossen. Nichts davon heilte meinen Finger, also musste ich mich dem Unvermeidlichen beugen und die sechs Kilometer nach Waldsassen laufen. Dort wurde mein Finger unter örtlicher Betäubung aufgestochen. Der Eingriff war erfolgreich, und da ich nicht über Nacht bleiben musste, konnte ich, nachdem ich mich einige Stunden ausgeruht hatte, zurück nach Hause gehen. Die Kampfflugzeuge der Alliierten mussten sich nun keine Sorgen mehr um die deutsche Luftabwehr machen, also begannen sie, auf Bauern und Vieh auf dem Lande zu schießen. Mein langer Nachhauseweg wurde folglich immer wieder durch Kugelhagel unterbrochen, und ich musste in Gräben und unter Bäumen Schutz suchen. Dieses Erlebnis bestätigte meine Vermutung, dass es kein Monopol auf Grausamkeit gibt.

Der Winter verwandelte sich in Frühling. Bald, am 1. April, war Ostern und die Bauern steckten gesegnete Weidenkätzchen in alle Ecken der Felder, um sich eine gute Ernte zu sichern. Diese Symbole des Frühlings und der Wiedergeburt erinnerten mich daran, dass auch das Pessachfest sich näherte. Weder hatte ich einen jüdischen Kalender noch konnte ich Pessach in diesem parallelen Leben Beachtung schenken. Das Fest zur Erinnerung an die Befreiung der Israeliten aus Ägypten musste warten, bis auch ich meine Freiheit wiedergewonnen hatte. Jedes Jahr am Sederabend, wenn wir die Geschichte des Auszugs aus

Ägypten lesen, erinnere ich mich an diesen Teil meiner Reise, an die wundervollen Orte, die ich gesehen habe, und an die Menschen, denen ich unterwegs begegnet bin. Ich hoffe, dass meine Kinder und Enkelkinder aus der Weisheit der jüdischen Erfahrung lernen werden, dass das Leben keine sichere Bleibe ist, sondern eine aufregende und nicht selten gefährliche Reise entlang eines unendlichen Weges. Die Menschen und die farbenprächtige Welt, die man trifft, sind die Belohnung. Die Sehnsucht nach neuen Abenteuern weckt einen Lebenswillen in uns und lehrt uns die Kunst der Überlebens.

17. ›SCHWANZPARADE‹

Wenige Tage vor meinem 16. Geburtstag am 16. April 1945 erhielt ich einen Brief per Einschreiben zum Bauernhof der Häckls. Ich sollte mich in Tirschenreuth, der nächsten Verwaltungseinheit, zur Musterung melden. Ich wurde dazu aufgefordert, Hitlers Wehrmacht beizutreten und das ›Dritte Reich‹ zu verteidigen, wenn ich gesundheitlich dafür geeignet wäre. Das Kriegsende war nicht in Sicht und bis jetzt hatte ich es geschafft, zu überleben. Ich hatte zwei Möglichkeiten: Entweder konnte ich mich vor der Untersuchung drücken und riskieren, am nächsten Baum aufgeknüpft zu werden, weil ich mich geweigert hatte, der Einberufung des ›Führers‹ zu folgen, oder ich konnte hingehen, die Entdeckung meiner jüdischen Identität riskieren und womöglich als flüchtiger Häftling erschossen werden. Im Fichtelgebirge tobten die letzten Schlachten um deutsches Territorium, und sich dort zu verstecken, hatte kaum Chancen auf Erfolg. Ich hatte keine ernsthaften Alternativen. Alles, was blieb, war die Hoffnung, dass es ein Leben nach der Musterung geben würde. Vielleicht würde der Krieg zuvor zu Ende sein! Doch meine Glückssträhne war vorbei. In Oberfranken ging der Krieg nicht vor dem 16. April 1945 zu Ende.

Es war ein warmer Frühlingsmorgen, und das junge Grün auf den Wiesen und in den Feldern verwandelte die Landschaft in ein Märchenland aus Farbe und Schönheit. Es fühlte sich so an, als würde ich in die Ferien fahren, doch in Wirklichkeit war es die Reise zu einem Treffen, das meine Zukunft bestimmen würde – würde ich leben oder sterben? Der Weg nach Tirschenreuth war voller deutscher Armeefahrzeuge auf dem Rückzug aus Böhmen. Oftmals boten mir Soldaten eine Mitfahrgelegenheit an, doch ich lehnte ab. Der Duft des Frühlings, die Wärme der Sonne und die erwachende Natur halfen mir, die 16 Kilometer lange Strecke zu überstehen.

Nach meiner Ankunft im Tirschentreuther Rathaus trug ich meine falschen Angaben in ein Formular ein, zog mich nackt aus und stellte mich gemeinsam mit anderen deutschen Jungen im gleichen Alter vor den Militärarzt und den Offizieren auf – die sogenannte Schwanzparade. Die Stunde der Wahrheit war gekommen. Mein Schwanz sah anders aus als bei den anderen Jungen. Ich hatte nicht das Glück gehabt, dass Jesus an meiner Statt beschnitten worden war – ein Ereignis, das immer noch in manchen Kirchen am 1. Januar jedes Jahres gefeiert wird, acht Tage nach seiner angenommenen Geburt am 24. Dezember. Der Arzt hörte meine Brust ab, schaute mir in den Mund und fragte, in welcher Einheit ich dienen wolle. Das hatte ich mir bereits überlegt und konnte so ohne zu zögern antworten: »Im Fallschirmregiment!« Ich hoffte, dass das meine Einberufung verschleppen würde. Er lobte meinen Mut, sagte aber, dass das Vaterland derzeit eher Infanteriebataillone brauche, und da ich der größte in der Gruppe sei und noch dazu ein ›arischer‹ Typ, würde er mich für die Waffen-SS empfehlen. Wir sollten uns anziehen, nach Hause gehen und würden in Kürze erfahren, wo wir den Militärdienst antreten sollten.

Lebend wieder an der frischen Luft zu sein und das Sonnenlicht zu spüren, war einer der wundervollsten Momente meines Lebens, ein wahrhaftiges ›Joie de vivre‹. Was war passiert? Hatte Gott sich plötzlich daran erinnert – nachdem sechs Millionen Juden im Stich gelassen worden waren – dass ich meinen Teil des ›Bundes mit Abraham‹ eingehalten hatte und auch er nun seine Verbindlichkeit begleichen musste? Oder war es einfach nur die Unfähigkeit des Militärarztes, der den Unterschied zwischen mir und den anderen Knaben übersehen hatte? War es Wunsch des Arztes, so spät in seiner Karriere jegliche Probleme zu vermeiden? Oder hatte der Arzt einen teuflischen Sinn für Humor und es reizte ihn, einen Juden mit ›arischem‹ Aussehen als eine Waffe bei der Umsetzung der ›Endlösung der Judenfrage‹ einzusetzen?

Im Vordergrund standen wichtigere Probleme. Die Entscheidung über Leben und Tod war nicht gefallen, sie war lediglich hinausgeschoben worden. Als ich die 16 Kilometer zurücklief, kamen mir weiterhin Einheiten der Wehrmacht entgegen, und diesmal konnte ich die kriegsmüden Gesichter der Soldaten genau sehen. Die Grausamkeit meiner Lage wurde mir immer deutlicher. Sollte ich den Kampfanzug der Täter anziehen und der Einberufung nachkommen? Wäre es nicht besser, das Schicksal meiner Glaubensbrüder zu teilen und als Jude erschossen zu werden – und nicht für die Verbrechen zu sterben, unter denen ich selbst zu leiden hatte, die ich aber nicht begangen hatte? Sollte ich zur Armee gehen und mit dem Gewehr unterm Arm die letzten Kriegstage im Wald ausharren? War das überhaupt möglich? Ich hatte noch nie im Leben ein Gewehr in der Hand gehabt. Oder sollte ich doch das Gewehr annehmen und mir gleich die erste Kugel in den Schädel jagen an einem Ort und zu einer Zeit meiner Wahl, statt anderen die Genugtuung zu geben, einen weiteren Juden vernichtet zu haben? Auf dem Nachhauseweg suchte ich nach Antworten auf diese Fragen. War es möglich, ein Gleichgewicht zwischen Überleben, geistiger Gesundheit und Integrität zu finden?

Als ich auf dem Hof der Häckls ankam, wollten der Bauer und seine Familie natürlich wissen, was passiert war. Es war Frühling und Zeit dafür, den Klee zu mähen, die Saatkartoffeln mussten gesetzt werden und einige Felder beackert werden. Würde ich noch bei den Arbeiten helfen können oder den Bauernhof verlassen müssen, um zum Militär zu gehen? Ich vermute, ihnen ging noch mehr durch den Kopf. Das alte Ehepaar dachte nicht nur daran, dass sie einen geschätzten Arbeiter verlieren würden, sondern sie waren dankbar dafür, was ich für ihr Land, ihrer Tiere und ihren Hof, der ihrer Familie seit Generationen gehörte, getan hatte. Obwohl nur wenige Wochen vergangen waren, seit das Schicksal uns zusammengeführt hatte, waren zwischen uns Zuneigung und gegenseitiger Respekt erwachsen. Sie hatten einen Sohn in der Schlacht um Stalingrad verloren, und die Gefahr, dass ich so kurz vor Kriegsende sein Schicksal teilen würde, muss ihnen in den Sinn gekommen sein. Ich zog meine Arbeitskleidung an und schloss mich ihnen an, um Kartoffeln, die sich zur Saat eigneten, von denen, die als Tierfutter dienen würden, zu trennen. Wir sprachen wenig, nur von Zeit zu Zeit kreuzten sich unsere Blicke, die unsere Gedanken zum Ausdruck brachten.

Die Tage vergingen bei harter Arbeit von der Morgenröte bis zur Abenddämmerung und mit dem Wunsch, zu überleben. Am 8. Mai 1945 kapitulierte die Wehrmacht bedingungslos, noch bevor meine Einberufung eintraf. Oft überlege ich, zu welcher Handlung der Gegensatz zwischen meiner Leidenschaft für das Leben und der Lehre meiner Vorfahren mich getrieben hätte. Ich versprach, nie über einen anderen Menschen zu urteilen, ehe ich mich selbst nicht besser verstanden hätte. Bis heute strebe ich nach diesem Verständnis. Doch im letzten Kriegsmonat beherrschten harte Arbeit und die Hoffnung auf Überleben jede Stunde eines jeden Tages.

18. LÖWENSTEIN

Die Häckls lasen keine Zeitungen und sie hörten auch kaum Radio. Die Nachrichtensendungen waren pure Propaganda und mit genauen Informationen war nicht zu rechnen. Alois hörte nachts heimlich die BBC. Er muss über die politische Lage einigermaßen informiert gewesen sein, doch er hatte Angst davor, sein Wissen mit uns zu teilen. Damals hatte ich noch keine Ahnung, dass amerikanische Truppen Nürnberg am 20. April 1945 besetzt und dass die Sowjets die Stadtgrenze Berlins überschritten hatten. Dieses Wissen hätte meine Befürchtungen über meine mögliche Einberufung deutlich gemildert. Am Abend des 1. Mai stürmte der Bauer, der auf dem Gut gegenüber wohnte, bei uns ins Haus und verkündete, dass Hitler gefallen sei. Er hatte gute Gründe dafür, so verzweifelt zu sein: Er war der Ortsleiter der NSDAP, der immer noch vom ›Endsieg‹ sprach und nicht zulassen wollte, dass das Dorf sich kampflos ergab. In Neudorf allerdings war die politische Lage ungewiss.

Der Strom der zurückkehrenden Militärfahrzeuge verebbte. Ein einziger Wagen hielt vor dem Haus des Ortsleiters. Einige Angehörige der Waffen-SS warnten ihn, dass die Wehrmacht auf dem Rückzug sei und dass amerikanische Truppen das Dorf bald einnehmen würden. Danach war es still und ruhig, nur in der Ferne hörte man Gewehr- und Maschinengewehrfeuer aus den Wäldern. Der Spähtrupp der Amerikaner hatte präzise gearbeitet: Das deutsche Militärfahrzeug war gerade abgefahren, als eine Granate im Haus des Ortsleiters einschlug. Über dem Stall war der Heuboden, voller Stroh und Heu. Das Gehöft ging in Flammen auf – sie loderten gen Himmel wie eine Fackel. Menschen kamen nicht zu Schaden, doch in der Hitze verbrannten die Hühner, die im umzäunten Hof umherrannten, und auch das Vieh in den Ställen fiel schreiend den Flammen zum Opfer. Der Nazibauer setzte die Dorfbewohner von den bevorstehenden Ereignissen in Kenntnis und befahl allen, ihre Pflicht zu erfüllen, verschwieg aber, worin diese bestehen sollte.

Diese einzige Granate, die in Neudorf explodierte, setzte etwas frei. Die Bauern hatten keine Angst mehr vor den Nationalsozialisten und hingen weiße Bettlaken aus den Fenstern als Zeichen der Kapitulation. Wenige Tage zuvor hätte sie dieses Handeln das Leben gekostet. Der dörfliche Alltag setzte praktisch aus, und alle saßen still in ihren Kellern. Ich schlich mich hinaus, stellte mich in die grelle Sonne vor das Gehöft und blickte auf die Wiesen vor mir. Die ›Amis‹ überquerten die Felder, breit aufgestellt und mit den Gewehren im Anschlag. Ich muss wohl von allen guten Geistern verlassen gewesen sein. Warum sollten sie mich nicht als einsamen ›Deutschen‹, der ihnen im Weg stand, erschießen? Als sie heranrückten, kam einer der Soldaten auf mich zu und fragte in fließendem Deutsch, ob es noch deutsche Soldaten im Dorf gebe und wer ich sei. Ich antwortete, dass die Soldaten das Dorf verlassen hätten und dass ich ein Jude sei, der unter falscher Identität lebte, und fragte ihn, wann ich meine Deckung aufgeben könne. Er sagte, sein Name sei Löwenstein, dass er in New York lebe und seine Verwandten deutsch-jüdische Einwanderer seien. Er warnte mich davor, dass es noch SS-Kessel gebe, und mahnte, dass ich warten solle, bis eine militärische Verwaltung eingerichtet sei, bevor ich die Wahrheit ans Licht brächte.

Da standen wir, Nachkommen von Familien, die über Generationen in Deutschland gelebt hatten, die hier verfolgt worden waren, aber auch Unterschlupf gefunden hatten. Unsere Vorfahren waren als römische Sklaven nach Deutschland gekommen und nach zweitausend Jahren zu deutschen Bürgern mosaischen Glaubens aufgestiegen, bis zum Anbruch des nationalsozialistischen Regimes. Der amerikanische Soldat Löwenstein musste weiterziehen, um das nächste Dorf einzunehmen. Ich musste zurückgehen, um Kartoffeln für die Frühjahrssaat vorzubereiten. Wir sind uns nie wieder begegnet. Doch diese wenigen Momente waren ein prägendes Ereignis, das mich immer wieder fragen lässt: Was sind wir? Deutsche, Amerikaner, Australier, Juden? Ich glaube, dass wir all das sind, und noch viel mehr. Wir gehören der Menschheit an, ob unsere Mitmenschen uns wollen oder nicht. Wir haben am Leid und an der Freude dieser Welt teil.

Als ich weiter Kartoffeln setzte, schweiften meine Gedanken ab und ich erinnerte mich plötzlich an einen Talmudkommentar zur Schöpfungslegende: »Die Frage lautet: Warum stammen alle Menschen von Adam ab? Die Antwort darauf lautet: Damit keiner sagen kann, dass seine Vorfahren besser sind als die der anderen.« Irgendwann im Laufe der Geschichte haben wir Juden vergessen, der Menschheit diese Parabel zu erzählen.

Immer wenn ich Filmausschnitte sehe, die den Jubel und die Freude über das Kriegsende in aller Welt zeigen, bin ich dankbar, dass ich nicht daran teilhatte. Ich habe mein ganzes Leben dafür gebraucht, den Verlust von 55 Millionen Menschenleben zu begreifen, die Vernichtung von so viel Schönem und Gutem und die Brutalisierung von Gemütern, von der die Welt sich bis heute nicht erholt hat. In Neudorf blieb ich nicht lange genug, um die Ernte der Kartoffeln, die ich am letzte Kriegstag gesät hatte, zu sehen, und ich glaube nicht, dass ich lange genug auf dieser Welt weilen werde, um die Saat des menschlichen Verstands, die durch Holocaustüberlebende gesät wurde, Früchte tragen zu sehen.

19. WEIHWASSER

Der Frühling brachte viel Arbeit mit sich. Der erste grüne Klee musste zum Verfüttern an die Tiere gemäht werden, die Kühe brachten Kälber zur Welt, Kartoffeln und Futterrüben wurden gesät, und der Flüssigdünger musste aus dem Becken unter dem Misthaufen gepumpt werden. Auf dem Hof gab es weder Pferde noch Traktoren. Um den wertvollen Flüssigdünger auf den Feldern zu verteilen, musste ich deshalb stundenlang mit einem Ochsenwagen, der mit einem entsprechenden Tank ausgerüstet war, die Felder rauf- und runterfahren. Danach war ich von Düngerspritzern immer völlig durchnässt und musste jeden Abend ausgiebig baden. Die Badewanne musste aus der Küche in den

Maschinenschuppen getragen werden, wo sie mit heißem Wasser gefüllt wurde. Der Holzofen in der Küche war von einem Wasserbecken umgeben, aus dem mit Hilfe eines Krugs mühsam heißes Wasser für die Wanne geschöpft wurde. Es geschah nicht selten, dass ich anschließend Essensreste, die aus Kochtöpfen in das Becken gefallen waren, von meinem Körper regelrecht abziehen musste. Je länger die Tage andauerten, desto mehr wurde auf den Feldern gearbeitet und desto weniger Zeit blieb für den Schlaf übrig.

In meiner Unterkunft holte ich heimlich meinen gelben Davidstern und meine jüdische Kennkarte aus dem Innenfutter meiner Jacke. Auf der Kennkarte war ein großes ›J‹ für Jude aufgedruckt, und mein Vorname war um den Zusatz ›Israel‹ ergänzt. Kein Tag verging, ohne dass ich mich fragte, wann eine amerikanische Militärverwaltung in der Region entstehen würde. Endlich, am 28. Mai 1945, konnte ich die 16 Kilometer nach Tirschenreuth beschreiten und dort meine wertvollen Dokumente vorzeigen. Nach einer genauen Untersuchung erhielt ich neue Papiere, die meine wahre Identität bestätigten, und ein offizielles Schreiben der US-Armee, das jeden, dem ich es vorlegte, dazu aufforderte, mir auf meiner Heimreise nach Breslau volle Unterstützung zu gewähren. Ich hatte keine Ahnung, dass sich die alliierten Mächte drei Monate zuvor, vom 4. bis zum 11. Februar 1945, in Jalta getroffen und dort unter anderem beschlossen hatten, dass die deutschen Ostgebiete, auch Schlesien und seine Hauptstadt Breslau, in Zukunft ›unter polnischer Verwaltung‹ stehen würden. Ich hatte auch nicht voraussehen können, dass die Reise nach Breslau auf der Suche nach meiner Familie den illegalen Übertritt von der Amerikanischen in die Sowjetische Besatzungszone erfordern und ich von dort wiederum illegal aus sowjetischem Gebiet in ehemalig deutsches – nun polnisches – Gebiet kommen würde.

Der Mai war eine arbeitsreiche Zeit auf dem Bauernhof, und die Häckls waren auf meine Hilfe angewiesen. Wie sollte ich der Familie, die mein Leben gerettet hatte, sagen, dass ich vorhatte, sie zu verlassen, gerade als sie mich so brauchten? Wie würden sie reagieren, wenn sie erführen, dass sie die ganze Zeit lang unwissend einem Juden Unterschlupf gewährt hatten? Ihr einfacher Glaube beruhte auf der Unfehlbarkeit des Papstes und der Ansicht, die katholische Kirche wäre als einzige im Besitz der Wahrheit. Sie wussten nicht, dass Tausende von Juden ermordet worden waren und ihre Kirche hunderte von jüdischen Gemeinden während der Kreuzzüge und der Inquisition zerstört hatte. Ihnen wurde nie beigebracht, dass die Juden zu Tode gefoltert und fälschlicherweise beschuldigt wurden, Hostienschändung und Ritualmorde begangen und Brunnen vergiftet zu haben. Auch dass behauptet wurde, Juden hätten die Pest verursacht, Jesus Christus getötet und Falschheiten gepredigt, hatten sie nie gelernt. Damals war die Karfreitagsfürbitte für die Juden – ›pro perfidis Judaeis‹ – noch Bestandteil der katholischen Liturgie, aber die Worte wurden auf Lateinisch gesprochen, und so war den Häckls deren boshafte Bedeutung verborgen geblieben.

Es war ein milder Frühlingsabend. Es duftete nach Blüten und die letzten Sonnenschimmer brachten die Landschaft zum Leuchten. Wir saßen zusammen und ruhten uns nach einem arbeitsreichen Tag aus. Ich beschloss, die Stille zu unterbrechen und den Häckls meine Geschichte in einfachen Worten zu erzählen. Erst nach einer Weile wurde ihnen klar, dass es sich nicht um irgendeine Geschichte handelte, sondern um mein Schicksal. Sie waren deutlich gerührt, und auch ich fand es schwierig, gleichmütig zu bleiben. All unsere Unterschiede waren nun belanglos, zwischen uns war eine tiefe Zuneigung gewachsen. Es war lange still. Dann sprach die alte Frau: »Wir lieben Dich doch immer noch. Juden sind schließlich auch Menschen.«, woraufhin sie mir eine herzliche Umarmung gab, die all diese Gefühle zum Ausdruck brachte.

Für die Häckls war es eine große Enttäuschung, dass ich sie sofort verlassen wollte, um nach Breslau zurückzukehren und herauszufinden, wer aus meiner Familie überlebt hatte. Mein ganzer Besitz passte in einen Rucksack, den ich schnell gepackt hatte. Am darauffolgenden Morgen war ich zum Aufbruch bereit, ausgestattet mit Verpflegung für einige Tage. Mutter Häckl war früh aufgestanden und losgegangen, um mir ein Abschiedsgeschenk zu holen. Sie lief sechs Kilometer in das benachbarte Dorf, um ihre Gemeindekirche in Konnersreuth zu besuchen. Dort holte sie eine große Flasche Weihwasser für mich ab, die mich auf meiner Heimreise beschützen und segnen sollte. In der Tat war es geweihtes Wasser, aber nicht, weil es kirchlich gesegnet wurde, sondern weil es aus der Quelle des Guten dieser einfachen Bauern kam – einer Quelle, die in jedem Menschen vorhanden ist.

Als ich die Wiesen überquerte und den Wald betrat, winkte mir die gesamte Familie in der Ferne zum Abschied. Es wurde wärmer und die große Flasche Weihwasser war ein Fremdkörper in meinem Gepäck. Was sollte ich damit tun? Ich erinnerte mich an eine Lehre des Propheten Jeremia: »Bete für das Land, in dem du weilst.« Wir hatten so lange in Deutschland gelebt, und an jenem Tiefpunkt der deutschen Geschichte empfand ich es als passend, das Weihwasser auf deutschem Boden auszugießen, zu hoffen und zu beten, dass die tiefen Wunden, die so viele auf deutschem Gebiet erlitten hatten, bald heilen würden. Die 300 Kilometer nach Halberstadt, der Stadt, in der ich nach meiner Flucht aus dem Konzentrationslager Groß-Rosen Unterschlupf gefunden hatte, bewältigte ich zu Fuß und per Anhalter. Ich fühlte mich plötzlich hundeelend, und es war klar, dass ein Arzt meine erste Anlaufstelle sein müsste. Er diagnostizierte Typhus. Das Schreiben, das ich von der US-Armee in Tirschenreuth erhalten hatte, half mir dabei, in ein amerikanisches Militärkrankenhaus eingewiesen zu werden.

Eine Woche lang lag ich im Krankenhaus im Koma – das ist die einzige Zeit in meinem Leben, an die ich mich nicht erinnern kann. Entgegen allen Erwartungen hatte ich es wieder einmal geschafft, zu überleben, und es fühlte sich gut an, am Leben zu sein.

20. DAS KANU

Als ich mich von meiner Typhuserkrankung ausreichend erholt hatte, setzte ich meine Heimreise fort. Zu bewältigen waren weitere achtzig Kilometer nach Magdeburg. Die Stadt war im 9. Jahrhundert am Ufer der Elbe, die damals deutsche Gebiete von slawischen abgrenzte, errichtet worden. Kurz vor Kriegsende, im April 1945, waren 65 Prozent dieser einst mittelalterlichen Stadt in einem unnötigen Luftangriff der Alliierten zerstört worden. Jetzt wurde sie zur Grenze zwischen Ost und West. Der Großteil der Stadt befand sich im amerikanisch besetzten Teil Deutschlands, nur wenige Teile der Vorstadt am Ostufer der Elbe gehörten zur Sowjetischen Zone. Die vielen Brücken über der Elbe waren gesprengt worden, und nur noch eine Brücke führte in russisches Gebiet.

Ich zeigte das Schreiben von der US-Armee bei dem Versuch vor, diese Brücke zu überqueren, bekam jedoch nur ein deutliches ›Njet‹ vom Grenzposten zu hören. Ein Deutscher, der seit geraumer Zeit am Ufer umhergeschlichen war, kam auf mich zu und bot an, mich in einem Kanu über den Fluss zu bringen. Der Fahrpreis sollte in Dollar bezahlt werden. Ich erklärte, dass ich keine Dollar besaß, und nach langem hin und her einigten wir uns auf eine Bezahlung in Form von 15 Brotlaiben. Zunächst musste ich mir für einige Tage Unterschlupf suchen, denn 15 Brotlaibe zu organisieren, war kein leichtes Unterfangen. Die Überlebenden aus der jüdischen Gemeinde in Magdeburg betrieben in einem verfallenen Gebäude eine Unterkunft für andere jüdische Überlebende. Das ganze stand unter der Leitung eines netten alten Mannes, der aufgrund seiner Lagererfahrung an Inkontinenz litt. Seine Hose war ab und zu durchnässt, und man konnte den Urin immer stark riechen. Ich hatte nicht vor, dort auch nur eine Minute länger zu bleiben als unbedingt nötig, um das Brot zusammenzubekommen. Da Brot nach Kriegsende äußerst knapp war, verkauften Bäcker nur einen Laib pro Person am Tag, und vor den Bäckereien bildeten sich immer lange Schlangen, bis alles vergriffen war. Man munkelte, welcher Bäcker in welchem Vorort noch Brot auf Lager habe. Es war eine entmutigende Aufgabe, den ganzen Tag lang in unterschiedlichen Vororten Schlange zu stehen, um die 15 Laibe zu ergattern. Mein vom Typhus gezeichnetes Gesicht erweckte Mitleid und hat mir vermutlich geholfen, schneller ans Ziel zu kommen. Nach einigen Tagen war ich bereit, den Fährmann wieder aufzusuchen.

Ich wartete auf ihn an derselben Straße, auf der wir uns letztes Mal begegnet waren. Wir vereinbarten eine mondlose Nacht für die illegale Flussüberquerung. Zuerst musste ich jedoch das Brot überreichen. Daraufhin versicherte er mir, er würde schnell wieder da sein, und verschwand. Sollte ich ihm trauen? Tatsächlich kam er bald zurück. Er führte mich zum Flussufer, und wir versteckten uns in einem Gebüsch, in dem er das Kanu bereits verstaut hatte. Amerikanische Soldaten patrouillierten am Westufer, doch als sie an uns vorbeifuhren, drückten sie beide Augen zu. Der ›Kanu-Mann‹ schaute auf seine Uhr. »Los!«, sagte er. Wir liefen zum Fluss, sprangen ins Kanu, und er paddelte uns wie ein Weltmeister auf die andere Seite. Die Suchscheinwerfer schienen uns jedes Mal auszuweichen, und mit größter Präzision kamen wir am anderen Ufer an einem Gebüsch flussabwärts an. Der Fährmann rief mir zu: »Raus, lauf zum Gebüsch!« Ich fragte noch schnell: »Wie geht's weiter?«, doch er war schon auf dem Weg zurück über den Fluss. Im Gebüsch wurde ich von zwei sowjetischen Soldaten empfangen, die bereits auf mich warteten. »Uhr?«, fragten sie. Ich besaß keine Uhr. Sie durchwühlten meinen Rucksack, konnten jedoch nichts Verkäufliches finden, worüber sie zutiefst enttäuscht waren. Sie brachten mich zur Kommandantur, wo ich die Nacht im Garten unter Sternenhimmel verbrachte.

Am nächsten Morgen wurde mir befohlen, mich nach Berlin zu begeben und mich dort in einem ›Displaced-Persons‹-Lager im amerikanischen Sektor zu melden. Die zu bewältigende Strecke von 130 Kilometern zwischen Magdeburg und Berlin war im Vergleich zu meinen bisherigen Reisen relativ kurz. In Teilen des Landes begannen die Züge, wieder zu fahren, und ich hatte meine Masche perfektioniert, von freundlichen Menschen eine Mitfahrgelegenheit zu erbetteln. Innerhalb kürzester Zeit kam ich nach Berlin: teilweise zu Fuß, per Anhalter auf Lokomotiven, einmal sogar mit einem Leichenwagen. Der Fahrer des Letzteren war verwundert darüber, dass ich bereit war, in Gesellschaft einer Leiche zu fahren. Er konnte nicht ahnen, dass die Sterbenden und die Toten in den letzten Jahren meine ständigen Begleiter gewesen waren.

Von Berlin nach Breslau waren es immer noch 350 Kilometer in Richtung Südosten, und der Befehl der sowjetischen Soldaten, mich in West-Berlin zu melden, war nicht Teil meines Plans. Juden sind als Rasse, als Religionsgemeinschaft und als Volk bezeichnet worden. Vielleicht sind wir das alles, doch wir sind vor allem eine Gemeinschaft, die eine gemeinsame Geschichte und ein gemeinsames Schicksal teilt. Verfolgung und Antisemitismus haben uns zu einer Schicksalsgemeinschaft zusammengeschweißt und eine sonst unwahrscheinliche Verbundenheit zwischen den einfachen schwarzen Juden Abessiniens und den kultiviert-bürgerlichen Juden Europas und der USA geschaffen. Deshalb war es klar, dass ich mich auf der Suche nach Hilfe und einem Schlafplatz an die Überbleibsel der Jüdischen Gemeinde von Berlin wenden würde. Zu der Zeit war das einstige jüdische Altersheim in der

Iranischen Straße Zentrum des Geschehens. Gegenüber lag ein großes jüdisches Krankenhaus, in dem Sabbatgottesdienste stattfanden und in dem jüdische Überlebende Unterkunft fanden. Manche waren wie ich auf dem Weg nach Osten, andere wollten in den Westen, und nur die wenigsten hatten den Mut, sich im Berlin der Nachkriegszeit niederzulassen, um zu versuchen, die jüdische Gemeinde wiederaufzubauen. Die Tage verbrachte ich damit, auf Bahnhöfen und Rangierbahnhöfen auf einen Zug zu warten, der mich nach Breslau bringen würde. Es war eine aussichtslose Aufgabe. Die Russen montierten das zweite Gleis samt Schienen, Bahnschwellen und Bolzen ab und brachten alles in die Sowjetunion. Eines nachts schlief ich in einem geschlossenen Güterwaggon, der mit Bolzen, die nach Russland sollten, beladen war, und als ich am Morgen erwachte, war der Zug bereits losgefahren und – wie ich gehofft hatte – Richtung Osten, über Breslau.

Die Freude währte nur kurz, denn in Guben, hundert Kilometer südöstlich von Berlin, wurde ich aus dem Zug gejagt. Vom Sitzen und Liegen auf den Stahlbolzen tat mir alles weh; und ich brauchte sowjetische Dokumente, um nach Breslau zu gelangen. Im entstehenden Ost-West-Konflikt war östlich der Elbe Amerika der Feind. Vielleicht könnte ich die einzig intakte Brücke in dieser Region überqueren und die 220 Kilometer nach Breslau zu Fuß laufen. Auf der einen Seite der Brücke, die in das nun von Polen verwaltete Gebiet führte, war die sowjetische Kommandantur, auf der anderen war ein bewachter polnischer Armeeposten. Ich fragte den russischen Offizier nach einem Pass. Russisch konnte ich damals kaum. Er fragte mich, was ich sei. »Jewrej« [Jude], sagte ich. Er zeigte kein Interesse. Wo ich hinwolle? Auf der Karte zeigte ich auf Breslau, das dort bereits mit seiner polnischen Bezeichnung ›Wrocław‹ verzeichnet war. Erleichtert, das Problem gelöst zu haben, gab er mir einen Pass, in dem stand, ich sei ein ›polskij Jewrej‹ [polnischer Jude]. Voller Hoffnung ging ich über die Brücke, doch die polnischen Grenzschützer schickten mich zurück.

Juden waren in Polen nie sehr willkommen gewesen. Nach dem Zweiten Weltkrieg kehrten viele Juden, die in die Sowjetunion geflohen waren, zurück, um zu versuchen, an ihr Vorkriegsleben anzuknüpfen. Viele taten dies in Schlesien. Obwohl die kommunistische Regierung keine Rassenpolitik betrieb, kam es zur Verfolgung von Juden durch

Polen. Der religiöse Antisemitismus führte zum Pogrom in Kielce 1946, bei dem bis zu 42 Holocaustüberlebende ermordet wurden. Die genaue Zahl ist bis heute umstritten. Dieses Ereignis löste eine Emigrationswelle überlebender polnischer Juden aus; nach 1956, als das Gomułka-Regime für Juden die Ausreise ermöglichte, dann verstärkt.

Ich musste also wieder per Anhalter zurück nach Berlin fahren und verbrachte dort ein paar Nächte im jüdischen Altersheim, um mich zu stärken und etwas zu essen. Tagsüber war ich wieder auf den Rangierbahnhöfen auf der Suche nach Zügen in Richtung Breslau. Die Russen beschlagnahmten nun auch die Möbel von Deutschen und brachten die Beute in die Sowjetunion. Die Bahnhöfe waren voll von solchen Zügen. Diesmal versteckte ich mich in einem Schrank, der in einem offenen Waggon stand. Es war Hochsommer und ich wusste nicht, wie lange ich es auf beengtem Raum in der Hitze aushalten würde. Doch diesmal hatte ich Glück. Der Zug fuhr los. Vorsichtig öffnete ich die Schranktür und sah, wie die Schranktür gegenüber sich ebenfalls öffnete. So standen sich plötzlich zwei illegale Passagiere Auge in Auge gegenüber. Unmittelbar nach dem Krieg waren Deutsche für Polen und Russen Freiwild – wenn ich meine Geschichte nicht richtig vermittelte, konnte das ernsthafte Folgen haben. Einige Stunden lang reisten wir zusammen, doch es fiel kein Wort. Wenn nötig, pinkelten wir am anderen Ende des Waggons aus dem fahrenden Zug. Plötzlich hielt der Zug an. Der Unbekannte entschwand. Es stiegen einige Russen ein, die nach Dokumenten fragten. Die meisten Reisenden hatten amerikanische, polnische oder deutsche Papiere. Sie wurden daraufhin von den Russen weggeführt, angeblich um dringende Arbeit zu verrichten. Ich zeigte meinen russischen Pass vor. Sie sahen ihn sich an, sagten »choroscho« [gut] und stiegen aus dem Zug. Als er weiterfuhr, stieg ein übelaussehender Typ in meinen Waggon. Ich hätte gut ohne einen solchen Begleiter auskommen können. Zwar versuchte ich, wachzubleiben, doch die Müdigkeit überwältigte mich und ich schlief ein, wie immer mit meinem Rucksack unterm Kopf. Als ich aufwachte, war es bereits hell. Der Zug hielt in einem Vorort Breslaus. Mein Begleiter war verschwunden – und mit ihm mein Rucksack.

Alles, was ich besaß, trug ich nun an meinem Körper. Die letzten zwanzig Kilometer nach Breslau lief ich zu Fuß, vorbei an toten Pferden am Straßenrand. Soldaten räumten Landminen, Arbeiter schaufelten die Reste der zerstörten Stadt von der Straße. Keine weltlichen Besitztümer belasteten mich mehr. Die einzigartige Erfahrung der Verfolgung durch das ›Dritte Reich‹ zwischen 1933 und 1945 war das einzige Kapital, auf dem ich eine Zukunft jenseits des Überlebens begründen konnte.

21. DAS ENDE VOM ANFANG

Alle Straßen, die nach Breslau führten, waren von Schutt und Trümmern bedeckt. Der Anblick rief viele Erinnerungen wach. Ich ging am großen jüdischen Friedhof in Kosel vorbei. In den letzten Kriegstagen mussten die Juden Breslaus diesen Friedhof mit verstorbenen Zwangsarbeitern aus nahegelegenen Lagern teilen, und auch mit deutschen Soldaten, die im Kampf um die ›Festung‹ Breslau gegen die Rote Armee gefallen waren. Man hatte keine passendere Grabstätte für sie finden können. Was die dort begrabenen Juden von den deutschen Soldaten im Leben trennte, verschwand mit dem Tod, wie in Psalm 24: »Die Erde ist des Ewigen, und was drinnen ist, der Erdboden, und was drauf wohnet.« Auf der Friedhofsmauer war ein Schild, das vor Minen auf dem Friedhof warnte, die noch nicht geräumt worden waren. Gern hätte ich die Gräber meiner Großeltern besucht, doch das Risiko war es nicht wert. Das Verwaltungsgebäude, in dem ich kurz vor der Deportation behandelt worden war, war nur noch ein Haufen Schutt. Als nächstes ging ich am Schlachthof vorbei, wo Juden früher Schlange gestanden hatten, um Fleisch zu kaufen. Das Ladengeschäft des Schlachthofs verkaufte minderwertiges Fleisch an die Armen zu deutlich ermäßigten Preisen. Als die Fleischrationierung eingeführt wurde, verkaufte dieser Laden zweimal so viel Fleisch, wie auf den Marken stand. Fürs Überleben war die Quantität an Fleisch wichtiger als die Qualität, also kauften die meisten von uns hier ein. Auch das Kino, das meine Freunde und ich ohne Gelben Stern besucht hatten, stand noch. Voller Traurigkeit erinnerte ich mich an Hans, den ich hier zuletzt gesehen hatte, am Tag vor seinem Tod durch Ertrinken. Er war erst 13 Jahre alt, doch es war ihm nicht vergönnt, den Holocaust zu überleben. Auf dem Weg in die Stadt waren mehr Häuser zerstört als erhalten, und die Wahrscheinlichkeit, unseren letzten Aufenthaltsort unversehrt vorfinden, schien mit jedem Schritt kleiner zu werden.

Drei Monate waren vergangen, seit ich im Mai 1945 Neudorf verlassen und mich auf diese Reise voller Hindernisse zurück nach Breslau begeben hatte. Keinen einzigen Tag hatte ich vergeudet, und doch war es schon Mitte August. Würde sich herausstellen, dass mein Weg nach Hause umsonst gewesen war? Je mehr ich mich Breslau genähert hatte, desto schneller war ich gelaufen, aber jetzt, so kurz vor meinem Ziel, schien ich mit jedem Schritt langsamer zu werden. Gedanken und Fragen wirbelten durch meinen Kopf, und ich fürchtete, dass die Antworten mir nicht gefallen würden. Lebte Mutter noch? Würde sie verstehen können, dass die Erfahrungen seit meiner Deportation einen jungen Mann mit eigenen Ansichten aus mir gemacht hatten und ich nicht mehr der unreife Jugendliche war, den sie kannte? Plötzlich wurde mir klar, dass ich vor drei Jahren die Schule verlassen und noch so viel zu lernen hatte. Würde ich wieder ein Schüler werden, der vom Taschengeld seiner Eltern abhängig war? Würde ich meine Unabhängigkeit aufgeben müssen, um an meine Vergangenheit anknüpfen zu können? Den Schlüssel zu unserem Zimmer, den Mutter mir vor meiner Abreise anvertraut hatte, hatte ich verloren – er befand sich in dem Rucksack, der mir auf der Zugfahrt nach Breslau gestohlen worden war. Hatte ich auch den Schlüssel zu meinen Kindheitsjahren verloren? Würde ich mein altes Leben wieder aufnehmen können? Wie merkwürdig: Seit der Befreiung hatte ich alles dafür getan, an diesen Ort zurückzukehren. Jetzt, da ich praktisch vor der Haustür meiner alten Wohnung stand, kam ich mir wie ein Fremder vor. Es gab kein Zurück mehr – die Vergangenheit war Geschichte. Der Weg nach vorn war ungewiss; er führte zu neuen Kämpfen und zu der Suche nach einem Lebenssinn jenseits des Überlebens.

Aus den endlosen Reihen der zerstörten Häuser stachen die wenigen erhaltengeblieben Gebäude hervor, die dem sowjetischen Angriff auf die ›Festung‹ Breslau standgehalten hatten. Eines dieser Gebäude war das ›Judenhaus‹ in der Wallstraße 31, aus dem ich verschleppt worden war. Entschlossen betrat ich das Treppenhaus und ging in die zweite Etage hoch. Nichts hatte sich verändert. Das kleine Schild aus Messing, auf dem unser Familienname eingraviert war, war noch immer an der Tür, genauso wie der weiße Stern mit dem Wort ›Jude‹, der auf Befehl der Gestapo an der Tür jeder jüdischen Wohnung angebracht worden war .

Vorsichtig klingelte ich an der Tür. Meine Mutter öffnete mir, und nach einer kurzen Umarmung grüßten wir uns, als wäre seit meiner Deportation kein Tag vergangen. Sie war eine äußerst belastbare Frau, und in meinen Augen hatte sie sich überhaupt nicht verändert, seit wir uns zuletzt verabschiedet hatten. In ihrer weisen Art verzichtete sie darauf, eine Anmerkung über mein verändertes Äußeres zu machen. In unserer Familie hat man innere Leere nie mit Tränen und Drama überspielt, ganz im Gegenteil, die scheinbare Ruhe, die wir immer ausstrahlten, verbarg die Komplexität unserer Gedanken und Gefühle. Nicht die Zeit an sich, sondern der Reichtum an Erfahrungen während dieser Zeit sind das Maß des Lebens. Während der Verfolgung erlebte man an einem Tag so viel, wie andere in ihrem ganzen Leben. Was wir uns bei unserem Wiedersehen hätten erzählen können, würde in Wirklichkeit viele Jahre benötigen. Vieles haben wir nie ausgesprochen, und diese Erinnerungen werden mit uns verschwinden.

Oft wird gefragt: Warum hat es so lange gedauert, bis die Holocaustüberlebenden ihre Geschichten erzählten, und warum schwiegen manche bis zu ihrem Tod? Die Intensität der Erfahrungen, die wir während der Verfolgung machten, führte uns in eine Welt, die vollkommen anders war als die, in die wir zurückkehrten. Es gab soviel, das uns von denen trennte, die unser Schicksal nicht geteilt hatten. Ich setzte mich in das Zimmer, das uns einst die Gestapo zugewiesen hatte. Mutter verschwand, um unseren neuen jüdisch-polnischen Nachbarn von meiner Rückkehr zu berichten. Gemeinsam kamen sie in unser Zimmer mit echtem Kaffee und Kuchen, sogar mit Schlagsahne – all den Dingen, die mir jahrelang vorenthalten gewesen waren. Ich schaute Mutter an und merkte plötzlich, dass die Verfolgungsjahre ihre Spuren hinterlassen hatten. Sie war erst 41 Jahre alt, doch man konnte ihr ansehen, dass man sie um die besten Jahre ihres Lebens betrogen hatte.

Nach dem Kaffee wollten wir beide wissen, wie es dem anderen nach unserer Trennung ergangen war. Davor bestand meine Mutter aber darauf, dass ich mich ausruhte. Ich schlief sofort ein – und fast ohne Unterbrechung 24 Stunden lang, ehe ich die Kraft hatte, meine Geschichte zu erzählen und die meiner Mutter zu hören.

Es war pures Glück, dass meine Mutter noch am Leben war, als ich in Breslau ankam, denn ihre Zeit in der ›Festung‹ Breslau war ebenso gefährlich wie meine im Konzentrationslager gewesen.

Nachdem Vater und ich Breslau 1944 verlassen mussten, war Mutter mit den noch rund 150 Juden aus der Gemeinde zurückgeblieben. Vom Januar 1945 bis zur Kapitulation der Stadt am 6. Mai 1945 stand Breslau unter dem Kommando des NS-Gauleiters Karl Hanke. Ihn hatte Hitler als Reichsführer-SS anstelle Heinrich Himmlers ernannt. Hankes Brutalität nicht nur Juden, sondern auch seinen deutschen Mitbürgern gegenüber war legendär. Am 28. Januar 1945 ließ er den stellvertretenden Bürgermeister Breslaus, Dr. Wolfgang Spielhagen, von einem Exekutionskommando öffentlich hinrichten. Spielhagen war ein Kritiker von Hankes Festungstaktik und hatte die belagerte Stadt vor der völligen Zerstörung durch die Rote Armee schützen wollen. In einer Bekanntmachung an die Bürger Breslaus (1944 waren es 720.000) tat Hanke kund, dass er die Erschießung persönlich befohlen habe und: »Wer den Tod in Ehren fürchtet, stirbt ihn in Schande.« Während er andere beschuldigte, nicht patriotisch genug zu sein, floh er mit einem der letzten Flugzeuge aus der ›Festung‹ Breslau ins Sudentenland. Dort wurde er in den letzten Kriegstagen gefangengenommen und wohl bei einem Fluchtversuch von seinen tschechischen Wachen angeschossen und anschließend erschlagen.

Die Schlacht um Breslau dauerte von Januar bis Mai 1945. Trotz der Belagerung vergaß Hanke nicht, sich der 100 bis 150 verbliebenen Juden anzunehmen. Kurz bevor Breslau eingekesselt wurde, befahl er der Gestapo, zwei letzte Transporte in das Konzentrationslager Groß-Rosen zu organisieren. Der erste Transport fuhr über Groß-Rosen nach Bergen-Belsen. Keiner der Deportierten überlebte.

Die restlichen Juden, darunter meine Mutter, mussten beim Festungsbau Zwangsarbeit verrichten, unter ständigem Artilleriebeschuss und auch während der Luftangriffe. Unser Nachbar, Herr Max Cohen, wurde von einem Granatsplitter getroffen. Er war gelähmt und blutete heftig. Seine Frau und meine Mutter brachten ihn in einer Schubkarre von Krankenhaus zu Krankenhaus, doch diese nahmen keine ›nicht-arischen‹ Patienten auf. Er starb auf der Karre. Sie brachten ihn zurück nach Hause und begruben ihn im Park gegenüber der Wallstraße 31. Eine junge jüdische Krankenschwester, die sich vor der Deportation im Krankenhaus um mich gekümmert hatte, starb an einer geplatzten Lunge, die durch die Druckwelle einer explodierenden Granate verursacht wurde. Der geplante zweite Transport von Juden konnte die Stadt nicht mehr verlassen, weil diese von der Roten Armee schon gänzlich eingekesselt war. Die letzten Juden, auch Mutter, wurden auf ein Binnenschiff geladen, das mitten auf der Oder gesprengt und versenkt werden sollte. Sowjetische Luftangriffe kamen diesem Plan in die Quere. Mutter und die anderen Juden wurden nach Hause geschickt und sollten sich am Folgetag wieder zur Arbeit stellen. Die, die dem Befehl folgten, wurden erschossen. Mutter hatte sich versteckt und verbrachte die letzten Kriegstage hungrig in den von Ratten befallenen Kellern der teilweise zerstörten Häuser.

In Europa war der Krieg vorbei, doch nicht für Mutter. Bis Vater und ich nach Breslau zurückkehrten, versteckte sie sich nachts im Keller. Sie hatte den ganzen Krieg in Breslau überlebt, doch die Schikanen der Gestapo und die Ungewissheit, was mit Vater und mir nach unserem Abtransport geschehen war, sowie ihre eigene geplante Deportation hatten sie stark belastet. Wovor versteckte sie sich? Die Rote Armee hatte Breslau besetzt, aber dieser Teil Deutschlands sollte nach dem Krieg unter polnische Herrschaft gelangen. Und die Polen wollten nicht warten, bis jener Moment in der vielleicht weit entfernten Zukunft eintrat. Sie waren ungeduldig und trauten Stalins Wort nicht. Ehemalige polnische Partisanen bildeten den Kern der polnischen Miliz, die später zur polnischen Armee wurde. Unmittelbar nach dem Krieg lieferten sich die Russen und die Polen eine Schlacht in den Straßen Breslaus, gleichzeitig kämpften sie gegen die letzten deutschen Soldaten. Hoher Alkoholkonsum und sexuelle Frustration führten zu Plünderungen und Vergewaltigungen. Antony Beevor schätzt in seinem Buch *Berlin 1945. Das Ende,* dass mindestens zwei Millionen deutsche Frauen vergewaltigt wurden und dass russische Frauen, die aus deutscher Gefangenschaft entlassen worden waren, diesen Verbrechen ebenfalls zum Opfer fielen. Die Mehrheit der deutsch-jüdischen Frauen, die in Breslau geblieben war, sprach weder Russisch noch Polnisch, und bis sie erklären konnten, wer sie waren, war es meistens zu spät. Wenige Tage vor meiner Heimkehr war die Mutter einer Schulfreundin – eine Auschwitzüberlebende – von einem sowjetischen Soldaten erschossen worden, als sie versuchte, sich ihrer Vergewaltigung zu erwehren.

Es war sinnlos, sich weiter vor der Gegenwart zu drücken. Ich musste der Wahrheit ins Auge sehen und anerkennen, dass diese Stadt nicht mehr mein Zuhause war. Breslau war bis zu achtzig Prozent zerstört. Die neuen Einwohner waren Fremde, deren Sprache ich nicht verstand. Von den über 23.000 Juden der 900 Jahre alten Gemeinde waren die meisten ermordet worden, einige in die ganze Welt verstreut. Wir, die zurückgekommen waren, versuchten, die Gemeinde wiederaufzubauen, doch im nun polnischen Breslau waren wir zweifach benachteiligt: Für die polnischen Bürger der Stadt waren wir sowohl Deutsche als auch Juden. Es war an der Zeit, unsere Heimat hinter uns zu lassen.

Trotz der weitgehenden Zerstörung der Stadt hatte die Oper, in der Carl Maria von Weber und Engelbert Humperdinck einst Kapellmeister waren, den Krieg überstanden. Meine Eltern und Großeltern hatten vor 1933 ein Opernabonnement, das ihnen viele glückliche Stunden bescherte. Das Opernhaus wurde mit einer Aufführung von Stanisław Moniuszkos *Halka*, einer der wenigen Opern eines polnischen Komponisten, wiedereröffnet. Ich besuchte eine der Vorstellungen und war entzückt, besonders nach dem Mangel an Kultur, den ich in der Hitler-Zeit erlebt hatte.

Auf dem Weg nach Hause gab es, wie so oft, eine Schießerei zwischen der polnischen Miliz und russischen Truppen auf der Straße. Es war kein weiter Weg, und ich versuchte, mich aus den Unruhen herauszuhalten. So viel Glück hatte ich jedoch nicht! Die polnische Miliz schleppte mich mit zur Kommandantur. Sie waren feindselig und sprachen kein Deutsch. Mein Ausweis, ausgestellt von der jüdischen Gemeinde auf Polnisch und auf Russisch, verschlimmerte alles nur. Nach viel Geschrei und erregten Diskussionen schickten sie mich hinaus in die dunkle Nacht. Sie waren sturzbetrunken. Juden hatten sich schon immer gut als Zielobjekte geeignet, das wollte ich um jeden Preis vermeiden. So versteckte ich mich in einer Ruine, bis die Lage sich wieder beruhigte. Ich lief dann schnell nach Hause, musste mich auf dem Weg aber ständig nach Scharfschützen umsehen. Dies war kein einmaliges Ereignis. Ich hatte Glück, davongekommen zu sein.

Täglich kamen Massen von Polen in Bussen zurück aus Deutschland. Günther Singer, der Sekretär der kleinen jüdischen Gemeinde, ein Auschwitzüberlebender, verhandelte mit den Busfahrern, ob sie uns nicht auf dem Rückweg mitnehmen würden. Singers junge Frau war in Auschwitz ›vergast‹ worden, und er hoffte wie ich auf einen Neubeginn weit weg von all dem, das die schmerzlichen Erinnerungen hervorrief. Wir durften nur zwei Koffer pro Person mitnehmen. Alles, was wir darüber hinaus besaßen, musste auf dem Schwarzmarkt für Reichsmark verhökert werden – eine Währung, die bald darauf abgewertet wurde. So kamen die letzten Mitglieder der jüdischen Gemeinde Breslaus nach Erfurt, dem Stammsitz des Busunternehmens.

Als wir in Erfurt ankamen, ging die Stadt gerade von amerikanischer in sowjetische Besatzung über. Die Amerikaner zogen sich aus Thüringen zurück und erhielten im Gegenzug einen eigenen Sektor in Berlin. In unserem Drang, endlich zur Ruhe zu kommen, hatten wir nicht bemerkt, dass wir weiterhin hinter dem ›Eisernen Vorhang‹ gefangen waren. Die Oper *Halka* habe ich nie wieder gehört, doch die Schießerei danach vertrieb mich aus meiner Heimatstadt und bestimmte die Richtung meiner weiteren Reise durchs Leben.

23. ›PORTA COELI‹

Die knapp 500 Kilometer lange Fahrt von Breslau nach Erfurt war eine ziemliche Qual. Wir fuhren in einem alten Stadtbus, der für lange Strecken überhaupt nicht geeignet war, noch dazu vollgepackt mit Fahrgästen und deren Koffern. Es gab keine Möglichkeit, bequem zu sitzen oder zu schlafen. Spätnachts kamen wir völlig erschöpft in Erfurt an. Wir nahmen ein Zimmer im *Savoy,* einem altmodischen und ziemlich verfallenen Hotel in der Innenstadt. Das *Savoy* hatte schon bessere Zeiten gesehen. Zwischen 1933 und unserer Ankunft in Erfurt war alles, was wir taten, eine Reaktion auf die Anweisungen des nationalsozialistischen Regimes gewesen. Jetzt waren wir auf einem Hotelzimmer in Erfurt und in der Lage, wieder aktiv zu handeln. Wir mussten Antworten auf Fragen wie ›Wo wollen wir leben?‹ und ›Was fangen wir mit unserem Leben an?‹ finden.

Als Erstes mussten wir am darauffolgenden Morgen das Einquartierungsamt aufsuchen. Da Erfurt von Luftangriffen weitgehend verschont geblieben war, musste die Stadt sowohl Flüchtlinge aus den deutschen Ostgebieten, die nun ›unter polnischer Verwaltung‹ standen, als auch Ausgebombte aus anderen deutschen Städten aufnehmen. Uns teilte man zwei möblierte Zimmer in der luxuriösen Wohnung der Familie May zu. Offiziell war Frau May die einzige Bewohnerin. Herr May war verschollen, und ihr einziger Sohn war an der Ostfront gefallen. Als neue Untermieter wurden wir von ihr mit gemischten Gefühlen begrüßt. Frau May hoffte, dass ihr durch die Aufnahme einer jüdischen Familie die Beschlagnahmung ihrer schönen Wohnung durch die Sowjets erspart bleiben würde. Andererseits hatte sie Trost in einer Affäre gefunden und war sich nicht sicher, wie wir auf die häufigen Besuche ihres Bekannten reagieren würden. Die Situation verkomplizierte sich, als ihr verschollen geglaubter Mann unerwartet aus sowjetischer Kriegsgefangenschaft zurückkehrte. Mittlerweile hatten wir in der Nähe eine eigene Bleibe gefunden. Der Bekannte von Frau May zog nach Westdeutschland, wo er bestimmt ein weiteres einsames Herz fand, das er trösten konnte. Unmittelbar nach dem Krieg gab es einen Mangel an Männern in der Gesellschaft, was viele Probleme zwischenmenschlicher Art verursachte.

In Erfurt gab es die Firma *Dr. Diehl und Co.* – vor dem Krieg eine große Schuhfabrik in jüdischem Besitz. Während des Kriegs stellte sie Stiefel für die Wehrmacht her, und nach 1945 wurde sie damit beauftragt, Stiefel für die Rote Armee anzufertigen. Die Nachkriegsverwaltung sah vor, die Firma den Nachkommen der rechtmäßigen jüdischen Eigentümer zurückzugeben. Durch seine Berufserfahrung in der Schuhproduktion war mein Vater der perfekte Kandidat für den Geschäftsführerposten dieses Unternehmens. Die Arbeit konnte er bereits am Tag nach unserer Ankunft aufnehmen. Die Firma erzielte schnell Erfolge, doch hatte sie mit der weitverbreitenden Korruption, die das ganze Nachkriegsdeutschland beherrschte, zu kämpfen. Einmal beaufsichtigte er eine Lieferung an die Rote Armee: Der Offizier, der die Ware abholte, zählte die Stiefel absichtlich falsch, damit er einen Teil auf dem Schwarzmarkt verkaufen konnte. Mein Vater wollte ihn dazu bringen, richtig zu zählen, als der Offizier einen Revolver zog und ihn dazu aufforderte, auf seine Art zu zählen. Vater zeigte mit einem Stift auf ihn und sagte: »Sie haben die Wahl. Entweder Sie unterschreiben die richtigen Angaben oder Sie erschießen mich.« Dies ereignete sich zu einer Zeit, als in der Sowjetischen Besatzungszone die Wirtschaftspolitik umschwenkte. Alle Kapitalisten, jüdisch oder ›arisch‹, hatten der nunmehr herrschenden Ideologie zufolge ihr Eigentum dem Volk ›gestohlen‹, und dies sollte dem Volk zurückgegeben werden, nicht ehemaligen oder existierenden Kapitalisten. Das hatte zur Folge, dass alle bedeutenden Unternehmen in der Sowjetischen Besatzungszone in ›volkseigene Betriebe‹ umgewandelt wurden. Vater wollte aufgrund dessen kündigen, doch einen Mann, der so begabt war, wollte man nicht einfach gehen lassen. Er wurde zum Regierungsrat im Ministerium für Wirtschaftsplanung des Landes Thüringen ernannt. Er blieb im Amt, bis er überlief – zuerst nach Westberlin, dann nach Australien.

Ich hatte mich entschieden, Medizin zu studieren, doch das erforderte Unmengen an Arbeit und Vorbereitung. Was mich dazu veranlasste, ist mir nicht ganz klar; es war vermutlich eher eine unterbewusste Entscheidung. Waren es die Medizinbücher, die ein Verwandter uns hinterlassen hatte? Oder die vielen Jahre, in denen ich von Tod und Sterben umgeben war, wodurch ein Beruf, in dem es um das Retten von Leben geht, mich anzog? Vielleicht war es doch der Wunsch nach Anerkennung und Status nach der Erniedrigung der Verfolgungszeit? Letztendlich ist der Grund heute unwichtig. Es war eine gute Entscheidung, denn ich lernte, hart zu arbeiten und immer zu lernen, was zu lernen war.

Damals war ich sechzehneinhalb Jahre alt; zur Schule war ich seit meinem 13. Lebensjahr nicht mehr gegangen. Um Medizin studieren zu können, musste ich das Abitur ablegen und auch das Latinum und das Graecum bestehen. Dafür blieben mir eineinhalb Jahre, sofern ich die Reifeprüfung mit 18 machen wollte. Während der Lagerzeit hatte ich gelernt, mit nur fünf Stunden Schlaf pro Nacht auszukommen und auf Luxus wie Wochenenden und Ferien zu verzichten. Meine einzige Ablenkung vom Lernen war der Violinenunterricht im Thüringer Konservatorium und meine Tätigkeit als Aushilfskantor bei Gottesdiensten in der Betstube.

Ich begleitete meinen Vater zu seinem Treffen mit dem Direktor der Oberschule *Zur Himmelspforte* [heute: *Heinrich-Mann-Gymnasium Erfurt – Staatliches Gymnasium ›Zur Himmelspforte‹*]. Die Schule war

1461 unter dem lateinischen Namen *Porta Coeli* gegründet worden und rühmte sich, Martin Luther als Schüler gehabt zu haben. Der Schuldirektor Dr. Franke hatte, wie auch Vater, im Ersten Weltkrieg gekämpft, was sofort zum Gesprächsthema wurde und half, das Eis zu brechen. Franke organisierte private Nachhilfestunden für mich in jedem Fach, um all meine Versäumnisse aufzuholen. Zum Abschied sagte er mir, dass ich mein Ziel nur mit ›preußischer Disziplin‹ erreichen könne. Neben preußischer Disziplin verfügte ich über die jüdische Hingabe an das Lernen. Es war vermutlich eine der größten Schlachten meines Lebens, denn außer Griechisch, Latein, Englisch und Französisch musste ich auch intensiv Russisch lernen, ein Pflichtfach im sowjetisch besetzten Teil Deutschlands. Am Ende hat sich alles gelohnt. Ich legte mein Abitur ›cum laude‹ ab, im üblichen Alter von 18 Jahren.

Meine Schulkameraden waren ganz normale deutsche Jungen, die Fußball und Skat spielten, alberne Streiche machten und alte Freundschaften aus ihren Zeiten bei der ›Hitlerjugend‹ pflegten. Als einziger Jude an dieser Schule war ich aber weit entfernt vom stereotypen Juden, über den sie so viel im ›Dritten Reich‹ gelernt hatten. Doch ich unterschied mich deutlich, denn ich hatte einen großen Teil meiner Kindheit und Jugend im Holocaust verloren. Meine Mitschüler halfen mir, etwas von der unbeschwerten Jugend zurückzugewinnen und zu lernen, dass jeder Tag der Anfang des verbliebenen Lebens ist. Um ihren Respekt zu verdienen, musste ich mich in der Fußballmannschaft beweisen, die Erste Geige im Schulorchester spielen und Artikel für die Schülerzeitung schreiben. Die Zeit fürs Lernen wurde zusätzlich um einen Monat verkürzt, als ich an einer viralen Hepatitis erkrankte, die die Rote Armee mitgebracht hatte und die das Ausmaß einer Epidemie erreichte.

Wenn man genau genug hinschaut, wird man erkennen, dass jeder Tag 48 Stunden hat. Ich schaffte es, diese zusätzlichen Stunden zu finden und sie zu nutzen, um interessante Menschen und Orte kennenzulernen. Da war zum Bespiel die Neueröffnung des Deutschen Nationaltheaters in Weimar, das Goethes *Faust* in hochkarätiger Besetzung aufführte. Dann waren da die häufigen Besuche der Wartburg bei Eisenach, wo Luther einst die Bibel ins Deutsche übersetzt und der Maler Moritz von Schwind die deutschen Minnesänger gemalt hatte

– mit Ausnahme des deutsch-jüdischen Minnesängers Süßkind von Trimberg. Einmal fuhr ich mit einem deprimierten jüdischen Freund zur Wartburg, und wir stiegen auf den Turm der mittelalterlichen Burg, als er plötzlich eine Panikattacke erlitt und völlig erstarrte. Es war mühsam, ihn zu überreden, langsam den Turm zu verlassen und ins Freie zu treten. Sein Vater, ein ehemaliger Auschwitzhäftling, war in seine alte Heimat zurückgekehrt und von sowjetischen Soldaten, die sein Rittergut besetzt hatten und keine Eindringlinge duldeten, erschossen worden.

Der Krieg hatte viele menschliche Tragödien verursacht. Die reizende junge Tochter eines Kollegen meines Vaters verschwand regelmäßig, um für einige Tage aufs Land zu fahren. Sie wartete auf die Rückkehr ihres Verlobten aus einem sowjetischen Kriegsgefangenenlager. Kaum war er wieder da, schon brach er ihr das Herz. Ein russischer Soldat hatte sie vergewaltigt, und die geheimnisvollen Ausflüge führten sie zu ihrem kleinen Sohn. Der Verlobte weigerte sich, den Kleinen anzunehmen, der Russe war zu seiner Familie in die Sowjetunion zurückgekehrt, und sie wurde zur alleinerziehenden Mutter. Kaum einer aus ihrer Umgebung hatte Verständnis für das Schicksal von Mutter und Sohn.

Nicht weit vom Weimar Goethes und Schillers befand sich das Konzentrationslager Buchenwald. Der Cousin meines Vaters wurde dort 1938, zusammen mit tausenden anderen deutschen Juden, misshandelt. Doch die ›Einheitssozialisten‹ in der Sowjetischen Besatzungszone waren fest entschlossen, aus dem ehemaligen Lager einen reinen Leidensort des antifaschistischen Widerstandes zu machen und so die Geschichte neu zu schreiben. Das Leiden der Juden wurde an den Rand gedrängt und die nationalsozialistische Verfolgung politisiert. Damals wusste ich nicht, dass die sowjetische Militärverwaltung im August 1945 ein ›Speziallager‹ in Buchenwald einrichtete, in dem bis 1950 etwa 28.000 Regimegegner inhaftiert wurden, von denen mehr als 7.000 nicht überlebten. Dies zeigt, dass in der englischen Redewendung »Politics is like breeding pigs. The pig-sties are always the same; it is only the pigs that change.« [Politik ist wie Schweinezucht: Der Schweinestall ist immer derselbe, nur die Schweine ändern sich.] viel Wahrheit steckt.

Während meiner Schulzeit versuchten zwei konkurrierende politische Gruppierungen, mich unter Druck zu setzen. Zum einen waren da die Kommunisten. Am 22. April 1946 hatten sich die KPD und die SPD zur SED – der Sozialistischen Einheitspartei Deutschlands – vereinigt. Bald darauf wurden alle anderen Parteien zurückgedrängt und die SED begann, im sowjetisch besetzten Teil Deutschlands eine Diktatur nach Moskauer Muster aufzubauen. Ständig wurde ich dazu aufgefordert, mich der Jugendorganisation FDJ [Freie Deutsche Jugend] anzuschließen, auch um in der Schule weiterhin Erfolge zu haben. Ich widerstand und trat der FDJ nie bei, doch mir wurde klar, dass meine Tage im ostzonalen Hochschulsystem gezählt waren, wenn ich nicht meine Seele verkaufen wollte.

Die zweite Gruppierung, deren Druck ich zu spüren bekam, waren die Zionisten, die versuchten, Holocaustüberlebende davon zu überzeugen, dass nur ein jüdischer Staat im Nahen Osten nach Auschwitz als Heimat in Frage kommen könnte. Hitler und die Nationalsozialisten hatten aus uns eine ›Rasse‹ gemacht und vom Rest der Bevölkerung abgeschieden, ich würde ihnen jetzt nicht nachträglich den Gefallen tun, den jüdischen Universalismus aufzugeben. Das nationalsozialistische Dogma, wonach ›Blut und Boden‹ eine Nation zusammenschweißen, mag zutreffen, doch es ist auch der Ursprung von Hass und Kriegen unter den Völkern. Meine Verbundenheit mit meinen Glaubensbrüdern entspringt aus unserer gemeinsamen Geschichte, aus der Verfolgung, deren Opfer wir über Jahrhunderte wurden, und aus der Verpflichtung, das menschliche Los zu unseren Lebenszeiten zu verbessern. Aus diesem Grund wollte ich mich nicht in die abgeschiedene, scheinbare Sicherheit eines jüdischen Staates zurückziehen. Jude nach dem Holocaust zu sein, bedeutete, wieder ein Teil der Menschheit zu werden, ohne Rücksicht darauf, ob wir willkommen waren oder lediglich toleriert wurden.

Ich bin mir dessen bewusst, dass die Erschaffung Israels eine Notwendigkeit war für all diejenigen, die über Jahrtausende für die Rückkehr zum Ursprung jüdischen Lebens beteten. Israel ist umso wichtiger für Juden, deren Verfolgung immer noch kein Ende gefunden hat und die keinen anderen Zufluchtsort haben. 1936 erklärte Chaim Weizmann vor der ›Peel-Kommission‹ im britischen Mandatsgebiet Palästina, dass »die Welt für verfolgte Juden aufgeteilt ist in Orte, wo sie nicht leben können, und Orte, an die sie nicht dürfen«. Die Entstehung Israels hat dem ein Ende gesetzt, und der junge Staat wird die Hilfe jedes Juden benötigen, so lange die Menschheit sich in Nationalstaaten organisiert. Es ist meine große Sorge, dass die Welt weiterhin die Legitimität des Jüdischen Staates auf dieser kleinen Fläche im Nahen Osten in Frage stellen wird – einem Land, wo jeder Ort einen hebräischen Namen hat und jeder Stein die dortige historische Anwesenheit der Juden bezeugen kann. Die Trauer und den Verlust der Palästinenser kann ich gut verstehen, denn auch ich zähle mich zu den ›DPs‹ [Displaced Persons]. Millionen von Menschen wurden infolge des Zweiten Weltkriegs vertrieben und umgesiedelt – und oft durch Staaten, die zuvor selbst Teil großer Imperien gewesen waren. Dass die arabische Welt so lange braucht, um die Palästinenser, die noch immer in Flüchtlingslagern unter schrecklichen Bedingungen leben müssen, aufzunehmen, ist bedenklich. Mit ähnlich großer Besorgnis beobachte ich den stärker werdenden jüdischen religiösen Fundamentalismus und extremen Nationalismus. Bereits 1917 schrieb Harry Sacher, ein enger Mitarbeiter Weizmanns: »Ich möchte nicht erleben, dass wir die Araber so behandeln, wie die Polen die Juden. [...] Wir brauchen ein bedeutendes, konstruktives Programm, um den Gewehren der Hurra-Patrioten entgegenzuwirken.«

Nach meinem Abitur wurden mir, als ›Opfer des Faschismus‹, Studienplätze an der medizinischen Fakultät der Friedrich-Schiller-Universität Jena und an der Berliner Universität [1828 bis 1946: Friedrich-Wilhelms-Universität, seit 1949: Humboldt-Universität] angeboten. In Deutschland zu bleiben und Medizin zu studieren oder nach Israel oder sonstwo in der Welt auswandern – um diese Entscheidung zu treffen, brauchte ich Zeit. Meine Wahl fiel vorerst auf Berlin, wo ich mein Studium beginnen und die Grenze überqueren konnte, bevor sich der ›Eiserne Vorhang‹ endgültig schloss.

Ich bedauerte es, Erfurt zu verlassen, denn hier hatte ich gelernt, dass man, um Jude zu sein, im Einklang mit sich selbst sein muss. Die Erinnerungen an meine Zeit in Thüringen, dem ›grünen Herzen Deutschlands‹, sind ausnahmslos positiv. Vor meiner Abreise wanderte ich ein letztes Mal zum Kickelhahn, wo Goethe im hohen Alter dieses wunderschöne Gedicht verfasste:

Wanderers Nachtlied
Über allen Gipfeln
Ist Ruh,
In allen Wipfeln
Spürest du
Kaum einen Hauch;
Die Vögelein schweigen im Walde.
Warte nur, balde
Ruhest du auch.

Auch ich hoffte, nach den Wirren des ›Dritten Reichs‹ endlich zur Ruhe zu kommen, doch der Weg dahin war noch lang.

24. DAS EINBEINIGE MÄDCHEN

Berlin war nach dem Krieg ein einziger Schutthaufen. Die westlichen Sektoren der Stadt wurden langsam wiederaufgebaut und Gebrauchsgüter kamen wieder auf dem Markt, doch man benötigte eine harte Währung – zunächst Zigaretten oder den Dollar, später die westdeutsche Mark, um sie zu erwerben. Ich wohnte im östlichen Sektor, der trostlos war. Lebensmittel und Handelswaren waren knapp, von schlechter Qualität und noch dazu rationiert. Nur in den Läden der ›Handelsorganisation‹, den sogenannten HO-Läden, konnte man rationierte Güter gegen Bezahlung des zehnfachen Marktpreises erwerben. Die HO war gewissermaßen ein Denkmal für das Scheitern des Sozialismus in der DDR, denn diese Läden waren auf SED-Parteibonzen ausgerichtet und sie schlossen normale Bürger, die es sich nicht leisten konnten, dort einzukaufen, aus. Nach der Währungsreform 1948 betrug der Wechselkurs der Ost- zur Westmark sieben zu eins, was jegliche Beteiligung am Wirtschaftsleben in West-Berlin unmöglich machte. Die Straßenbahnen und Busse hielten vor der Grenze zwischen Ost und West an, und nachdem man die Grenze überquert hatte, musste man sich im westlichen Sektor einen neuen Fahrschein für Westgeld kaufen. Wohnungen waren sehr begehrt, da der Wiederaufbau Berlins nur langsam vorankam. Mit etwas Glück ergatterte ich ein Zimmer im Jüdischen Alters- und Kinderheim in der Moltkestraße 8–10 [seit 1951: Wilhelm-Wolff-Straße] in Pankow-Niederschönhausen. Das Zimmer teilte ich mit einem Kochlehrling. Er war nett, doch leider hörte er gern Musik, die das Lernen zeitweise sehr erschwerte.

Das Leben in Berlin war auf- und anregend, besonders für einen Studenten. Max Planck, dessen Arbeit zur Quantenmechanik so viel zum Verständnis des Atoms beitrug, erforschte in einer Vortragsreihe das Verhältnis zwischen menschlichem Wissen und ethischem Verhalten. Die Beiträge erschienen im Osten in einem hervorragenden Band unter dem Titel *Sinn und Grenzen der exakten Wissenschaft.* Es ist sehr schade, dass dieses Buch in der Welt so wenig bewirken konnte. Es hätte vielleicht den Massenmord der Roten Khmer in Kambodscha, die Völkermorde in Ruanda und Jugoslawien sowie die religiösen Kriege im Nahen Osten verhindern können.

Auch die pathologisch-anatomische Sammlung der Charité [heute: Medizinhistorisches Museum], von Rudolf Virchow zusammengestellt, barg eine gewisse Faszination in sich. Dort wurden eine Reihe präparierter Gehirne berühmter Leute ausgestellt, anhand derer Virchow bewiesen hatte, dass intellektuelles Vermögen nichts mit Größe oder Gewicht des Gehirns zu tun hat. Sein Sohn, der Anatom Hans Virchow, dort ebenfalls tätig, war ein Gegner der Zulassung von Frauen zum Medizinstudium. Seiner Meinung nach sollte dieses Fach in den Händen der geistig überlegenen Männer verbleiben. Aus diesem Grund ließ er Studenten und Studentinnen in getrennten Seziersälen arbeiten und beauftragte Frauen damit, die kleinsten Muskelpartien um die Wirbelsäule aufzeichnen. In seinen Augen war diese mühsame Aufgabe für das weibliche Geschlecht bestimmt.

In Berlin schloss ich mich einer Vereinigung jüdischer Studenten an. Die Mitglieder waren unterschiedlicher Herkunft, wir waren aber alle dem Lernen verschrieben und wollten verpasste Chancen nachholen. Gemeinsam kehrten wir einem amerikanisch-jüdischen Psychologen den Rücken, als er uns als Überlebende des Holocaust befragen wollte. Er wollte wissen: Was für psychische Folgen hatte die Verfolgung davongetragen? Wie war es für uns möglich, nach Hitler in Deutschland zu leben und zu studieren? In unseren Augen litt er jedoch unter einer Krankheit, die wir »Psychologie« nannten. Mit unseren Problemen mussten wir allein zurecht kommen und unser Leben fortsetzen.

Der Besuch Yehudi Menuhins 1947 anlässlich eines Konzerts im Berliner Admiralspalast in Begleitung des philharmonischen Orchesters unter Leitung Wilhelm Furtwänglers spaltete unsere Gruppe von Freunden. Furtwängler hatte von den amerikanischen Besatzungsbehörden ein Dirigierverbot erhalten, das nach einem Jahr – nach seiner ›Entnazifizierung‹ – aufgehoben wurde, sodass er wieder die Berliner Philharmoniker leiten konnte. Yehudi Menuhin kam nach Berlin, um Beethovens *Violinkonzert D-Dur* mit Furtwängler zu spielen. Die Vereinigung jüdischer Studenten beschloss, das Konzert zu boykottieren. Für mich führte diese Entscheidung zu einem Gewissenskonflikt: War es richtig, Beethoven zu boykottieren, weil er Deutscher war, als Rache dafür, dass die Werke von Mendelssohn und Mahler im ›Dritten Reich‹ verboten waren, weil sie Juden waren? War Menuhins Versuch, nach der Vernichtung der europäischen Juden den Deutschen die Hand zu reichen, ein Anzeichen von Schwäche? Ich bewunderte den Mut Menuhins, einen Neubeginn zu einer Zeit zu wagen, als die Wunden noch nicht verheilt waren. Dies musste ich durch meine Anwesenheit unterstützen.

An dem Abend wurde hervorragende deutsche Musik von einem großen deutschen Dirigenten und einem großen jüdischen Geiger gespielt – es war eine Erfahrung von geradezu religiöser Intensität. Im Publikum kamen deutsche Familien aus den Trümmern Berlins zusammen. Sie hatten, mit wenigen Ausnahmen, alle jemanden an der Front oder bei Luftangriffen verloren. Anwesend waren jüdische Überlebende, deren Verwandte in den Vernichtungslagern ermordet worden waren. Gemeinsam hörten wir uns dieses wundervolle Violinkonzert an, das vom Frieden einer glücklicheren Generation erzählt und dem Konzert den Beinamen *10. Symphonie* bescherte. Wir erlebten die Welt, wie sie war und wie sie hätte sein können. Was blieb, war die Herausforderung des Wiederaufbaus und der Wiedergutmachung. Meine jüdischen Kommilitonen ließen mich deutlich spüren, dass sie kein Verständnis für meine Entscheidung hatten. Doch dies ließ sich nicht mit dem vergleichen, was Menuhin über sich ergehen lassen musste. Die amerikanischen Besatzungsbehörden organisierten ein Konzert von Furtwängler und Menuhin für die ›DPs‹ in Berlin-Düppel. Es sollte im *Tivoli* stattfinden, einem Theater mit über tausend Sitzplätzen. An dem

Abend saßen dort keine fünfzig. Ich musste an Heinrich Heine denken, der sagte: »Juden sind wie andere Leute, nur mehr so.«

Im Deutschen Theater, das einst unter der Leitung Max Reinhardts stand, spielte der große Alfred Berliner [eigentlich Balthoff], der den Krieg im Untergrund überlebt hatte, im ausverkauften Haus vor enthusiastischem Publikum. 1964 verfasste Herbert Freeden [eigentlich Friedenthal] den Essay *Jüdisches Theater in Nazi-Deutschland.* Darin beschreibt er die Uraufführung von Lessings *Nathan der Weise* aus Anlass der Neugründung des Jüdischen Kulturbunds, in der Berliner die Hauptrolle spielte. Über seine Nachkriegskarriere schreibt Freeden: »Welch eine Stunde bitteren Triumphes: Ein Jude, dessen Frau und Kinder ermordet wurden, verkündet durch den Mund des Nathan die Botschaft der Toleranz und der Menschlichkeit in den Ruinen von Berlin!«

Unser Alltag sah anders aus: Die Universität wurde einmal für einen Tag geschlossen, damit alle Studenten zum Vortrag des russischen Biologen Trofim Denissowitsch Lyssenko gehen konnten, um über die von ihm entwickelte Methode einer Erhöhung der Ernteerträge durch das Umpflanzen von Getreide tiefer in die Erde zu hören. Die Methode schien in den Laboren gewirkt zu haben, doch er versäumte es uns mitzuteilen, wie die Welt für den Aufwand des Umpflanzens von Getreide jedes Jahr bezahlen sollte.

Die stärksten Eindrücke sind mir von meinem Studium der Anatomie geblieben. Einer Leiche wurden acht Studenten zugeteilt. Unmittelbar nach dem Krieg mangelte es nicht an Testobjekten. Unsere Achtergruppe hatte Glück, denn wir bekamen die Leiche einer wunderschönen jungen Frau. Sie hatte ein Bein verloren, und die Amputationsnaht war noch nicht vollständig verheilt. Sie war keine Jungfrau mehr, also musste sie in ihrem Leben Liebe erfahren haben. Ihr Gesicht erinnerte mich an die Totenmaske *L'Inconnue de la Seine* [Die Unbekannte aus der Seine], die in vielen Wohnungen Europas zu Beginn des 20. Jahrhunderts zu finden war. Wir untersuchten den Körper fast ein Jahr lang, zergliederten ihn systematisch und legten jedes Körperteil in ein Gefäß, damit man alles zusammen beerdigen konnte, wenn die Sektion beendet war. Es gab niemanden auf der Welt, dessen Körper ich so gut kannte, doch auch gleichzeitig niemanden, über den ich weniger wusste. Wer war sie gewesen? Was war wichtig in ihrem Leben? Warum hat mich der Zauber dieses wunderschönen Gesichts und ihres Körpers nicht losgelassen, lange nachdem wir ihn zerstört hatten? Wie konnten wir so viel wissen über ihren Körper, der genauso ist wie der andere Mensch, und so wenig darüber, was sie als Menschen einzigartig gemacht hat? Warum haben wir jedes Stück Muskelfleisch und Knochen gesammelt, um alles zusammen zu vergraben, während die Überreste von Millionen Juden und Hunderttausenden ›Zigeunern‹ – Männern, Frauen und Kindern – in einem gemeinsamen Grab verscharrt wurden?

Der Rabbiner und Philosoph Leo Baeck lehrte in Berlin die Besonderheiten des jüdischen Denkens. Es folgt weder dem griechischen Prinzip von These und Antithese noch der christlichen Lehre von Christ und Antichrist. Gegensätzliche Erscheinungen wie Licht und Dunkelheit, Gut und Böse, Zeit und Ewigkeit, Körper und Seele, Männer und Frauen fordern die Realität des Seins nicht heraus, nur weil sie gegen das von Menschen erdachte Gesetz über Ursache und Wirkung verstoßen. Die Anerkennung der gegensätzlichen, sogar der vielschichtigen Beschaffenheit der Welt vertieft ihren Sinn. Ich kannte das physische Wesen der Frau mit einem Bein auswendig, doch die andere Hälfte, ihre Seele, blieb mir gänzlich verborgen.

So erging es mir auch in Berlin, wo ich die Trümmer der Stadt genau kannte und inmitten der Asche von Millionen zerstörter Existenzen lebte. Doch die Gegensätze zwischen Unterdrücker und Unterdrückten, zwischen Siegern und Besiegten zu verstehen, blieb mir vorenthalten. Was mich am Holocaust in der Tat fasziniert, ist, dass er nicht von irgendwelchen Barbaren durchgeführt wurde, sondern von einem höchst gebildeten und kultivierten Volk. Täglich stellte ich fest, dass meine Professoren an der Universität, denen ich doch so viel zu verdanken hatte, und auch meine Kommilitonen Mitläufer oder sogar an den Verbrechen beteiligt gewesen waren. Um die Bedeutung meines Überlebenskampfs zu verstehen, benötigte ich zeitlichen und räumlichen Abstand zu Europa, meinem seelischen Geburtsort. Drei Ereignisse trugen zu meiner Entscheidung auszureisen bei.

Am 24. Juni 1948 wurde West-Berlin von der sowjetischen Besatzungszone vollständig isoliert und für knapp ein Jahr durch die ›Luftbrücke‹ versorgt. Vater wurde immer stärker unter Druck gesetzt, sich zur ostzonalen Regierung zu bekennen. Ein neues Pflichtfach wurde für alle Studierenden an der Universität Unter den Linden eingeführt: *Die sozialen und politischen Probleme der Gegenwart.* Ziel dieser Vorträge war es, die wahren Befürworter des neuen Regimes im Osten von denen zu trennen, die einer Hochschulausbildung ›unwert‹ waren. Unsere Familie war im nationalsozialistischen Deutschland geblieben, weil wir zu lange mit der Entscheidung, zu emigrieren, gewartet hatten. Diesen Fehler wollte ich nicht wiederholen und mich dem Gefängnis des Kommunismus aussetzen. Die einzige Möglichkeit, Berlin schnell zu verlassen, war die Ausreise nach Australien. Ich verließ die Sowjetische Zone, die spätere DDR, illegal und in aller Stille. Zur Wahl stand, entweder meine neuen deutschen Freunde zu verlassen oder mein Gewissen zu verraten. Die Entscheidung war impulsiv und instinktiv. Bis heute plagen mich Zweifel, ob ich damals meine Pflicht als Jude im Nachkriegsdeutschland nicht vernachlässigt hatte. Versuche ich durch mein Schreiben und mein Moralisieren nur, nach so vielen Jahren mein Gewissen zu beruhigen?

Ich gehöre einer Generation an, die so viele Geschichten über Leiden und Freude erzählen kann. Wir haben viele Rückschläge erlitten und überlebten, in dem wir von einer besseren Welt träumten. Ich erblicke langsam das Tageslicht und spüre das Bedürfnis, meine Dankbarkeit dafür, dass ich überlebt habe, zum Ausdruck zu bringen und den Weg in eine bessere Zukunft zu weisen.

25. HEBRÄISCHUNTERRICHT

In Berlin trug ich nach dem Krieg einen kleinen silbernen Davidstern an meinem Jackenaufschlag. Die meisten Überlebenden taten das. Wir glaubten, wir könnten so zeigen, dass wir wieder stolz darauf sein konnten, jüdisch zu sein, und dass Hitlers Gelber Stern keine Belastung war. Wir konnten uns alle noch an den Artikel von Robert Weltsch in der *Jüdischen Rundschau* während der Verfolgung erinnern: »Tragt ihn mit Stolz, den Gelben Fleck!« Doch war das der wahre Grund? Oder trugen wir den Stern, um uns von den Deutschen um uns herum zu distanzieren? Wollten wir die Deutschen an ihre Schuld erinnern? Noch heute schäme ich mich dafür, dass ich dem Herdentrieb gefolgt bin und nicht begriff, dass jüdisch zu sein bedeutet, Verständnis und Mitgefühl zu zeigen und mit gutem Beispiel voranzugehen. Man wird nicht allein dadurch zum Juden, dass man als Jude gekennzeichnet ist.

Ich hätte es besser wissen sollen, ich hatte schließlich während der Verfolgung viel über das Judentum gelernt: Hebräisch, über die Tora und den Talmud, über die Werke von Maimonides, Mendelssohn, Rosenzweig, Buber und Baeck. Ich meldete mich bei der Jüdischen Gemeinde in Berlin und bot meine Dienste als Religionslehrer an. Es ging mir nicht darum, jungen Menschen 3.000 Jahre jüdischer Geschichte und jüdischen Denkens aufzuzwingen, sondern ihnen dabei zu helfen, etwas Normalität in ihr Leben zu bringen.

Ein kleines jüdisches Mädchen aus dem Kinderheim ist mir in Erinnerung geblieben. Sie wurde oft nach Hause geschickt – als Strafe dafür, dass sie das Essen anderer Kinder gestohlen hatte. In der Illegalität hatte sie nur so überleben können. Nun war es schwer, sie davon zu überzeugen, dass die Zeiten sich geändert hatten. Meine Zeit im jüdischen Kinderheim zeigte mir, wie wichtig es für Kinder, die den Holocaust überlebt hatten, war, mehr über das Judentum zu lernen.

Eines Tages nahm die jüdische Gemeinde mein Angebot, zu lehren, an. Der Mann, der mich diesbezüglich anrief, meinte, mein Medizinstudium und meine Kenntnis des Judentums würden mich zum perfekten Lehrer für ein spastisch gelähmtes Mädchen machen, das im Keller eines zum Teil ausgebombtem Hauses in der Nähe der Ruinen der Synagoge in der Oranienburger Straße wohnte. Nur widerwillig stimmte ich zu, denn ich hatte das Gefühl, meine Begabungen würden nur gering beansprucht werden, wenn ich lediglich ein Mädchen anstelle einer ganzen Klasse unterrichtete.

Bei meinem ersten Besuch begrüßte mich die Mutter des Kindes mit einem nicht abreißenden Wortschwall. Sie erzählte, dass sie eine Prostituierte sei und dass dies ihr das Überleben im Konzentrationslager gesichert hatte. Der Vater des Kindes war ein SS-Mann, der sie sexuell ausnutzte, sie aber auch beschützte. Da sie jüdisch sei, erklärte sie, sei der jüdisch-orthodoxen Tradition zufolge auch das Kind jüdisch. Sie versicherte mir, die Behinderung des Mädchens sei Gottes Strafe für die Mutter. Den Vater nannte sie stets den »Erzeuger«. Das Mädchen war bettlägerig und der trostlose Kellerraum ihre Welt. Sie hatte Schwierigkeiten, ihre Handbewegungen zu kontrollieren und redete nur undeutlich. Es dauerte, bis ich sie verstehen konnte. Doch ihre Augen glänzten, sie war intelligent, lernwillig und hatte eine unglaublich herzliche Art. Ich war gekommen, um sie die Geschichte des Judentums zu lehren, doch sie lehrte mich seinen tieferen Sinn.

Womit sollte ich anfangen? Ich erinnerte mich an den hebräischen Namen des ersten Buches der Tora: *Bereschit* [Im Anfang]. So würde ich beginnen. Ich erzählte ihr von der Erschaffung der Welt und gab ihr die Aufgabe, für die nächsten Stunden Zeichnungen davon zu machen. Es ist mir nicht in den Sinn gekommen, dass sie womöglich nicht so gut zeichnen konnte, doch gleichzeitig hätte ich nicht erahnen können, dass ihr starker Wille ihr trotz ihrer Behinderung zu wunderbar bunten und bedeutungsvollen Bildern verhelfen würde. Wir unterhielten uns über die Geschichten im Buch *Genesis* und gewannen gemeinsam wertvolle Einblicke in die Tora: Die Mühen und Qualen, die Adam und Eva mit ihrer erlangten Erkenntnis auf sich nehmen mussten; Abraham, der nicht akzeptieren wollte, dass es keine zehn anständigen Seelen in Sodom und Gomorrha gab; Jakob, für den das Leben wie eine Leiter zwischen Himmel und Erde war; Moses, der in der Einsamkeit auf dem Berg Sinai vor dem brennenden Dornbusch Weisheit erlangte und sich schließlich allein dem Schöpfer zuwandte. Während der Unterrichtsstunden lernte ich mehr, als ich beibringen konnte.

Ich fand viele nichtjüdische Freunde, was nach 1945 nicht schwer war, denn es war gewissermaßen in Mode für Juden und Nichtjuden miteinander zu verkehren. Nach den zwölf Jahren der nationalsozialistischen Propaganda über Juden waren auch die Übelsten von uns eine nette Überraschung für die Nichtjuden. Zwischen meinen sieben Kommilitonen und mir wuchs eine besondere Freundschaft. Wir untersuchten und sezierten dieselbe Leiche, und wir mussten gemeinsam einen Dienstplan erarbeiten, um sie rund um die Uhr mit einem in Formaldehyd getränkten Tuch vor dem Austrocknen zu schützen.

Zu der Studentengruppe gehörte Frau St., eine wunderschöne und charmante junge Deutsche, die einen polnischen Juden geheiratet hatte, der aber nie zu Hause war und eine Affäre nach der anderen zu haben schien. Meistens besuchten wir sie zum Essen und um gemeinsam zu lernen. Dann war da noch Fräulein B., die auch aus Erfurt kam. Sie war zum Studium nach Berlin gekommen, um ihren Freund aus Hamburg, einen Jurastudenten, öfter zu treffen. Sie hätten sonst in unterschiedlichen Besatzungszonen leben müssen, sie in der Sowjetischen und er in der Britischen. Wenn wir unsere Familien in Erfurt besuchten, fuhren wir oft zusammen Zug. Damals waren die Züge meistens überfüllt, und in den Fenstern fehlten die Scheiben. Manchmal mussten wir sogar auf der Plattform zwischen den Waggons reisen, und da die Lokomotiven mit Braunkohle betrieben wurden und überall Funken sprühten, kamen wir mit wunden Augen an, die man mehrere Tage lang behandeln musste.

Hans war ein weiterer Freund in Berlin. Sein Vater war im Krieg gefallen, und Hans wohnte nun mit seiner Mutter in einer kleinen Wohnung. Die Mutter war eine äußerst dominante Frau, die Hans bei jeder Gelegenheit daran erinnerte, dass er ohne ihre schwere Arbeit nicht imstande wäre, Medizin zu studieren. In unserer Gruppe waren wir wie eine Familie; gegenseitig halfen wir uns, die Stresssituationen zu Hause zu bewältigen. Vor Vorlesungen trafen wir uns, verglichen Notizen und besprachen alles, was wir nicht verstanden hatten; wir gingen ins Theater, in die Oper und in Museen, und wenn jemand fehlte, waren wir besorgt darüber, was geschehen sein mochte.

Doch die dunklen Wolken der wachsenden Konkurrenz zwischen Ost und West zogen über meinem Studentenleben herauf. Im Dezember 1946 unterzeichneten die Amerikaner und die Briten das Abkommen über die Errichtung der ›Bizone‹, des vereinigten Wirtschaftsgebiets in ihren Besatzungszonen ab 1947. Im Juni 1948 wurde eine gemeinsame Währung in den Westzonen eingeführt. Als Gegenmaßnahme begannen die Sowjets und ihre Helfer, schärfer gegen diejenigen, die in den Westen zu fliehen versuchten, vorzugehen.

Mein Vater musste sein Zuhause in der Erfurter Beaumontstraße [heute: Damaschkestraße] für Treffen der ›Hauptverwaltung zum Schutze der Volkswirtschaft‹, dem Vorläufer des Ministeriums für Staatssicherheit, zur Verfügung stellen. Er weigerte sich, an den Treffen teilzunehmen, und er schaffte sich einen großen Schäferhund, Axel, an, um sicherzustellen, dass die Besucher sich so unbehaglich wie möglich fühlten. Er ließ sie in unserer Wohnung allein, was sehr gefährlich war, denn sie hätten belastendes Material bei uns einschleusen können, aufgrund dessen sie Vater ins nahegelegene Speziallager Buchenwald hätten stecken können. Mir wurde unterbreitet, mein Studium an der Universität in Leipzig fortzusetzen. Ab dem 20. März 1948 blockierten die Sowjets den Alliierten Kontrollrat; als die Westalliierten die gemeinsame Währung der Westzonen auch in Berlin einführten, reagierten die Sowjetischen Besatzungsbehörden mit einer Sperre aller Schienen- und Straßenwege nach West-Berlin. Es war höchste Zeit für mich, Deutschland zu verlassen. Ich musste einen hohen Preis bezahlen, denn dies setzte meinem Traum einer Karriere als Arzt ein Ende. Nachdem ich eine falsche Adresse in West-Berlin eingerichtet hatte, hörte ich auf, meine Eltern in Erfurt zu besuchen, und fing an, sie nur noch unter einem Pseudonym anzuschreiben. Mein bevorzugtes Ausreiseziel waren die Vereinigten Staaten, aber die meisten wollten dorthin. Da es mir vor allem daran lag, schnell auszureisen, gab ich mich mit meiner zweiten Wahl zufrieden: Australien.

In der Sowjetischen Besatzungszone konnte ich niemandem trauen, also verließ ich Berlin, ohne mich zu exmatrikulieren; auch meinen Freunden gegenüber verlor ich kein Wort über meinen Plan. Der einfachen, etwas unberechenbaren Mutter meiner behinderten Schülerin konnte ich auch nicht sagen, dass der Hebräischunterricht bald zu Ende sein würde.

Während unserer letzten Unterrichtsstunde fühlte ich mich wie Esau, der sein Erstgeburtsrecht gegen ein Linsengericht tauschte. Ich war dabei, das Vertrauen dieser jungen, sensiblen Person zu missbrauchen für das materiell bessere Leben, das ich mir im entfernten Australien versprach. Sie war eine meiner Lehrerinnen, dank derer ich immer nach Freude und Licht suche, sogar in tiefster Dunkelheit, und dafür werde ich ihr immer dankbar sein.

26. DIE PRINZESSIN

Fast täglich fuhr ich mit der U-Bahn zur HIAS [Hebrew Immigrant Aid Society] und der IRO [International Refugee Organisation] in Berlin-Zehlendorf, um die Verwirklichung meiner Auswanderungspläne voranzutreiben. Vor den Büros standen immer lange Schlangen von Flüchtlingen, die darauf warteten, Europa zu verlassen und ihr Glück irgendwo anders auf der Welt zu suchen. Es wurde immer schwieriger, mein Ziel zu erreichen, denn mit dem Beginn der Berliner Blockade wurde die Stadt zur Insel im geteilten Deutschland. Vom 26. Juni 1948 bis zum 12. Mai 1949 konnte der Westsektor Berlins nur durch die ›Luftbrücke‹ versorgt werden. Alle paar Minuten landeten Maschinen mit Hilfslieferungen – zu der Zeit war an den Transport von Menschen kaum zu denken. Die Stimmung in den Auswanderungsstellen war entsprechend unangenehm, denn die Mitarbeiter standen unter großem Druck und waren deshalb übereifrig und mürrisch, die Antragsteller hingegen ungeduldig und aggressiv. Einen Platz auf einem Ozeandampfer nach Australien zu ergattern, war nicht einfach; und es gab eine lange Warteliste. Ich verfügte nur über Ostgeld, das im Westen nicht als Zahlungsmittel galt, weswegen ich von den Hilfsorganisationen abhängig war und warten musste, bis sie mir das nötige Geld vorstreckten.

Berlin zu verlassen, wurde immer dringlicher, wenn ich nicht hinter dem ›Eisernen Vorhang‹ bleiben wollte. Die beste Alternative war nach Paris zu ziehen, um dort auf einen freien Platz auf einem französischen oder italienischen Passagierschiff zu warten. Die Vorbereitungen für meine Ausreise waren im August 1949 abgeschlossen. Ich konnte nur einen großen Koffer mit Kleidung für vier Tage, einem Anzug und meinen Lieblingsbüchern mitnehmen. Das war alles, was ich auf Erden besaß. Die Kleider waren von meiner Mutter liebevoll mit meinen Initialen ›KA‹ bestickt worden. Die wenigen Bücher waren eine eigenwillige Sammlung unentbehrlicher Lektüre: Goethes *Faust, Lehrbuch der Anatomie* von Rauber-Kopsch, mein liberales Gebetsbuch aus amerikanischen Beständen und Kants *Kritiken.*

Es war ein trüber Herbsttag. Mit meinem Koffer in der Hand ging ich zum Bahnhof Berlin-Charlottenburg und suchte nach einem amerikanischen Offizier, der mich auf einen Militärtransport von Berlin nach Frankfurt am Main mitnehmen sollte. Als wir in den Zug stiegen, befahl er mir, mich unter seinem Mantel im Abteil zu verstecken. Zwar waren die sowjetischen Soldaten nicht dazu befugt, in den Zug zu steigen, sie konnten aber durch die Fenster gucken und Zivile anweisen, wieder auszusteigen. Erst als der Zug losfuhr, konnte ich unter dem Mantel hervorkommen.

Wir fuhren an den Trümmern der Stadt vorbei, und erst dann leuchtete mir ein, wie bedeutend dieser Moment eigentlich war. Ich war dabei, meine deutsch-jüdische Geschichte hinter mir zu lassen, meine Eltern, die noch in der Sowjetischen Besatzungszone lebten, meine Muttersprache, die Konzerte und Theater, die ich so gern besuchte, meine ärztliche Berufung, meine jüdischen und deutschen Bekannten, mit denen ich das dunkelste Kapitel der europäischen Geschichte zusammen erlebt hatte. Gleichzeitig wurde mir klar, dass mir die Fähigkeit, Shakespeare im Original zu lesen, kaum dabei half, die Gespräche, die um mich herum im Zug geführt wurden, zu verstehen. Das waren keine guten Voraussetzungen für meinen Neubeginn in Australien, wo ich hoffte, leben und arbeiten zu können.

Nach einer langen und anstrengenden Reise, während der ich keine Möglichkeit hatte, mich im Zugabteil hinzulegen, kam ich am Pariser ›Gare de l'Est‹ an. Es war noch sehr früh am Morgen, als der schlecht gelaunte HIAS-Mitarbeiter mich begrüßte. Er fragte, ob ich ein Hotel und Geld brauche. Mit großer Überraschung reagierte er auf meine Aussage, dass ich nur wenige Ost-Mark dabei hatte, die im Ausland wertlos waren. »Ich dachte, Ihr würdet so viele Lokschen [wörtlich: Nudeln, gemeint sind gerollte Dollarnoten] auf dem Schwarzmarkt in Berlin verdienen.«, meinte er zu mir. »Du wirst den Erhalt des Geldes von der HIAS quittieren müssen, und sobald Du in Australien anfängst, Geld zu verdienen, erwarten wir, dass Du alles zurückzahlst. Verstanden?« Ich hatte verstanden, bestätigte alles und zahlte es auch zurück. Da mir bewusst war, was für schwierige Zeiten auf mich zukamen, nahm ich den geringsten Betrag, der zum Überleben reichte, an. Den Großteil des Geldes gab ich für Museumsbesuche und Sehenswürdigkeiten in Paris aus und aß fast nichts. Während meiner Lagerzeit hatte ich mich an Hunger gewöhnt, und ich würde das Versäumte in Australien nachholen. Der Mann von HIAS brachte mich in ein kleines Hotel in der ›Rue Jarry‹, einer kleinen Straße mit billigen Hotels, die oft von Prostituierten besucht wurden. Der Anlagewert dieser Hotels hing von der Anzahl der ›chambres pour la nuit‹ ab, die stundenweise vermietet wurden. Die Bezeichnung ›Zimmer für die Nacht‹ war natürlich ein Euphemismus, denn die meisten Zimmer wurden nicht für die ganze Nacht genommen, sondern nur so lange, wie sie gebraucht wurden.

Die Hotelinhaber freuten sich über die wenigen jüdischen Gäste, die auf der Durchreise waren. Ihr etwas längerer Aufenthalt legitimierte den Fortbestand dieser Hotels. Alle, die ein Zimmer nahmen, bekamen einen Schlüssel und ein Handtuch. Mir händigte man nur einen Schlüssel aus. Da ich nicht mit einer Partnerin eingecheckt hatte, ging man davon aus, dass ich auch kein Handtuch benötigen würde, um mich nach dem Sex wieder frisch zu machen. »Halte Dich lieber fern von diesen Frauen!«, hatte der HIAS-Mitarbeiter zum Abschied noch angemerkt.

Bald kamen die Juden, die in demselben oder in benachbarten Hotels wohnten, um sich nach mir zu erkundigen, doch ich war für sie nicht von besonders großem Interesse. Ich war ein ›Jecke‹, ich sprach Deutsch, aber kaum Jiddisch, und vergeudete meine Zeit damit, Museen zu besuchen und etwas über die Geschichte der Stadt zu lernen, anstatt zu versuchen, auf die Schnelle etwas Geld zu verdienen. Ich würde in ihren Augen noch tiefer sinken, denn eines Morgens fragten sie mich, warum ich etwas besser angezogen sei als sonst und wohin ich ginge. Ich antwortete, ich sei auf dem Weg zum Jom-Kippur-Gottesdienst in der Synagoge. »Nicht nur ein ›Jecke‹, sondern noch dazu ein meschuggener«, hörte ich jemanden sagen.

Doch unsere Beziehung sollte sich bald ändern. Der Mangel an Essen und die Erschöpfung, die mich aufgrund der langen Spaziergänge durch Paris überkam, holten mich ein und ich erkrankte an Grippe. Plötzlich erwiesen mir meine Glaubensbrüder Wärme und Freundlichkeit. Sie riefen einen Arzt und brachten mir literweise Hühnerbrühe, um mir wieder auf die Beine zu helfen.

Einmal weinte der Mann, der mir die Brühe brachte, bitterlich. Aufgeregt fragte er: »Hast Du schon gehört? Die Prinzessin ist tot.« Wer war die ›Prinzessin‹? Es handelte sich um eine junge, hübsche Prostituierte, die sich von ihren älteren Kolleginnen abhob. Im Gegensatz zu ihnen musste sie nie lange auf der Straße warten, bis sie einen Kunden fand. Der Mann erzählte mir, die ›Prinzessin‹ sei aus dem Hotelfenster gesprungen und habe sich das Genick gebrochen, als sie auf den Bürgersteig aufschlug. Er wartete darauf, nach Argentinien emigrieren zu können, Frau und Kind hatte er in Polen zurückgelassen, sie sollten ihm später folgen. »Weißt Du«, sagte er, »ich liebe meine Frau und mein Kind, aber man hat Bedürfnisse – und die Prinzessin war toll.« Er hatte kurz zuvor noch mit der ›Prinzessin‹ geschlafen und wollte schnell raus auf die Straße, um zu sehen, was geschehen war. Er ließ mich allein; ich aß die Brühe und dachte nach. Würde er es je nach Argentinien schaffen? Wie gut standen die Chancen, dass seine Familie nachkommen würde? Wie lange würde es dauern, ehe er Trost in den Armen einer weiteren ›Prinzessin‹ fand? In Paris gab es eine Armee von Prostituierten, die ihm die Freizeit von seinen Schwarzmarktgeschäften versüßen könnten. War er einfach nur schwach, aber gutmütig und genoss das Leben – im Gegensatz zu mir, der alles aus der Ferne beobachtete? Ich dachte an den Propheten Amos: »Suche das Gute und nicht das Böse, auf dass Ihr lebet!« Vielleicht traf er seine Wahl ohne nachzudenken, ich jedoch überlegte viel, handelte aber selten.

Als ich mein Zimmer zum ersten Mal nach meiner Erkrankung verließ, fiel mir auf, dass der Mann, der an der Rezeption gearbeitet und die Schlüssel und die Handtücher an die Prostituierten und ihre Kunden ausgehändigt hatte, nicht mehr da war. Ein anderer hatte seinen Platz eingenommen. Ich erkundigte mich nach seinem Vorgänger und erfuhr, dass er der Besitzer des Hotels *Savoy* war. Er weilte nunmehr im Urlaub in seiner Villa in Menton an der französischen Riviera, um sich von dem Aufruhr in der ›Rue Jarry‹ nach dem frühzeitigen Tod der ›Prinzessin‹ zu erholen. Sein Luxusauto parkte er immer einige Straßen vom Hotel entfernt. Wie gut zu wissen, dass manche Menschen so sensibel sein können und auf Etikette achten!

27. DER HUND

Das eigentliche Ziel meiner Reise nach Paris war gewesen, in Besitz eines Fahrscheins von Marseille oder Genua nach Australien zu kommen. Doch es gab wenig, was ich tun konnte, um den Prozess zu beschleunigen. Ich musste geduldig warten, bis ich an der Reihe war. Um die Zeit zu überbrücken, lernte ich Französisch und besuchte Schlösser, Kirchen und Museen. Ich beobachtete sowohl Luxus und Eleganz als auch Armut und Verzweiflung von Parkbänken aus und auf den langen Spaziergängen, die mich an fast alle Ecken von Paris führten. Nach der Erfahrung überfüllter Lager und der Kameradschaft an der Berliner Universität war ich nun ganz allein unter den Millionen von Menschen, die zusammen Paris ausmachten.

Bei meinen Besuchen der großen Pariser Friedhöfe dachte ich über die Schicksale derer nach, die sich in der Vergangenheit darum bemüht hatten, in ihrer Exilexistenz Bedeutung zu finden. Auf dem Friedhof Montmartre besuchte ich das Grab Heinrich Heines, dessen Bücher im ›Dritten Reich‹ verbrannt worden waren, doch dessen Gedicht *Loreley* so sehr als deutsches Kulturerbe angesehen wurde, dass es in den Schulbüchern als »deutsches Volkslied« eines »unbekannten Dichters« dargestellt wurde. Fast hundert Jahre vor der ›Machtergreifung‹ der Nationalsozialisten schrieb Heine: »Dort, wo man Bücher verbrennt, verbrennt man am Ende auch Menschen.« Heine ließ sich protestantisch taufen und erklärte seinen Bekannten, dies sei ein »Entreebillet zur europäischen Kultur«. Das ›Billet‹ war aber von begrenzter Dauer, denn im 20. Jahrhundert wandelte sich der Hass auf das Judentum in einen Hass auf die Juden. Vor seinem Tod wurde er nach seinem Übertritt zum Christentum gefragt. Heine antwortete: »Ich bin getauft, aber nicht bekehrt, denn es ist für einen Juden nicht möglich, an die Göttlichkeit eines anderen Juden zu glauben.« Auf seinem Grab lag ein Kranz der Stadt Düsseldorf, seinem Geburtsort, und der Grabstein hatte die deutsche Besatzung von Paris gut überstanden. Über den Friedhof zu wandern, vorbei an den Gräbern von Schriftstellern und Komponisten längst vergangener Tage, bot mir besondere Einblicke in die Kulturgeschichte Europas. Die alten Bäume leuchteten in den schönsten Herbstfarben.

Wenn das Wetter es zuließ, ging ich abends von meinem kleinen Hotel in der Nähe des ›Gare de l'Est‹ bis zur ›Champs-Élysées‹. Dort setzte ich mich auf eine Bank bei einem der großen Springbrunnen und beobachtete die Welt um mich herum. Die Trümmer Berlins noch in frischer Erinnerung, konnte man in Paris den Eindruck bekommen, die Zeit wäre stehengeblieben und nichts hätte den Frieden Europas gestört. Eines Tages setzte sich ein sympathisch aussehender Mann mittleren Alters mit einem kleinen Hund an der Leine zu mir. Der Hund fand sofort Gefallen an mir und ich an ihm. Der Mann war höchst erfreut darüber, dass sein Hund so viel Aufmerksamkeit bekam. Wir kamen ins Gespräch. Ihm fiel mein Akzent auf und er fragte mich in perfektem Deutsch: »Sind Sie Deutscher?« Ich antwortete kurz und bündig »ja«, denn ich hielt es nicht für angemessen, ihm sofort meine ganze Lebensgeschichte zu erzählen. Darauf geriet der Mann in Rage, stand auf und sagte, er sei Jude und dass meinesgleichen seine Eltern ermordet hätten. Er spuckte mir ins Gesicht, schleifte den Hund hinter sich her und verschwand in der Menschenmenge. Fassungslos wischte ich mir die Spucke aus dem Gesicht und spürte, wie mir übel wurde. Die wunderschöne Stadt schien zu verblassen, als ich mich auf den Weg zurück ins Hotel machte. In jener Nacht konnte ich kein Auge zumachen. Mit großer Traurigkeit musste ich feststellen, dass der Holocaust manchem Juden den Hass beigebracht hatte. Das jüdische Wochenfest, Schawuot, wird auch ›seman matan toratenu‹ [die Zeit der Gabe unserer Tora] genannt. Rabbinische Talmudkommentare sprechen davon, dass die Tora allen Juden ›gegeben‹ worden sei, doch nur die wenigsten haben sie angenommen und verstanden. Der Mann, der mir ins Gesicht gespuckt hatte, schien durch Geburt, Tradition, sogar durch die ›Nürnberger Gesetze‹ Jude zu sein, doch die Lehren des Judentums hatten seine Seele nicht erreicht. Einige Tage später war ich beim Jom-Kippur-Gottesdienst in der Synagoge in der ›Rue de la Victoire‹. Da saß er. Nach einem langen Tag des gemeinsamen Betens und Nachdenkens verließen wir die Synagoge. Unsere Blicke trafen sich. An seinem Gesichtsausdruck erkannte ich, dass ihm klar geworden war, was er getan hatte. Er winkte mir zu und versuchte, sich durch die Menge zu mir durchzudrängen. Ich ging weiter und verschwand im Dunkeln der Nacht. Für ihn ging es darum, durch eine Entschuldigung bei einem anderen Juden sein Gewissen zu bereinigen. Ihm war klar geworden, dass ›die Deutschen‹ genau wie ›die Juden‹ eine Ansammlung von Individuen sind, die sowohl hassen als auch Mitgefühl zeigen können. Die nachkommenden Generationen von Juden und Deutschen werden jenseits von Gut und Böse geboren. Doch beide müssen die Lehre der Tora neu annehmen: »Liebe deinen Nächsten, denn er ist wie du!« Holocaustüberlebende werden irgendwann aber nicht mehr am Leben sein, um zu lehren, dass es in einer zivilisierten Gesellschaft keinen Platz für Hass geben kann. Ohne das Fortdauern von ethischen Prinzipien kann es auch kein physisches Überleben geben.

Häufig hielt ich mich im ›Quartier Latin‹ auf. Dort stimmte mich die ›Sorbonne‹-Universität nostalgisch und ließ mich über mein weiteres Schicksal nachgrübeln. Würde ich in Australien weiter Medizin studieren können, oder hatte meine Ausreise aus Berlin diesem Traum ein Ende gesetzt? Vor ungefähr 1.700 Jahren waren die Träume von Juden an diesem Ort zunichte gemacht worden, und die Römer gründeten ›Lutetia‹ – die Stadt, die später Paris wurde. Einst standen hier römische Tempel, Residenzen, Theater und der kaiserliche Palast. Davon ist nichts erhaltengeblieben, außer den Palastthermen, die heute Teil des ›Musée National du Moyen Âge‹ sind. In diesem Palast lebte eine Zeit lang Kaiser Flavius Claudius Iulianus (331 bis 363), auch bekannt als Julian der Apostat. Er hob die Sondersteuer für Juden auf und versprach, den Tempel in Jerusalem unter der Leitung von Alypios von Antiochia wieder aufzubauen. Diese Träume wurden zunichte gemacht, als Kaiser Julian in einer Schlacht um Ktesiphon tödlich verwundet wurde. Wie oft kann man die Wechselfälle des Lebens überstehen und eine neue Zukunft auf den unsicheren Fundamenten der Vergangenheit aufbauen?

Langsam wurde mir klar, dass ich nach den zwölf Jahren, in denen ich das nationalsozialistische Deutschland verlassen wollte, darauf eingestellt war zu denken, Auswanderung wäre meine einzige Möglichkeit. War mein Leben nicht zutiefst in der jüdisch-europäischen Geschichte verwurzelt? Ich hatte das Problem, dass die Welt, die ich kannte, in der Vergangenheit lag. Alles, was für mich Bedeutung gehabt hatte, war nicht mehr vorhanden. Es blieben lediglich Erinnerungen.

Als ich im Hotel ankam, fand ich einen Brief vom Pariser HIAS-Büro auf meinem Bett – ich sollte mich so schnell wie möglich bei ihnen melden. Die Würfel waren gefallen. Sie hatten einen Fahrschein für ein Schiff nach Australien für mich.

28. TERRA AUSTRALIS

Der Fahrschein in meine australische Zukunft wurde mir im Pariser Büro der HIAS ausgehändigt. Es war eine Bordkarte für das italienische Schiff *Surriento,* dritter Klasse, das am 31. Oktober 1949 in Genua ablegen sollte und am 26. November 1949 im Hafen von Fremantle, Australien, erwartet wurde. In nur wenigen Stunden sollte ich meine Sachen packen und mein Hotelzimmer räumen. Die Fahrt vom ›Gare de Lyon‹ nach Genua eröffnete mir eine neue Aussicht auf die Welt. Langsam fuhr der Zug durch Südfrankreich und Norditalien. Die *Surriento* war dreckig und roch übel. Ich teilte meine enge Schlafkabine im Inneren dieses 35.000-Tonnen-Schiffes mit acht Personen. Einige Flüchtlinge hatten die Besatzung überredet, ihnen mehr Gepäck zu erlauben, und so war es fast unmöglich, sich in der Kabine zu bewegen. Da manchen Passagieren zu Gehör gekommen war, dass das Essen auf dem Schiff schlecht sein sollte, hatten sie große Mengen an Brot, Salami, Wurst und anderen Dingen mitgenommen. Ich musste mich mit dem Speiseplan, der aus Spaghetti Bolognese, eingelegten Oliven und Gemüse bestand, arrangieren, während meine Mitreisenden ihre mitgebrachten Köstlichkeiten verzehrten. Das Schiff war überfüllt, und überall waren Menschen, insbesonders schreiende Kinder. Dennoch sah ich zum ersten Mal in meinem Leben Genua, Neapel, Malta, Port Said, Aden und Colombo – Städte, wie sie gänzlich unterschiedlicher als meine alte Heimatstadt Breslau nicht hätten sein können.

In den Häfen besichtigten die meisten Passagiere Sehenswürdigkeiten. Ich hatte kein Geld und verpasste die Ruinen von Pompeji, den Basar von Port Said und vieles mehr. Doch in den Straßen von Genua, Neapel, Palermo und Colombo erblickte ich extreme Armut, Verzweiflung und Wut. Während der 26 Tage meiner Reise nach Australien wurde ich Zeuge der gesamten Bandbreite menschlicher Zustände: vom Luxus und Reichtum der ›Champs-Élysées‹ in Paris bis zur Not in den Slums von Palermo. Es war klar ersichtlich, dass eine Zeit der Unruhen auf die Welt zukam, eine Zeit, in der man die Benachteiligten nicht mit Gebeten und religiösen Versprechen würde in Schach halten können. Zweifellos würden diese Probleme irgendwann auch das glückliche Australien erreichen.

Endlich zeichnete sich am Horizont der Umriss der ›Tierra Australia del Espiritu Santo‹ [das südliche Land des Heiligen Geistes], wie der portugiesische Seefahrer Pedro Fernández de Quirós den Kontinent einst nannte, ab. Ich stand an der Reeling, gespannt darauf, was mich in diesem neuen Land erwartete.

Als ich die Landungsbrücke hinunterging, sah ich einen Mann, der eine rote Nelke an seinem Kragen trug. Das konnte nur der Cousin meines Vaters sein, Erich Schimmelburg-Shilbury, mit dem ich in einem Brief vereinbart hatte, ich würde ihn an einer roten Nelke erkennen. Wir hatten uns zuletzt von zwölf Jahren, also 1937, in Berlin gesehen, als ich erst neun Jahre alt war. Erich nahm mich mit viel Wärme und Liebe bei seiner Familie auf. Wir hatten viel gemeinsam. Er war in Begleitung eines Bekannten, der stolzer Besitzer eines Autos war und angeboten hatte, uns nach Hause zu fahren. Wir fuhren durch den australischen Busch und hielten in ›Kings Park‹, um die Aussicht auf Perth und den ›Swan‹-Fluss zu genießen. Damals hatte Westaustralien nur 350.000 Einwohner. Davon lebten um die 300.000 in der Hauptstadt Perth, die restlichen 50.000 waren über den ganzen Bundesstaat verstreut. Man konnte nicht ahnen, dass Perth sechzig Jahre später fast zwei Millionen Einwohner zählen würde.

Während meiner ersten zwei Wochen in Australien musste ich viele bittere Lektionen lernen. Meine Englischkenntnisse waren nicht ausreichend und viele Kommunikationsversuche scheiterten. Mein deutsches Abitur wurde nicht anerkannt, und die westaustralische Universität wollte auch keine Leistungsnachweise meiner in Berlin belegten Kurse akzeptieren. Auf meine Kenntnisse des Russischen, Griechischen, Lateinischen, Französischen und Deutschen und mein Interesse an Kunst, Musik und Wissenschaft wurde in der angelsächsischen Gesellschaft Australiens wenig Wert gelegt. Das unterschied mich von den ›Aussies‹. Ich fühlte mich wie ein Eisbär in der Sahara.

Die Juden in Australien interessierten sich mehr für die neuesten Cricket- und Fußballergebnisse als für den Holocaust. Für die meisten war ich ein ›Jecke‹, ein deutscher Jude, der – ihrer Meinung nach – nicht viel über jüdische Themen wusste. Das einzige, was ich von der jüdischen Gemeinde nach meiner Ankunft erhielt, war eine Rechnung für meine Seereise nach Australien und meinen Aufenthalt in Paris, verbunden mit der Aufforderung, sie so bald wie möglich zu begleichen.

Vier Monate vor meinem Geburtstag erreichte ich Perth. Dass ich bald 21 sein würde, stellte sich als große Belastung bei der Arbeitssuche heraus, denn kein Arbeitgeber wollte eine ungelernte Arbeitskraft, die bald volljährig wurde und somit besser bezahlt werden müsste, einstellen. Da es jedoch kurz vor Weihnachten war, fand ich Arbeit als Aushilfspostbote. Es war heiß und der Job schlecht bezahlt, noch dazu schienen die Hunde in der Straße, die mir zugewiesen wurde, äußerst bösartig zu sein. Bald freundete ich mich aber mit ihnen an, und mit der

Zeit wurden auch die Menschen sympathischer. Ich konnte anfangen, meine Schulden zu bezahlen, und mein Leben jenseits des Überlebens beginnen – als ungelernter ausländischer Jude in einem christlichen, britisch geprägten Land.

Als die Aborigines den Kontinent vor Tausenden von Jahren besiedelten, liebten sie seine raue Schönheit. Der Schöpfungslegende über die ›Traumzeit‹ zufolge bauten sie ein autarkes Leben in dieser Abgeschiedenheit auf und suchten hier nach einem Sinn des Lebens. Martin Buber schrieb: »Die Gegenwart ist der Schnittpunkt von der Vergangenheit und der Zukunft.« Für mich war die Vergangenheit ein reichhaltiges, großes Panorama menschlicher Erfahrung. Doch auch die Zukunft in Australien stellte eine Herausforderung dar, und das tut sie bis heute. Mein Leben nach dem Holocaust hat die Vergangenheit in den Schatten gestellt – es gibt so viel, für das ich dankbar bin, und so viel, auf das ich mit der mir verbliebenen Kraft hinarbeiten möchte.

29. AUSKLANG

Früher glaubte man, dass alle Geschichte eine Aufzeichnung der Einmischung der Götter in das Leben der Menschen sei. Später zwangen skrupellose Herrscher Historiker dazu, Geschichte in ihrem Sinne zu schreiben und zu zeigen, dass sie mit ihren Missetaten und egoistischen Vorhaben einer göttlichen Eingebung folgten. Adolf Hitler sprach von »göttlicher Vorsehung«, die ihn bei vierzig Attentaten auf sein Leben errettet habe, und dass es sein Schicksal sei, Deutschland in der Erfüllung seiner historischen Mission anzuführen.

Der römische Historiker Tacitus forderte, dass Geschichte »sine ira et studio« – objektiv – geschrieben werden sollte. Auch dies erwies sich als schwierig.

In der jüdischen Tradition dient Geschichtsschreibung der Erinnerung an Momente des Erfolges und Scheiterns menschlichen Strebens. Aus der Geschichte sollen Lehren für die Zukunft gezogen werden. Ich habe versucht, Ihnen einen kleinen Einblick zu geben in das, was ich gesehen habe, und Sie mit einigen Personen vertraut zu machen, die ich auf meiner nunmehr über achtzig Jahre währenden Reise durch das Leben getroffen habe. Meine Erfahrungen haben mich gelehrt, dass sich selbst zu ethischem Handeln zu überwinden mit größerer Wahrscheinlichkeit zum Erfolg führt, als auf eine übernatürliche Erlösung zu hoffen. Ich erkenne an, dass diese in der jüdischen Tradition verwurzelte Weltsicht nur eine von vielen möglichen ist.

Bis heute kann ich nicht verstehen, wie die Kirchen ihre Nähe zu Gott im Teilen eines Weinkelches, dessen Inhalt das Blut des Juden Jesus symbolisieren soll, finden konnten, während sie sich gleichzeitig vom vergossenen Blut der sechs Millionen Juden abwandten.

Es besorgt mich zutiefst, dass über und von Juden nach dem Holocaust viel zu viel über das bloße physische Überleben und den Wiederaufbau des jüdischen Volks geschrieben wurde. Ich glaube fest daran, dass der Sinn des Überlebens weder ewige Trauer noch exzessiver Nationalstolz sein kann. Es geht darum, dass jeder einzelne Mensch Sinn in seinem eigenen Leben findet. Weder die Fotos von brennenden Synagogen und Gruben voller Leichen noch die Überreste von Krematorien und Gaskammern geben die wahre Tragödie des Holocaust wieder. Diese finden wir auch nicht in der Zahl der sechs Millionen, sondern nur im Leiden jedes Einzelnen.

Die Welt von heute sieht sich religiösen Fundamentalisten gegenüber, die behaupten, die einzige Wahrheit zu kennen. Lessing schrieb: »Wenn Gott in seiner Rechten alle Wahrheit und in seiner Linken den einzigen immer regen Trieb nach Wahrheit, obschon mit dem Zusatze, mich immer und ewig zu irren, verschlossen hielte, und spräche zu mir: Wähle! Ich fiele ihm mit Demut in seine Linke und sagte: Vater gib! Die reine Wahrheit ist ja doch nur für dich allein!« Die jüdische Welt ist nicht frei von diesem menschlichen Scheitern. Ultraorthodoxe jüdische Fundamentalisten behaupten, ebenfalls im Besitz der Wahrheit zu sein. In ihrer Arroganz beflecken sie die Weisheit und die Lehre des Judentums und ersticken die besonnene, leise Stimme der Menschlichkeit und Wahrheit.

Ein Schachmeister wurde einst gefragt: »Was ist der beste Schachzug der Welt?« Er antwortete: »Es gibt keinen besten Zug. Ein guter Zug definiert sich immer über die jeweilige Spielsituation und die Persönlichkeit des Gegners.« So habe ich im Spiel des Lebens auch nie die beste Art zu Handeln oder den wahrsten Sinn des Lebens gefunden. Die Aufgabe jedes Menschen ist einzigartig, jeder Moment eines Lebens ist einzigartig und verlangt nach einer eigenen Antwort. Man muss die Möglichkeiten, die das Leben einem bietet, wahrnehmen.

Zum Schluss möchte ich meine tiefe Dankbarkeit für einige der großen Geschenke zum Ausdruck bringen, die mir das Leben zugedacht hat. Der Talmud lehrt, dass nur Mann und Frau zusammen einen ganzen Menschen ergeben. Ich danke meiner Frau Judith für ihren Beitrag zu diesem Buch, für das Tippen und die Recherchen, aber vor allem dafür, dass sie die Schwächen meiner Persönlichkeit ausgleicht. Dank ihrer ist diese Erzählung viel ausgewogener, als sie es sonst gewesen wäre. Judith ist ohne Frage meine bessere Hälfte.

Kinder großzuziehen heißt, sie zu unabhängig denkenden und handelnden Menschen zu machen. Sie haben ihr eigenes Leben und sollten nicht dazu ermuntert werden, das Leben der Eltern nachzuahmen. Dennoch hoffen wir immer, dass die uns nachfolgenden Generationen das Gute bewahren und unsere Fehler vermeiden werden. So hoffe ich, dass meine Söhne Peter und Kevin und ihre Familien sich bei der Lektüre dieses Buches erneut mit unserem Leben als Juden, Deutsche, Europäer und Australier – und schließlich als Menschen, auseinandersetzen werden.

Der Schriftsteller Ernst Toller schrieb gegen Ende seines Lebens: »Eine jüdische Mutter hat mich geboren, Deutschland hat mich genährt, Europa mich gebildet, meine Heimat ist die Erde, die Welt mein Vaterland.« Ich teile diese Empfindungen, aber ich muss hinzufügen, dass Australien in meinem Herzen einen besonderen Platz einnimmt, denn hier habe ich die Weite und Schönheit der Welt, in der wir leben, schätzengelernt.

Ein Rabbiner aus New York schickte Albert Einstein ein Telegramm nach Princeton, in dem er ihn fragte, ob er an Gott glaube. Einstein antwortete: »Ich glaube an Spinozas Gott, der sich in der gesetzlichen Harmonie des Seienden offenbart, nicht an einen Gott, der sich mit Schicksalen und Handlungen der Menschen abgibt.« Der letzte Satz in Spinozas Ethik lautet: »Sed omnia praeclara tam difficilia quam rara sunt.« [Alles Hohe ist ebenso schwer wie selten.] Das Überleben ergibt erst dann einen Sinn, wenn wir den vielen Möglichkeiten und Herausforderungen des Lebens nachgehen, *jenseits des Überlebens.*

30. FAMILIE

URURURGROSSELTERN

Die Spuren unserer Familie lassen sich bis nach Nürnberg, von wo alle Juden im 13. Jahrhundert vertrieben wurden, zurückverfolgen. Sie flohen in das Königreich Böhmen, das sich aus Böhmen, Mähren, Schlesien und der Lausitz zusammensetzte. Ludwig II. starb ohne Nachkommen im August 1526, und das Königreich kam unter die Herrschaft Ferdinands I. von Habsburg. Ein Teil unserer Familie ließ sich zu dieser Zeit in Schlesien nieder.

Der erste Vorfahre, über den ich etwas mehr weiß, ist Mosche ben Jitzchak, der Großvater meines Urgroßvaters. Das geltende Landrecht bot Juden keinen Schutz, wodurch er von der Gnade der Herrscher abhängig war. Mosche wurde 1749 geboren und starb 1799. Sein ganzes Leben lang lebte er in Schlesien. Maria Theresia war, nicht zuletzt unter Einfluss der Kirche, den Juden nicht wohlgesonnen. Man erzählte, dass sie Juden in privater Audienz nur hinter einem Vorhang empfing. 1744 unterzeichnete Maria Theresia einen Vertreibungsakt gegen alle Juden in Böhmen und Mähren. Glücklicherweise hatte Friedrich II. von Preußen kurz davor im Zuge des Zweiten Schlesischen Kriegs Schlesien erobert, wodurch die dort lebenden Juden, auch unsere Familie, von diesem Dekret verschont blieben. Die ›Judensteuer‹ blieb erhalten, doch konnte sie mit einem Kapitalbetrag getilgt werden. Die Veränderungen in der Gesetzgebung hatten einen Zustrom von Juden nach Schlesien zur Folge. In der Gesellschaft erhoben sich Stimmen, die eine Ausweisung der Juden verlangten. Am 6. Mai 1746, in einem Akt, der die preußische Herrschaft Schlesiens konsolidieren sollte, wies Friedrich II. alle dortigen Juden aus – mit Ausnahme von 16 Familien. Viele versuchten, diesen Maßnahmen zu entgehen, indem sie in abgelegene Regionen zogen, wo sie für zwölf Taler pro Tag bleiben durften, anderswo durften sie für einen ›Tagesgroschen‹ bleiben. Mosche ben Jitzchak überlebte all dies. Das Fehlen eines Nachnamens half ihm in dieser feindlichen Umgebung vermutlich dabei. Alles, was von Mosche geblieben ist, ist sein in hebräischen Buchstaben geschriebener Name auf der ersten Seite eines Gebetsbuchs. Es gibt keine Aufzeichnungen, die uns Aufschluss darüber geben könnten, wie er überlebt hat. Wahrscheinlich zog er – gleich so vielen Juden – von Ort zu Ort und arbeitete, wo man ihn ließ.

URURGROSSELTERN

Der Sohn von Mosche, Isaak ben Mosche, wurde 1786 in Dupine geboren. Er war Zeuge vieler großer Veränderungen. Mit dem Preußischen Judenedikt vom 11. März 1812 wurden die in Preußen lebenden Juden zu preußischen Staatsbürgern und mussten somit innerhalb von sechs Monaten Familiennamen annehmen. Juden durften von nun an Grundbesitz erwerben und erhielten auch die Niederlassungsfreiheit. Issak nahm diese Möglichkeiten wahr. Von den Ersparnissen seines Vaters und durch seine eigene schwere Arbeit konnte er einen Gasthof in Pitschen kaufen. Er wurde preußischer Staatsbürger und wählte den Familiennamen ›Aufrichtig‹. Isaak Aufrichtig starb 1840 in Pitschen und wurde im oberschlesischen Landsberg beerdigt. Isaak hatte drei Söhne: Emanuel, Hermann und Moritz.

URGROSSELTERN

Mein Urgroßvater Emanuel Aufrichtig wurde am 10. August 1826 in Paulsdorf, Oberschlesien, geboren. Als ältester Sohn erbte er den Gasthof in Pitschen. Emanuel heiratete Cäcilia Ring, die einen ausgeprägten Geschäftssinn besaß und den Gasthof so rentabel führte, dass er sich dem Studium der Tora und des Talmud widmen konnte. Heinrich Heine nannte die Tora ein »portatives Vaterland«, und das war sie für Emanuel, der mit seiner preußischen Staatbürgerschaft wenig anfangen konnte. Sie schien bedeutungslos im Vergleich zur reichen jüdischen Tradition. Seine Gesichtszüge spiegelten Güte und Vergeistigung wider, und sein gepflegter Bart ließ ihn wie ein Rabbi aus einem Rembrandt-Gemälde aussehen. Im hohen Alter plagte ihn die Gicht, wodurch der Sessel in seinem altmodischen Salon zu seiner gesamten Lebenswelt wurde. Cäcilia hingegen sah aus wie eine kräftige Bäuerin. Ihr Blick war voller Energie und Entschlossenheit. Geschichten zufolge war es Cäcilia, die den Gasthof zur rechten Zeit abschloss und die Gäste, die ihr Trinken nicht kontrollieren konnten, nach Hause schickte. Sie war eine hingebungsvolle Frau, die ihr Lebensziel darin sah, sich selbstlos um Emanuel zu kümmern. Emanuels Großvater, Mosche, war ein Zeitgenosse des jüdischen Philosophen Moses Mendelssohn (1729 bis 1786), der im Zeitalter der Aufklärung die staatsbürgerliche und kulturelle Gleichberechtigung der Juden anstrebte. Emanuel hingegen war einer der letzten orthodoxen Juden in unserer Familie. Er war Fundamentalist in dem Sinne, dass das Judentum ihm den Weg durchs Leben wies, in dem es auf die Schöpfung deutete und eine kompromisslose Verpflichtung auf soziale Gerechtigkeit war. Jedes Jahr zu Pessach schloss er einen vorübergehenden Verkaufsvertrag für den Gasthof ab, damit die Familie nicht die jüdischen Speisegesetze verletzte, weil sie an diesen wichtigen Feiertagen in Besitz von Sauerteigbrot war. Doch er war tolerant und verständnisvoll gegenüber den neuen Entwicklungen im jüdischen Leben und Glauben in Deutschland. Emanuel und Cäcilia zogen im fortgeschrittenen Alter nach Breslau, und der jüngste Bruder Moritz nahm sich des Gasthofs an. Emanuel starb im Jahre 1900 – 29 Jahre, bevor ich geboren wurde. Cäcilia lebte noch fünf Jahre. Gemeinsam hatten sie zwei Söhne und drei Töchter.

GROSSELTERN

Isidor Aufrichtig (1856 bis 1934), der älteste Sohn von Emanuel und Cäcilia, kam in Gleiwitz zur Welt. Mein Großvater hat als Erster in unserer Familie eine säkulare Ausbildung in einer lateinischen Schule in Kreuzburg erhalten. Sein Onkel Hermann war nach Breslau, der Hauptstadt der preußischen Provinz Schlesien, gezogen, wo er Stoffe als Hausierer verkaufte. Hermann, der zwar ungebildet, aber dafür ein guter Geschäftsmann war, überredete Isidor dazu, nach Breslau zu kommen, wo sie gemeinsam ein Unternehmen aufbauten. Was als bescheidenes Geschäft begann, entwickelte sich zu einem der größten und erfolgreichsten Frauenausstatter in Deutschland: *H. Aufrichtig & Co.* Isidor wurde ein großer Anhänger des progressiven Judentums, wodurch sich die Form, in der er seine jüdischen Ideale zum Ausdruck brachte, veränderte; er blieb mit der jüdischen Tradition aber stets verbunden. Emanuel und Isidor unterschieden sich in der Ausübung ihres Glaubens, doch nicht im Verständnis der moralischen Imperative, die das Judentum festsetzte. Gegenseitige Zuneigung und Respekt verbanden sie. Wenn meine Großeltern mit den Urgroßeltern zusammen aßen, wurde den Urgroßeltern koscheres Essen auf einer getrennten Tischdecke serviert. Großvater Isidor verspätete sich zu seiner Hochzeit am 16. Dezember 1882. Der Zug von Breslau nach Oschersleben war im Schnee steckengeblieben. Seine Braut, Emma Schimmelburg, geboren am 16. Dezember 1861 in Oschersleben, war die älteste Tochter von zwölf Kindern – sechs davon starben im frühen Kindesalter. Ihre Familie war im 15. Jahrhundert aus Spanien vertrieben worden und hatte sich in Deutschland angesiedelt. Ihr Name wurde 1754 zum ersten Mal in Oschersleben aufgezeichnet. Ein früher Vorfahre, der den hebräischen Namen Samuel trug – kurz Schmuel, fügte das Wort ›Burg‹ hinzu, wodurch der Familienname Schimmelburg entstand. Dies erfolgte mit der Genehmigung der Gutsherren von Groß-Oschersleben, der Grafen von Stolberg, was die Familie Schimmelburg zu ›Schutzjuden‹ machte. Dadurch erhielten sie die Erlaubnis, ein Steinhaus – damals gab es nur zwei in der Siedlung – sowie große Stallungen zu bauen. Das dreistöckige Haus steht noch heute, über dem Türsturz ist das Baujahr mit 1688 angegeben. Die Familie erhielt auch das Recht, das Grundstück vom Vater auf den ältesten Sohn zu übertragen. Das Dokument, in dem die Rechte auf das Haus übertragen wurden, wurde auf Deutsch und Jiddisch verfasst – bis heute ist es in meinem Besitz. Die Schimmelburgs waren Händler, die Pferde aus Belgien für die Gutsherren und die preußische Armee einführten. Deutsch und jüdisch zu sein, war für sie kein Widerspruch. Leiser (1794 bis 1856), mein Ururgroßvater, diente als jüdischer Freiwilliger bei der Preußischen Kavallerie während der Befreiungskriege gegen Napoleon 1813/14 und erhielt sogar eine Auszeichnung von General Lützow für Tapferkeit und Mut im Felde. Sein Sohn Julius fiel als Freiwilliger im Deutsch-Französischen Krieg 1870/71. In Erinnerung an Julius spendete Leiser der örtlichen Kirche ein farbiges Glasfenster. Eine Marmortafel zum Dank für das großzügige Geschenk des Juden Schimmelburg wurde an der Kirche angebracht. Mein Urgroßvater war der älteste Sohn Leisers und Bruder von Julius. Er war ein außergewöhnlicher Mensch, und ich liebte es, Geschichten über ihn zu hören. Mit vielen seiner adeligen Geschäftspartner pflegte er Freundschaften; es war nicht selten, dass sie nach Abschluss eines Geschäfts zusammen in deren Schlössern speisten. Er liebte Wildfleisch, und wenn er nach dem Verzehr dieses nicht koscheren Essens nach Hause kam, weigerte sich seine Frau Therese, ihn zu küssen, ehe er sich den Mund nicht sorgfältig ausgespült hatte. Ihre Proteste hatten aber wenig Einfluss auf sein Nichtbeachten der detaillierten Speisegesetze des, wie er ihn nannte, »Küchenjudaismus«.

Als die Urgroßeltern einmal tanzen waren, spielte die Kapelle ein Lied mit antisemitischem Text: »Schmeißt ihn raus, den Juden Itzig!« Jacob, der den ganzen Tag lang mit schweren Arbeitspferden zu tun gehabt hatte, schnappte sich den Kapellmeister, schleifte ihn aus dem Saal, schlug ihm ins Gesicht und wurde bei seiner Rückkehr in den Tanzsaal von seinen Freunden mit Applaus empfangen. Dann bedeutete er der Kapelle, weiterzuspielen, was diese auch tat. Seine Frau Theresa war das Gegenteil von ihm: Eine zarte Frau mit feinen Gesichtszügen, die den großen Haushalt, bestehend aus Familie und Hausangestellten, leitete, nebenbei aber noch Zeit fand, zu lesen und Gedichte klassischer deutscher Autoren zu rezitieren.

Mein Vater verbrachte seine schönsten Ferien mit Jacob und Theresa und bekam von Jacob eine französische Vorderladerpistole der Kavallerie geschenkt, die dessen Vater als Beute aus dem Befreiungskrieg mitgebracht hatte. Die alte Pistole hatte immer einen besonderen Platz in unserem Wohnzimmer, bis die Nazis Juden verboten, Feuerwaffen zu besitzen. In der Vorstellung seiner Oscherslebener Mitbürger war Jacob sagenhaft reich, und so verbreiteten sie das Gerücht, er habe sein Büro mit Silbermünzen gepflastert. Er war ohne Frage wohlhabend und musste das durch den Verkauf von Pferden erwirtschaftete Geld solange im Haus aufbewahren, bis er wieder nach Belgien fuhr, um neue Vorräte zu kaufen. Er arbeitete hart bis spät in die Nacht, sodass die in der Familie überlieferte Erzählung durchaus stimmen könnte, wonach er immer um Mitternacht ein Fenster öffnete und Richtung Dorf rief: »Der alte Schimmelburg schläft nicht!« Anscheinend hat es gewirkt und Diebe ferngehalten. Mein Vater hat mir erzählt, dass Jacob seine Anzugtaschen immer voller Pfefferkörner hatte. Bevor er ein Pferd kaufte, überprüfte er zunächst das Gebiss, und dann hob er den Schwanz der Pferdes und steckte ihm eine Reihe Pfefferkörner in den Hintern. Er inspizierte den daraufhin sofort produzierten Pferdemist und zog daraus seine Schlüsse hinsichtlich des Gesundheitszustandes und damit auch des angemessenen Preises für das Tier. Aber weder Leisers Tapferkeit noch der Tod seines Sohn ›auf dem Felde der Ehre‹, das Geschenk von sieben bemalten Glasfenstern an die Ortskirche oder die unzähligen Pfefferkörner in den Hintern von Pferden, die in der preußischen Kavallerie und Artillerie dienen würden, konnten meine

Familie vor der Vernichtung bewahren. Die Nazis beendeten erfolgreich, was die spanische Inquisition nicht geschafft hatte. Der jüdische Friedhof von Oschersleben mit den Familiengräbern wurde komplett eingeebnet, die Gedenktafel auf behördliche Anordnung 1936 aus der Kirche entfernt. Jacobs Kinder und Enkel fanden den Tod in Theresienstadt, Auschwitz und dem Warschauer Ghetto, und die wenigen Übriggebliebenen sind über die ganze Welt verstreut. Isidor und Emma Aufrichtig hatten vier Söhne.

ELTERN

Mein Vater, Rudolf Aufrichtig, war der jüngste von vier Söhnen. Seine drei Brüder starben im frühen Kindesalter in den Jahren 1888 und 1895 an Kinderkrankheiten. Vater wurde am 30. September 1893 geboren. Seine Eltern setzten große Erwartungen in ihren einzigen überlebenden Sohn. Er musste sein Abitur am angesehensten Gymnasium Breslaus ablegen. Ein professioneller Maler brachte ihm Malen und Zeichnen bei, und natürlich lernte er auch Klavier spielen. Die vielen Bücher, die er zu seiner Bar Mitzwa von den zahlreichen Verwandten, Freunden und Geschäftspartnern seines Vaters erhielt, bildeten den Grundstein für unsere umfangreiche Bibliothek. Er wurde zum Makler im Getreidehandel ausgebildet. Breslau hatte eine wichtige Getreidebörse, die die Getreideproduktion in Russland und Osteuropa mit den Abnehmern in Mittel- und Westeuropa verband. Eine erfolgreiche Karriere als Bankier oder Geschäftsmann wurde zu dieser Zeit in der jüdischen Gesellschaft hoch angesehen. Doch die Karriere meines Vaters wurde gleich zu Beginn durch den Ausbruch des Ersten Weltkrieges unterbrochen. Er meldete sich freiwillig und diente in der Infanterie vom ersten bis zum letzten Tag des Krieges an den Fronten in Russland und Frankreich. Dreimal wurde er im Kampf verwundet, erhielt das Eiserne Kreuz und wurde gegen Ende des Krieges zum Offizier ausgebildet. Diese Auszeichnung wurde nur sehr wenigen Juden zuteil. Als er sich nach dem Krieg wieder für eine kurze Zeit dem Getreidehandel zuwandte, waren Russland und Osteuropa keine wichtigen Getreideproduzenten mehr. Die ›Oktoberrevolution‹ hatte zu einer Nahrungsmittelknappheit in Russland geführt, die kaum Getreide für den Export übrigließ. Mein Vater baute daraufhin eine Fabrik für edle Ballettschuhe in Berlin auf.

In den goldenen Zwanzigerjahren genoss er das gesellschaftliche Leben der Hauptstadt und verbrachte den Großteil seiner Freizeit damit, an Ruderregatten teilzunehmen und Jugendmannschaften in seinem Ruderclub in Berlin-Grünau zu trainieren. 1927 verkaufte er seine Fabrik an eine große deutsche Schuhproduktions- und Ladenkette, arbeitete aber weiter mit an der Expansion dieses Unternehmens. Sein Leben zwischen 1933 und 1945 habe ich in diesem Buch behandelt. Er ging nach Berlin, und von dort aus folgten mir meine Eltern 1951 nach Australien. Hier fand er Arbeit als Zuschneider in einer Schuhfabrik, wo er bis zu seiner Pensionierung 1955, im Alter von 62 Jahren, beschäftigt war. Vater war ein außergewöhnlicher Mann, der sich nie beklagte, jede Aufgabe erledigte und alle Möglichkeiten, die ihm das Leben bot, wahrnahm. Dabei strebte er immer nach Perfektion. Er hatte einen ausgeprägten Sinn für Pflicht und Loyalität, er war unbestechlich und furchtlos – das Wort ›Tod‹ kam in seinem Wortschatz nicht vor. Kurz bevor er 1978 seinem Krebsleiden erlag, nahm er meine Hände und die meiner Mutter in die seinen und drückte sie. Dies war seine Art zu sagen: »Ich sterbe, bitte kümmere Dich an meiner Statt um Mutter.« In seinen letzten Stunden war ich an seiner Seite. An der Wand hing ein Foto seiner Eltern. Vater richtete sich mit einigen Sätzen, deren Sinn ich schon nicht mehr verstehen konnte, an mich, aber es schien, als ob er glaube, ich sei sein Vater. Seine Gedanken hatten sich von der Zukunft ab- und der Vergangenheit zugewandt. Das Ende und der Anfang wurden eins. Zwischen seinen Unterlagen fand ich sein Eisernes Kreuz. Er hatte nie den Wusch, von Australien nach Deutschland zurückzukehren, aber das Kreuz schien ihn an die Lehren zu erinnern, die er inmitten des Kämpfens und Sterbens auf den Schlachtfeldern des Ersten Weltkriegs gezogen hatte. Ein Andenken an menschliche Werte und die Prioritäten im Leben. Seine Lebensgeschichte würde ein ganzes Buch füllen. Ehrlichkeit, Einfachheit und Anstand machten ihn aus. Ich hätte mir keinen besseren Vater wünschen können.

Das Leben meiner Mutter, Frida Aufrichtig, geborene Schneider, wird bis 1945 im Hauptteil dieses Buches behandelt. Nach dem Krieg fand sie ihre Bestimmung darin, meinen Vater, mich und meine Familie zu unterstützen, und widmete sich dem jüdischen Leben. Sie erlernte ein passables Englisch und genoss das Leben in Australien, wurde jedoch aufgrund ihrer Erfahrungen ein eher introvertierter Mensch. Nach dem Tod meines Vaters holte sie ihre Vergangenheit ein. Fremden gegenüber bewahrte sie die Fassung, aber sie rief häufig die Polizei, zog die Vorhänge zu und schloss sich in ihrem Haus ein – im Glauben, die Nationalsozialisten hätten sie bis nach Australien verfolgt. Medizinische und seelische Betreuung sowie bestärkende Worte halfen ihr, sich an einem letzten Höhepunkt ihres Lebens zu erfreuen: der Hochzeit unseres jüngeren Sohnes. Sie wollte auch an der Hochzeit unseres älteren Sohnes teilnehmen, und bis zu unserer Abreise nach England, wo die Hochzeit stattfinden sollte, redete sie sich und anderen ein, dass sie mitkommen würde. Doch letztendlich konnte sie sich nicht überwinden, nach Europa zurückzukehren. Am 24. Juni 1989 waren Judith und ich gerade in London angekommen, als uns ein Anruf aus Australien erreichte. Mutter hatte auf einer Treppe das Gleichgewicht verloren und war rückwärts mit dem Kopf auf den Asphalt geschlagen. Kurze Zeit später erhielten wir einen weiteren Anruf vom Krankenhaus, in dem uns mitgeteilt wurde, dass meine Mutter ihren Kopfverletzungen erlegen war. Sie hatte ihr Bewusstsein sofort beim Sturz verloren. Obwohl sie unsere Abwesenheit vermutlich gar nicht wahrgenommen hat, bedauere ich, dass ich in ihrer letzten Stunde nicht ihre Hand halten konnte, die uns und denen, die sie kannte und liebte, so viel gegeben hatte. Ihre einfache Herkunft war Stärke und Schwäche zugleich. Sie war zurückhaltend gegenüber allen, außer dem engeren Familien- und Freundeskreis, vermutlich, weil sie sich ihrer Bildungslücken bewusst war. Was ihr an Allgemeinwissen fehlte, machte sie durch gute Menschenkenntnis sowie klares und praktisches Denken wett. Ihre Liebenswürdigkeit und Hilfsbereitschaft, wann immer sie gebraucht wurde, führten immer wieder dazu, dass sie die Bedürfnisse anderer vor ihre eigenen stellte. Ihr Mut, ihre Hingabe und Liebe sind bis heute ein einzigartiger Beitrag zu unserem Leben.

NACHWORT
›ZWEIFACH VERTRIEBEN. ZWEIFACH VERGESSEN‹

Ostdeutschland, im Spätsommer 1945. Mit dem Potsdamer Abkommen vom 2. August werden die Grenzen in Europa wieder einmal neu gezogen. In Kapitel IX. »Polen« beschließen die drei Siegermächte des Zweiten Weltkrieges in Europa: die Sowjetunion, die Vereinigten Staaten und das Vereinigte Königreich, dass weite Teile Ostdeutschlands »unter die Verwaltung des polnischen Staates kommen und in dieser Hinsicht nicht als Teil der Sowjetischen Besatzungszone betrachtet werden sollen«. Bereits ein Jahr zuvor, im Sommer 1944, hatten Stalin und Vertreter des kommunistischen ›Polnischen Komitees der Nationalen Befreiung‹ in Lublin über den künftigen Grenzverlauf zwischen der Sowjetunion und Polen konferiert und die ›Evakuierung‹ der polnischen Bevölkerung aus dem erneut sowjetischen Ostpolen vereinbart. In Potsdam ließ sich Stalin diese Übereinkunft von seinen westlichen Kriegsverbündeten nur noch bestätigen. Und weil sich der ›Generalissimus‹ aus Moskau jene polnischen Gebiete, die er sich im Pakt mit dem Deutschen Reich vom 23. August 1939 als ›Interessensphäre‹ angeeignet hatte, erneut sicherte, musste Polen für diesen Verlust ›entschädigt‹ werden. Es erhielt die ostbrandenburgische Neumark, zwei Drittel Pommerns, das südliche Ostpreußen und den Großteil Schlesiens zugesprochen. Bemerkenswert an dieser Entscheidung ist die Haltung der Westalliierten: Wenngleich sie die Annexion Estlands, Lettlands und Litauens durch die Sowjetunion 1940 bzw. 1944 nie anerkannt haben, stimmten sie in Potsdam dem dauerhaften Verbleib des 1939 besetzten Ostpolen, der ›Kresy‹, zu. In Kapitel XIII. »Ordnungsgemäße Überführung deutscher Bevölkerungsteile nach Deutschland« verständigten sich die Drei darauf, dass diese Ausweisung aus Polen, der Tschechoslowakei und Ungarn in »humaner Weise« durchzuführen sei. Wenige Polen und Juden in den ›Kresy‹ wiederum standen vor der zweifelhaften Wahl, Bürger der Sowjetunion oder – wie die meisten – in die neuen polnischen Westgebiete ›repatriiert‹ zu werden. Transfer oder Zwangsmigration, Aussiedlung oder Vertreibung – und damit millionenfacher

Heimatverlust – galten den großen Drei in Potsdam als legitimes Mittel ihrer Realpolitik. Im Unterschied dazu hatten sie selbst noch kurz zuvor, am 26. Juni 1945, die ›Charta der Vereinten Nationen‹ unter Verweis auf die ›Achtung des Grundsatzes der Gleichberechtigung und Selbstbestimmung der Völker‹ unterzeichnet.

Klaus Aufrichtig, Holocaustüberlebender von damals 16 Jahren, kam zu dieser Zeit in seine Heimatstadt Breslau zurück. Im Herbst 1944 hatte ihn die Gestapo in ein nahegelegenes Zwangsarbeitslager verschleppt, weil er Jude war. Wenngleich Aufrichtig die Schwierigkeiten beim Grenzübertritt aus der Sowjetischen Besatzungszone Mitteldeutschlands in das polnische Verwaltungsgebiet Schlesiens erfahren hatte, wusste der junge Heimkehrer über die Potsdamer Beschlüsse nicht Bescheid – hatte keine Ahnung, dass sein geliebtes Breslau fortan polnisch sein sollte und ein vollständiger Austausch seiner Einwohnerschaft beschlossen war. Breslau lag in Trümmern; Deutsche – ob Juden oder Nichtjuden – galten als ›Freiwild‹ und waren teilweise bereits verjagt worden; ihrerseits entwurzelte Polen strömten in die Stadt; Angehörige der sowjetischen Militärverwaltung und der polnischen Miliz lieferten sich nachts zuweilen regelrechte Straßenkämpfe, wie der Autor anmerkt. Dennoch sammelten sich in der schlesischen Metropole auch Überlebende des Holocaust; sie kamen aus Verstecken oder – wie Klaus Aufrichtig und sein Vater Rudolf – aus Lagern.

Klaus Aufrichtig, der nach seiner Einbürgerung in Australien ab dem 3. Juni 1955 den Namen Kenneth James Arkwright annahm, kann man einen deutschen Bildungsbürger par excellence und ein Musterbeispiel der vielfach beschworenen deutsch-jüdischen Symbiose nennen. Er war und ist in der deutschen Kultur verwurzelt. Noch nach über sechzig Jahren bezeichnet er Deutsch als seine Muttersprache. Nicht von ungefähr listet er die militärischen Verdienste seiner patriotischen Vorfahren für Preußen und Deutschland auf, nimmt bei seiner Flucht aus Ost-Berlin 1949 Goethes *Faust* und Kants *Kritiken* mit. Wahrscheinlich wäre er in seiner Heimatstadt Breslau verblieben, wenn diese nicht polnisch geworden wäre, und möglicherweise hätte es ihn nach der erzwungenen Flucht aus Schlesien sogar im Nachkriegsdeutschland gehalten, wenn die Umstände in der Sowjetischen Besatzungszone andere gewesen wären. Aber das ist Spekulation. Die Breslauer deutsch-jüdische ›Stadtlandschaft‹, von der Ken in seinen Erinnerungen berichtet, existiert nicht mehr; dieses Zentrum deutschen Judentums mit einer Kultur und Wirtschaft von europäischer Bedeutung war spätestens seit 1944 ausgelöscht. Mit der Deportation und Ermordung der jüdischen Einwohner sowie der Flucht und Vertreibung der nichtjüdischen wurde eine Jahrhunderte alte Kulturlandschaft unwiederbringlich zerstört; die anschließende Tilgung deutscher Spuren durch Polen, der ›Eiserne Vorhang‹ und ein kollektives Verdrängen in beiden deutschen Nachkriegsstaaten taten ein übriges. Das Schicksal der Juden in den früheren Ostgebieten fiel einem zweifachen Vergessen anheim.

Schlesien gehört zu den Gebieten Mitteleuropas, in denen seit dem Mittelalter Juden lebten. Ein Teil der Familie des Autors war hier seit dem 16. Jahrhundert ansässig. Sie legte das Westjiddische (›Judendeutsch‹) bewusst ab und befleißigte sich des Hochdeutschen, auch als Zeichen freiwilliger Assimilation bei Bewahrung jüdischer Bräuche. Breslau lag und liegt in einem Grenzland kultureller Überlagerungen und Übergänge zwischen Deutschland, Böhmen und Polen. Kulturelle Vielfalt war hier auch das Ergebnis wechselnder staatlicher Zugehörigkeiten, sehr unterschiedlicher nationaler Einflüsse und eines Nebeneinanders verschiedener Volksgruppen. Nach dem preußischen Emanzipationsedikt des Jahres 1812 spielten die Juden in Breslau – wie in ganz Schlesien – eine immer größere Rolle; die Familie nahm in diesem Jahr den Namen ›Aufrichtig‹ an. Der jüdische Anteil am Aufschwung der ›Gründerzeit‹, im kulturellen und öffentlichen Leben der Provinz Schlesien war enorm. Hier entstand das ›Jüdisch-Theologische Seminar‹, das mit seiner Rabbinerausbildung als eines der wichtigsten Zentren der jüdischen Wissenschaft in Europa galt und zum Vorbild für spätere Gründungen auf dem Kontinent und in Amerika wurde. Juden förderten auch die Wirtschaft Breslaus. Namen wie Bielschowsky, Breslauer, Caro, Pringsheim, Schottländer oder Wertheim standen dabei nicht nur für finanziellen Erfolg im Bankwesen oder Handel, sondern auch für öffentliche Wohltätigkeit.

Mitte der 1920er Jahre, in der Weimarer Republik, verfügte Breslau – nach Berlin und Frankfurt am Main – mit 23.240 Mitgliedern über die drittgrößte jüdische Gemeinde Deutschlands. In diesen fünfzehn Jahren schien das Breslauer Judentum seine volle politische, wirtschaftliche und kulturelle Gleichberechtigung erreicht zu haben. Doch selbst zu dieser Zeit war die Stadt Schauplatz von Friedhofsschändungen, Überfällen auf jüdische Passanten und einer Ritualmordlüge. Den Bruch für die jüdischen Bürger des Reiches, darunter die Breslauer Familie Aufrichtig, markierte das Jahr 1933 – mit der Machtübernahme Hitlers und seiner NSDAP. Juden wurden – angezettelt durch das nationalsozialistische Regime, aber mit Unterstützung der Gesellschaft – zu Fremden gemacht. Das strategische Ziel der Judenverfolgung war bis zum Kriegsausbruch 1939 darauf gerichtet, ›Nichtarier‹ aus der deutschen ›Volksgemeinschaft‹ herauszudrängen und sie aus dem Land zu vertreiben. Diesem Zweck dienten politische, juristische und wirtschaftliche Maßnahmen; insgesamt gab es ab 1933 knapp 2.000 entsprechende Erlasse, Gesetze, Verordnungen, Verfügungen und dergleichen. In Breslau stürmten SA-Trupps unter dem Kommando des neuen Polizeipräsidenten, SA-Obergruppenführer Edmund Heines, am 11. März 1933 das Gericht am Stadtgraben und trieben jüdische Rechtsanwälte, Richter und Staatsanwälte aus dem Gebäude. Bereits wenige Tage später, am 20. März, brachte das preußische Justizministerium einen Gesetzesentwurf ein, der die Entlassung aller ›nichtarischen‹ Richter und Staatsanwälte vorsah. Gleichzeitig beschmierten SA-Trupps Schaufenster jüdischer Geschäfte und Warenhäuser mit der Aufschrift: »Deutsche kauft nur bei Deutschen, nicht beim Juden!« und zwangen die Inhaber zur Schließung. Diese erste, noch wilde Boykottwelle bremste die Parteiführung zunächst als zu massive Störung der öffentlichen Ordnung. Doch es folgte der zentral gesteuerte und reichsweit organisierte ›Judenboykott‹, zu dem in Breslau Gauleiter Helmut Brückner am 31. März in der *Schlesischen Tageszeitung* aufrief. Am Tag darauf hinderten SA-Männer Kunden am Betreten der großen jüdischen Warenhäuser und pöbelten sie an. In Schlesien entwickelte sich dieser Boykott zu einem regelrechten Blutrausch der SA – mit Plünderungen und hemmungsloser Gewalt. Bereits wenige Tage später, am 7. April, wurde mit dem ›Gesetz zur Wiederherstellung des Berufsbeamtentums‹ die Vertreibung von Juden aus ihren Ämtern und Dienstverhältnissen in der Verwaltung staatlich verordnet. 1937 berichtete das Statistische Amt der Stadt Breslau in einem Rückblick auf ›vier Jahre nationalsozialistischer Verwaltung‹, dass durch »vorbildliche Gemeinschaftspflege innerhalb der städtischen Verwaltung [...] alle unzuverlässigen Elemente« entfernt worden seien. In den letzten Oktobertagen 1938 schob die Gestapo in einer beispiellosen ›Aktion‹ etwa 17.000 Juden, die polnische Staatsbürger waren, aus dem Reich in das Nachbarland ab. Die etwa 6.000 in Schlesien ansässigen Juden wurden nahe dem oberschlesischen Beuthen über die Grenze auf polnisches Staatsgebiet verjagt. Das Vorspiel zur ›Kristallnacht‹, zur Vertreibung der deutschen und letztlich der europäischen Juden, zum Holocaust.

Der von der nationalsozialistischen Führung zentral gesteuerte Pogrom in der Nacht vom 9. auf den 10. November 1938 verlief in Breslau wie im gesamten Deutschen Reich: Vor allem SA-Trupps, aber auch ›ganz normale Bürger‹, verwüsteten Geschäfte und Wohnungen von Juden, demolierten Gebetshäuser und steckten Synagogen in Brand. Um zwei Uhr nachts – kaum eine Stunde, nachdem der Befehl in Breslau eingetroffen war, – brannte die große Neue Synagoge am Anger 8. Anschließend wurden in Breslau 2.471 jüdische Männer festgenommen, im Hof des Polizeipräsidiums direkt neben dem noch schwelenden Tempel gefangengesetzt und in das Konzentrationslager Buchenwald verbracht. Überall in Niederschlesien kam es in dieser Nacht und in den folgenden Tagen zu antijüdischen Ausschreitungen, bis hin zu Mord. Federführend war Erich von dem Bach-Zalewski, Höherer SS- und Polizeiführer im ›Oberabschnitt Süd-Ost (Schlesien)‹, der nur wenige Jahre darauf an Massenmorden auf dem Gebiet der besetzten Sowjetunion beteiligt und im August 1944 für die Niederschlagung des Warschauer Aufstandes verantwortlich sein sollte. Hermann Göring, als ›Zuständigkeitsgigant des Dritten Reiches‹ auch oberster Wirtschaftsplaner, war über die Exzesse vorab zwar nicht informiert worden (und beschwerte sich entsprechend); er nutzte die Gewaltakte aber als Vorwand für verschärfte Entrechtungsmaßnahmen gegen die deutschen Juden. In einer Sitzung am 12. November im Berliner Reichsluftfahrtministerium unter seinem Vorsitz fanden diese ihren Niederschlag in zunächst drei Erlassen – zur ›Wiederherstellung des Straßenbildes‹, zur finanziellen ›Sühneleistung‹ in Höhe von einer Milliarde Reichsmark und zur ›Ausschaltung der Juden aus dem Wirtschaftsleben‹. Diese Anordnungen trieben Tausende jüdische Familien – auch in Breslau – ins Elend; Juden durften fortan vielen Berufen nicht mehr nachgehen, ihre Geschäfte und Betriebe wurden ›arisiert‹, der Raub jüdischen Besitzes legalisiert. Die vollständige Erfassung der Juden in Karteien und die völlige Verdrängung aus dem politischen, gesellschaftlichen und wirtschaftlichen Leben hatte begonnen. Eine Welle restriktiver Erlasse verbot Juden unter anderem den Eintritt in Kinos, Konzertsäle und Theater, die Teilnahme an öffentlichen Veranstaltungen, das Studium an deutschen Hochschulen und die Benutzung öffentlicher Verkehrsmittel. Spätestens der ›Novemberpogrom‹ 1938 hatte gezeigt, dass die nationalsozialistischen Machthaber – und nicht wenige ›Volksgenossen‹ – auch vor physischer Gewalt nicht mehr zurückschreckten.

All diese Vorgänge wie auch die staatlich gesteuerte und willfährig umgesetzte Judenfeindschaft im Alltag sollten die Minderheit zur Auswanderung drängen. Bereits im Frühjahr 1933 setzte eine erste Emigrationswelle ein. In Breslau sank die Zahl von über 23.000 Bürgern ›mosaischen Glaubens‹ auf knapp 19.000 im Frühjahr 1935. Eine zweite Welle folgte auf die im September 1935 erlassenen ›Nürnberger Gesetze‹; bis Dezember 1937 verließen über 2.000 Juden ihre Heimatstadt. Die Volkszählung vom 17. Mai 1939 ergab für Schlesien 17.257 Juden, von denen 11.172 in Breslau wohnten, wie die ›Statistik über die Juden und jüdischen Mischlinge‹ für Preußen im Bundesarchiv Koblenz belegt. In der schlesischen Hauptstadt lebten demnach über 1.700 ›Mischlinge ersten Grades‹ (786 Männer und 941 Frauen) und über 700 ›zweiten Grades‹, die laut *Duden* ab 1941 offiziell ›Halb-‹ und ›Vierteljude‹ genannt wurden. Als Folge der ›Kristallnacht‹ setzte die letzte und größte Auswanderungsbewegung ein. Nach Aufhebung des Mieterschutzes für Juden per Gesetz vom 30. April 1939 folgte im gesamten Reich eine ›Ghettoisierung‹ der jüdischen Bevölkerung durch Zwangsunterbringung in sogenannten Judenhäusern, die sich in Breslau hauptsächlich um die Wallstraße befanden. Die Zusammendrängung in kleineren Wohnungen und eine zeitgleiche Überführung von 2.000 Breslauer Juden in Sammellager – Tormersdorf bei Görlitz, Grüssau bei Landeshut und Riebnig bei Brieg – wurde mit dem Ziel, »Breslau in absehbarer Zeit von Juden freizumachen«, durch die Gauleitung am 28. Mai 1941 beschlossen – und zwar unabhängig von Weisungen aus Berlin. Zu dieser Zeit zählte die jüdische Bevölkerung Breslaus nur noch um die 9.000 Personen.

Diese Verfolgungsmaßnahmen gipfelten in der ersten großen Deportation von 1.005 Breslauer Juden – unter ihnen der Pate Klaus Aufrichtigs, Alfred Redlich, dessen Frau Käthe und ihr Sohn Walter – am 25. November 1941. Die Breslauer Staatspolizeistelle begann am 21. November 1941 mit den Vorbereitungen. Zunächst verhaftete die Gestapo jüdische Kinder, Frauen und Männer und brachte sie zu ›Sammelstellen‹ im Untersuchungsgefängnis an der Neuen Graupenstraße und im Hof der Synagoge *Zum Weißen Storch* in der Wallstraße, von wo aus sie nach der Erledigung der Formalitäten zur ›Endsammelstelle‹, einem beliebten Lokal mit Biergarten in der Schießwerderstraße nahe dem Odertorbahnhof, gebracht wurden. Von einem Nebengleis verließ dieser erste ›Judentransport‹ Breslau ›gen Osten‹ – mit dem Ziel ›Kowno‹. Im dortigen IX. Fort erschoss das deutsch-litauische Einsatzkommando 3 unter Führung von SS-Standartenträger Dr. Karl Jäger am 29. November alle angekommenen Breslauer Juden. Es war der Auftakt der ›Endlösung der Judenfrage‹ in Schlesien – zwei Monate vor der Wannseekonferenz. Nach einigen Monaten wurden die in Tormersdorf, Grüssau und Riebnig untergebrachten Juden zu ›Sammelstellen‹ in Breslau gebracht, von wo die SS entweder in den Distrikt Lublin oder direkt nach Auschwitz-Birkenau deportierte. Alle verbliebenen Juden mussten – ob alt oder jung – Zwangsarbeit leisten, meist in Rüstungsfabriken oder beim Straßenbau.

Es folgten weitere Verschleppungen, vor allem nach Auschwitz und in das Ghettolager Theresienstadt, die sich wie ein Roter Faden durch die Erinnerungen Klaus Aufrichtigs ziehen. So nahm die Breslauer Gestapo Ende Februar 1943 Juden fest, die für einen Transport direkt nach Auschwitz bestimmt waren. Am 27. Februar brachte die Gestapo 1.405 Breslauer Juden in den Hof der Synagoge *Zum Weißen Storch*, von wo sie am 5. März 1943 abtransportiert wurden. Sofort nach ihrer Ankunft führte die SS eine ›Selektion‹ durch: 809 von ihnen wurden sofort in der Gaskammer ermordet, 596 mussten schwerste Zwangsarbeit leisten. Nach dieser ›großen Aktion‹ vergingen nur wenige Tage, bis das ›Judenreferat‹ der Staatspolizeileitstelle in Breslau weitere Listen für kommende Transporte zusammenstellte. In den Sterbebüchern des Standesamtes Breslau sind 108 Breslauer Juden verzeichnet, die den Freitod wählten. Nach den großen Deportationen verblieben lediglich einige hundert ›privilegierte‹ Juden in der Stadt – in sogenannten Mischehen lebend, ehemalige Frontkämpfer des Ersten Weltkriegs, Ärzte und ›Prominente‹. Mit der Einrichtung einer Krankenstation in ehemaligen Verwaltungsgebäuden auf dem jüdischen Friedhof in der Flughafenstraße 51 wurden sie ab dem Sommer 1943 an den Stadtrand verlegt; die letzte jüdische Einrichtung Breslaus ›zu deutscher Zeit‹. Im Herbst 1944 und Anfang 1945 gingen letzte Judentransporte in das Konzentrationslager Groß-Rosen und seine Außenkommandos, so wurden Klaus Aufrichtig und sein Vater nach Grünthal deportiert. Noch während der sowjetischen Belagerung der ›Festung‹ Breslau setzte die Gestapo die Verfolgung fort. Im März 1945 plante sie, alle verbliebenen Juden – unter ihnen Klaus' Mutter, Frida Aufrichtig, – auf ein beschädigtes Schiff zu verladen und auf der Oder zu versenken. Lediglich die sich nähernde Hauptkampflinie der Roten Armee verhinderte dies. Nach schwersten Bombenangriffen zu Ostern 1945, am 1. und 2. April, die Breslau in Schutt und Asche legten, und schwerstem Artilleriebeschuss durch die Sowjets, nach insgesamt 170.000 getöteten Zivilisten, 6.000 deutschen und 7.000 sowjetischen Gefallenen kapitulierte die ›Festung‹ am 6. Mai 1945.

Als Folge der sowjetischen Eroberung der Stadt trafen bald auch polnische Behörden in Breslau ein. Nach dem Potsdamer Abkommen vom Sommer 1945 standen die früheren deutschen Ostgebiete offiziell ›unter polnischer Verwaltung‹ und galten in der Staatsideologie als ›wiedergewonnen‹. Die Juden, die sich nach dem Untergang des Deutschen Reiches in Niederschlesien, dem nunmehrigen polnischen Westen, aufhielten, gehörten nur zu einem verschwindend geringen Teil der angestammten jüdischen Gemeinschaft an; die meisten waren frühere Häftlinge aus dem Konzentrationslager Groß-Rosen und seinen zahlreichen Außenkommandos. Die letzten deutschen Juden stammten zumeist aus ›Mischehen‹ und waren als ›Mischlinge‹ untergetaucht. Laut Dokumenten aus den Archiven des Jüdischen Historischen Instituts in Warschau sowie des Internationalen Suchdienstes in Bad Arolsen lebten 1945/46 allein in Breslau etwa 1.000 deutsche Juden; im Sommer 1946 waren es noch über 600. Die deutschen Juden nahmen mit ihrer Zugehörigkeit zur deutschen Kultur und Gesellschaft einerseits und ihrem Status als Opfer der nationalsozialistischen Rassenpolitik andererseits eine Sonderstellung ein und bereiteten der nationalitätenpolitischen Praxis der polnischen Verwaltung damit arge Probleme. Ihre Behandlung folgte eigenen Kriterien: Zuerkennung eines Sonderstatus als Opfer zum Schutz vor Strafmaßnahmen – insbesondere vor Internierung und Zwangsarbeit, wie sie gegen die übrige deutsche Bevölkerung praktiziert wurden; Verschonung von Enteignung und Aussiedlung; schließlich, wenn die Vertreibung dennoch erfolgte, Gewährung privilegierter Bedingungen während der Transporte, also eigene Waggons. Die Behörden verfuhren in allen diesen Fragen jedoch von Fall zu Fall unterschiedlich, wenn nicht willkürlich.

In der Tat sind die polnischen Dienststellen mit den deutschen Juden ähnlich umgegangen wie mit politischen Gegnern des Nationalsozialismus: Sie behandelten sie im Prinzip wie den Rest der deutschen Bevölkerung. Lediglich die Rücksichtsnahme auf die westliche Öffentlichkeit führte zuweilen zu einem einfühlsameren Umgang mit den Überlebenden. Das im Juni 1945 gegründete ›Jüdische Woiwodschaftskomitee Niederschlesien‹ unternahm Versuche, die rechtliche Gleichstellung der deutschen Juden mit polnischen Staatsangehörigen zu erwirken. Das Hauptproblem war die Anerkennung einer jüdischen ›Nationalität‹ der registrierten deutschen Juden. In Bescheinigungen, die zu einem Anspruch auf Unterstützung berechtigten, wurde festgestellt: »Aufgrund der uns vorgelegten Dokumente (Personalausweis, Kennkarte, Geburtsurkunde) bescheinigen wir, dass der Genosse [...] Jude ist und als solcher vom nationalsozialistischen Regime verfolgt wurde.«

Allerdings gab es zwei Männer, die die nationalsozialistische Verfolgung im Versteck überlebt und sich bereits im Mai 1945 mit den Polen in Verbindung gesetzt hatten: Albert Hadda, in den ersten Monaten nach der Befreiung Vorsitzender des Jüdischen Komitees in Breslau, und Dr. Kohn. Beide erreichten, dass den deutschen Juden ein Teil der Räume der früheren jüdischen Gemeinde zur Verfügung gestellt wurde, dass sie Ausweise mit dem Zusatz ›Opfer des Nationalsozialismus‹ und Lebensmittelrationen der Roten Armee erhielten. Die meisten Juden wohnten um die Wallstraße, in Nähe der *Storch*-Synagoge; dort, wo sich ab 1939 die ›Judenhäuser‹ befunden hatten. Das Gotteshaus war jedoch außer Betrieb, und man benutzte private Wohnungen für die regelmäßigen Gottesdienste am Sabbat. Darüber hinaus wurde ein

Kibbuz gegründet – vor allem für junge deutsch-jüdische Heimkehrer, die niemanden mehr vorgefunden hatten. Einige lokale jüdische Komitees, wie in Breslau und Hirschberg, hatten deutsche Juden neugegründet und deren Leitung übernommen, bis sie im Frühjahr 1946 durch polnische Juden ersetzt wurden.

Für die meisten der deutschen Juden war der Verbleib im zerstörten Breslau, in Chaos, Unsicherheit und behördlicher Willkür unvorstellbar. Albert Hadda und andere Breslauer Juden nahmen daher Kontakt nach Erfurt auf. Hier hatten etwa 15 Holocaustüberlebende eine kleine Gemeinde gegründet. Die Breslauer erhielten eine Bewilligung der Stadt Erfurt für die ›Ansiedlung‹ von ungefähr 150 Personen. Im September 1945 verließen erste Busse Breslau, denen weitere folgten. Vor der Ausreise unterzogen die Polen die deutschen Juden jedoch einer entwürdigenden Kontrolle. Die zurückgebliebenen Juden wurden – wie die übrige deutsche Bevölkerung und unter denselben Bedingungen – ab Ende November 1945 in Eisenbahntransporten ›ausgesiedelt‹. 1947/48 lebte noch ein Dutzend deutsch-jüdischer Familien in Breslau. Doch auch sie verließen die nunmehrige Volksrepublik Polen bald darauf.

Dank des Zuzugs aus Breslau wuchs die jüdische Gemeinde in Erfurt und zählte im Frühjahr 1946 bereits etwa 400 Mitglieder; unter ihnen war die dreiköpfige Familie Aufrichtig. Zunächst nutzten sie gemietete Räume am Anger 30/32. Ab April 1946 bemühten sich die Juden um die Rückübertragung des Synagogengrundstücks, die schließlich im März 1947 erfolgte. 1951 konnte mit dem Bau einer neuen Synagoge am alten Ort, dem heutigen Juri-Gagarin-Ring, begonnen werden; die Grundsteinlegung erfolgte am 9. August des Jahres. Am 31. August 1952 wurde der Neubau mit Gemeindezentrum durch Landesrabbiner Dr. h. c. Martin Riesenburger feierlich eingeweiht. Dieser Bau blieb bis 1989 der einzige Synagogenneubau auf dem Gebiet der DDR. Viele Juden verließen Erfurt allerdings wieder, um in den Westen zu gehen und von dort aus Europa zu verlassen. Heutzutage besteht die Erfurter Gemeinde überwiegend aus zugewanderten russischen Juden, zählt 337 Mitglieder und wird seit Anfang der 1990er Jahre von Wolfgang Nossen geleitet – einem gebürtigen Breslauer, der nach dem Krieg drei Jahre in Erfurt gelebt hatte und dann nach Israel ausgewandert war.

Im polnischen Niederschlesien gewährte die Warschauer Regierung dem ›Jüdischen Woiwodschaftskomitee‹ eine gewisse kulturelle Autonomie sowie Unterstützung für einen jüdischen Ansiedlungsschwerpunkt in Niederschlesien. Die Zahl der Juden – meist ›Repatrianten‹ aus dem Inneren der Sowjetunion oder den annektierten ›Kresy‹ – stieg daher rasch an und erreichte im Sommer 1946 mit rund 90.000 ihren Höhepunkt. Insgesamt wohnten zu dieser Zeit mehr als fünfzig Prozent der überlebenden polnischen Juden in Niederschlesien. Unter ihnen war Sabina van der Linden-Wolanski, die am 10. Mai 2005 bei der Eröffnung des Denkmals für die ermordeten Juden Europas in Berlin gesprochen hat. Vor allem in Reichenbach und Breslau entstanden kurzzeitig größere jüdische Gemeinden. So kam in Reichenbach 1946 die heutige Vorsitzende der Jüdischen Gemeinde zu Berlin, Lala Süsskind, zur Welt. In den ›wiedergewonnenen Gebieten‹ suchten jüdische wie katholische Polen einen Neuanfang nach Holocaust und Krieg, anfangs noch in Nachbarschaft mit der eingesessenen deutschen Bevölkerung, die auf ihre ›Umsiedlung‹ wartete. In Breslau entstanden jüdische Handwerksgenossenschaften, Parteien und Schulen, das Jüdische Theater sowie jüdische Verlage, die mehrere Zeitungen und Zeitschriften auf Jiddisch herausbrachten. Das Nebeneinander der verbliebenen deutschen und hinzugezogenen polnischen Juden verlief allerdings nicht ohne Spannungen; beide Gruppen beteten und begingen die Feiertage getrennt voneinander.

Doch dieser Aufschwung jüdischen Lebens in Schlesien währte nur kurz: Für viele Juden waren die früheren deutschen Städte an Oder und Neiße von vornherein lediglich eine Zwischenstation auf dem Weg nach Palästina oder in die USA. Zunächst kam es in Polen zu antijüdischen Ausschreitungen und dem Pogrom in Kielce im Sommer 1946, die eine erste Auswanderungswelle unter den damals 200.000 Juden verursachten. Dann nahm die polnische Regierung ihre Zugeständnisse schrittweise zurück und Warschau stellte die Juden faktisch vor die Alternative, das Land zu verlassen oder sich mit einer Assimilation an die polnische Mehrheitsbevölkerung abzufinden.

Heute zählt die Jüdische Gemeinde in Breslau nur noch etwa 320 Mitglieder – und stellt damit bereits die zweitgrößte Polens dar.

Die Enteignung, Verschleppung und schließlich Vernichtung der Breslauer Juden zwischen 1933 und 1945 ›vor aller Augen‹ und durch die eigenen Landsleute kann im Rückblick wie ein Vorspiel der Vertreibung der übrigen Einwohnerschaft nach Kriegsende wirken. Wie in den zwölf Jahren der nationalsozialistischen Herrschaft alles Jüdische aus der Stadtlandschaft ausgelöscht worden war, so umfassend erfolgte nun die Tilgung alles Deutschen – dessen, was die unsinnige Schlacht um die ›Festung‹ Breslau übrig gelassen hatte. Im Zuge dieser ausnahmslosen ›Entdeutschung‹ wurden auch die spärlichen Reste des jüdischen Breslau beseitigt. Tatsächlich handelt es sich um miteinander verbundene und dennoch gänzlich unterschiedliche Prozesse. Im Leben Klaus Aufrichtigs treffen sie aufeinander, da er 1944 als ›Jude‹ und 1945 als ›Deutscher‹ vertrieben wurde.

Mit dem vollständigen Bevölkerungsaustausch der Jahre 1945 bis 1948 erlebten auch die wenigen überlebenden ostdeutschen Juden, die sich bis 1933 überwiegend als Angehörige der schlesisch-deutschen Gesellschaft und der deutschen Nation empfunden hatten, ein zweites Mal Vertreibung und Enteignung. Die Verschleppung und Ermordung der jüdischen Bevölkerung Schlesiens und Breslaus während des Nationalsozialismus und die Aussiedlung nach 1945 wurde durch die Flucht und Vertreibung der nichtjüdischen deutschen Bevölkerung überlagert. Sowohl Täter und Profiteure als auch jüdische Opfer der nationalsozialistischen Verfolgungs- und Ausrottungspolitik fanden sich in der ›Schicksalsgemeinschaft des deutschen Volkes‹ wieder. Die Erinnerung an die Jüdische Gemeinde zu Breslau – an die Zeit ihrer Blüte und die Zeit ihrer Zerstörung – verschwand mit der Vertreibung dieser wenigen Überlebenden und fand in der kollektiven Erinnerung von Deutschen und Polen Jahrzehnte lang keinen Platz.

Um so erstaunter zeigen sich eine junge polnische Generation und deutsche Besucher in den letzten Jahren, die bei ihrer Spurensuche auch den Reichtum der jüdischen Vergangenheit Breslaus entdecken. Beredtes Beispiel ist ein Film über die Begegnung von Studenten aus Polen und Deutschland mit drei Breslauer Juden, die im Juli 2009 auf Einladung der Edith-Stein-Gesellschaft in die Stadt ihrer Kindheit gekommen waren, und der seine Berliner Premiere am 9. Dezember 2010 im Ort der Information des Denkmals für die ermordeten Juden Europas hatte. Das polnisch-jüdische Leben der Nachkriegszeit dagegen ist noch immer weitgehend unbekannt. Nur die verschwindend kleine Gruppe alter Juden schwärmt vom jüdischen Leben nach 1945.

Wie Kurt Schwerin im Rückblick 1988 notierte: »Das alte jüdische Leben in Schlesien ist unwiederbringlich verloren und nur diejenigen Bewohner, die fliehen konnten und überlebten, sind Zeugen seiner damaligen Größe.« Klaus Aufrichtig – Kenneth James Arkwright ist ein solcher Zeuge; seine Erinnerungen sind Beleg einer zweifach ausgelöschten Lebenswelt, aber auch unerschrockenen Muts und, wie der Autor meint, ungeheuren Glücks.

Katharina Friedla · Uwe Neumärker

AUSWAHLBIBLIOGRAFIE

Barkai, Avraham: Vom Boykott zur Entjudung. Der wirtschaftliche Existenzkampf der Juden im Dritten Reich 1933–1943. Frankfurt/Main 1988.

Beevor, Antony: Berlin 1945. Das Ende. München 2002.

Benz, Wolfgang; Diestel, Barbara (Hrsg.): Instrumentarium der Macht. Frühe Konzentrationslager 1933–1937. Berlin 2003.

Dies. (Hrsg.): Der Ort des Terrors. Geschichte der nationalsozialistischen Konzentrationslager. Bd. 6: Stutthof, Groß-Rosen, Natzweiler. München 2007.

Dies. (Hrsg.): Der Ort des Terrors. Geschichte der nationalsozialistischen Konzentrationslager. Bd. 8: Riga, Warschau, Kaunas, Vaivara, Plaszow, Klooga, Chelmno, Belzec, Treblinka, Sobibor. München 2008.

Bundeszentrale für politische Bildung (Hrsg.): Zwangsumsiedlung, Flucht und Vertreibung 1939–1959. Atlas zur Geschichte Ostmitteleuropas. Bonn 2009.

Clarke, Christopher: Preußen. Aufstieg und Niedergang. 1600–1947. München 2007.

Cohn, Willy: Kein Recht, nirgends. Tagebuch vom Untergang des Breslauer Judentums 1933–1941. 2 Bde., Köln 2006.

Conrads, Norbert: Deutsche Geschichte im Osten Europas. Schlesien. Berlin 1994.

Davies, Norman; Moorhouse, Roger: Die Blume Europas. Breslau – Wrocław – Vratislavia. Die Geschichte einer mitteleuropäischen Stadt. München 2002.

Friedla, Katharina: Juden in Breslau 1945–1956. Der Neuanfang jüdischen Lebens in Niederschlesien nach dem Zweiten Weltkrieg. Unveröffentlichte Magistraarbeit, Berlin 2007.

Friedländer, Saul: Das Dritte Reich und die Juden. Die Jahre der Verfolgung 1933–1939. München 1998.

Ders.: Das Dritte Reich und die Juden. Die Jahre der Vernichtung 1939–1945. München 2006.

Golczewski, Frank: Die Ansiedlung von Juden in den ehemaligen deutschen Ostgebieten Polens 1945–1951. In: Brumlik, Micha; Sauerland, Karol (Hrsg.): Umdeuten, verschweigen, erinnern. Die späte Aufarbeitung des Holocaust in Osteuropa. Frankfurt/Main; New York 2010, S. 91–114.

Gottwaldt, Alfred; Schulle, Diana: Die »Judendeportationen« aus dem Deutschen Reich 1941–1945. Wiesbaden 2005.

Graml, Heinrich: Reichskristallnacht. Antisemitismus und Judenverfolgung im Dritten Reich. München 1998.

Gutterman, Bella: A narrow bridge to life. Jewish Forced Labor and Survival in the Gross-Rosen Camp System 1940–1945. Oxford; New York 2008.

Hettling, Manfred; Reinke, Andreas; Conrads, Norbert (Hrsg.): In Breslau zu Hause? Juden in einer mitteleuropäischen Metroplole der Neuzeit. Hamburg 2003.

Hilberg, Raul: Die Vernichtung der europäischen Juden. 3 Bde., Frankfurt/Main 1990.

Hirsch, Helga: Die Rache der Opfer. Deutsche in polnischen Lagern 1944–1950. Berlin 1998.

Dies.: Entwurzelt. Vom Verlust der Heimat zwischen Oder und Bug. Hamburg 2007.

Klemig, Roland; Zwingmann, Konrad; Dunker, Ulrich: Juden in Preußen. Ein Kapitel deutscher Geschichte. Regensburg 1982.

Łagiewski, Maciej: Wrocławscy Żydzi [Breslauer Juden] 1850 – 1944. Breslau 1994.

Laqueur, Walter: Geboren in Deutschland – Der Exodus der jüdischen Jugend nach 1933. Berlin 2000.

Lasker-Wallfisch, Anita: Ihr sollt die Wahrheit erben. Die Cellistin von Auschwitz. Erinnerungen. Reinbek 2000.

Müller, Roland B.: Vom Ende des jüdischen Schulwesens in Breslau. In: Medaon. Magazin für jüdisches Leben in Forschung und Bildung 1/2007, S. 1–28.

Nachama, Andreas; Neumärker, Uwe; Simon, Hermann (Hrsg.): »Es brennt!« – Antijüdischer Terror im November 1938. Berlin 2008.

Naimark, Norman M.: Die Russen in Deutschland. Die sowjetische Besatzungszone 1945 bis 1949. Berlin 1997.

Philo-Lexikon. Handbuch des jüdischen Wissens. Berlin 1937.

Poliakov, Leon: Geschichte des Antisemitismus. 8 Bde., Worms 1981.

Potsdamer Abkommen und andere Dokumente. Berlin (Ost) 1951.

Der Prozeß gegen die Hauptkriegsverbrecher vor dem Internationalen Militärgerichtshof Nürnberg 14.11.1945 – 1.10.1946. Amtlicher Wortlaut in deutscher Sprache. 42 Bde., Nürnberg 1947 – 1949.

Reinke, Andreas: Judentum und Wohlfahrtspflege in Deutschland. Das jüdische Krankenhaus Breslau 1726 – 1944. Hannover 1999.

Scheffler, Wolfgang; Schulle, Diana (Hrsg.): Buch der Erinnerung. Die ins Baltikum deportierten deutschen, österreichischen und tschechoslowakischen Juden. 2 Bde., München 2003.

Schwerin, Kurt: Die Juden im wirtschaftlichen und kulturellen Leben Schlesiens. In: Jahrbuch der Schlesischen Friedrch-Wilhelms-Universität zu Breslau 25/1984, S. 93 –177.

Sievers, Leo; Juden in Deutschland. Die Geschichte einer 2000jährigen Tragödie. Hamburg 1977.

Stein, Harry: Juden in Buchenwald 1937–1942. Weimar-Buchenwald 1992.

Stern, Fritz: Fünf Deutschland und ein Leben. Erinnerungen. München 2007.

Szaynok, Bożena: Ludność żydowska na Dolnym Śląsku [Die jüdische Bevölkerung in Niederschlesien] 1945 –1950. Breslau 2000.

Tausk, Walter: Breslauer Tagebuch 1933 –1940, herausgegeben von Ryszard Kincel. Berlin 1988.

Ther, Phillip: Deutsche und polnische Vertriebene. Gesellschaft und Vertriebenenpolitik in der SBZ/DDR und in Polen 1945 –1956. Göttingen 1998.

Thum, Gregor: Die fremde Stadt. Breslau 1945. Berlin 2003.

Tomaszewski, Jerzy: Auftakt zur Vernichtung. Die Vertreibung polnischer Juden aus Deutschland im Jahre 1938. Osnabrück 2002.

Walk, Joseph: Das Sonderrecht für die Juden im NS-Staat. Eine Sammlung der gesetzlichen Maßnahmen und Richtlinien – Inhalt und Bedeutung. Heidelberg; Karlsruhe 1981.

Wolf, Karla: Ich blieb zurück. Heppenheim 1990.

Zeidler, Manfred: Kriegsende im Osten. Die Rote Armee und die Besetzung Deutschlands östlich von Oder und Neiße 1944/45. München 1996.

ABBILDUNGSNACHWEIS

Bundesarchiv Koblenz: Abb. 33 (Bild_183-19000-1270), 37 (Bild_183-71405-0001/Wittig)
Barbara Kurowska, Berlin: Abb. 43, 44, 45
Biblioteka Uniwersytecka w Wrocławiu: Abb. 12
Eschwege, Helmut (Hrsg.): Kennzeichen J. Bilder, Dokumente, Berichte zur Geschichte der Verbrechen des Hitlerfaschismus an den deutschen Juden 1933–1945. Berlin (Ost) 1981, S. 191: Abb. 19, 20
Herder-Institut e. V. Marburg, Bildarchiv: Abb: 1, 2, 3, 8
Hirschberg, Erwin (Hrsg.): Eine Reise in die Heimat: Unser Schlesien heute. Aufzeichnungen über eine Reise durch alle schlesischen Kreise im Jahre 1954. Aachen 1955, S. 15: Abb. 11
International Tracing Service, Bad Arolsen: Abb. 29 (Complete List of Jews-Survivors of Breslau/Doc. No. 78787067#1 (3.1.1.3/0001-0197/0088/0106)
MMCD NEW MEDIA GmbH, Düsseldorf: Abb. 47
Muzeum Gross-Rosen w Rogoźnicy: Abb. 27
Muzeum Miejskie Wrocławia: Abb. 28
Rossijskij Gosudarstvennyj Voennyj Archiv v Moskve: Abb. 21
Stiftung Neue Synagoge Berlin – Centrum Judaicum: Abb. 36
Żydowski Instytut Historyczny im. Emanuela Ringelbluma w Warszawie: Abb. 13
Kenneth James Arkwright: alle übrigen

ORTSNAMENKONKORDANZ

Athen – Athēnai
Auschwitz – Oświęcim
Belzec – Bełżec
Bentschen – Zbąszyń
Beuthen – Bytom
Breslau – Wrocław
Brieg – Brzeg
Charkow – Charkiv
Danzig – Gdańsk
Dupine [Kostberg] – Dębina
Gleiwitz – Gliwice
Görlitz – Zgorzelec
Groß Bargen – Barkowo
Groß-Rosen – Rogoźnica
Grüntal [Kendzie] – Kędzie
Grüssau – Krzeszów
Guben – Gubin
Hirschberg – Jelenia Góra
Jauer – Jawor
Jerusalem – Jeruschalajim
Karlsbad – Karlovy Vary
Kaunas [Kowno]
Königsberg – Kaliningrad
Kreuzburg – Kluczbork
Küstrin – Kostrzyn nad Odrą
Landsberg in Oberschlesien – Gorzów Śląski
Landeshut – Kamienna Góra
Moskau – Moskva
Neapel – Napoli
Öls – Oleśnica
Paulsdorf – Pawłów
(heute Teil von Zabrze [Hindenburg])
Pitschen – Byczyna
Reichenbach – Dzierżoniów [Rychbach]
Riebnig – Rybna
Schneidemühl – Piła
Stalingrad [Wolgograd, Zarizyn]
Stettin – Szczecin
Theresienstadt – Terezín
Tormersdorf – Prędocice
Trachenberg – Żmigród
Venedig – Venezia
Warschau – Warszawa

STADTTEILE BRESLAUS

Hundsfeld – Psie Pole
Klettendorf – Klecina
Kosel – Kozanów
Masselwitz – Maślice
Neukirch – Nowy Kościół
Scheitnig – Szczytniki

STRASSEN IN BRESLAU

Anger – Ulica Łąkowa
Charlottenstraße – Ulica Krucza,
ulica Inżynierska, Ulica Wielka
Flughafenstraße – Ulica Lotnicza
Gabitzstraße – Ulica Gajowicka
Gartenstraße – Ulica Józefa Piłsudskiego
Gräbschener Straße – Ulica Grabiszyńska
Graupenstraße – Ulica Marcelego Nowotki,
Ulica Krupnicza
Hohenzollernstraße – Ulica Zaporoska,
Ulica Sudecka, Ulica Wyścigowa
Junkernstraße – Ulica Ofiar Oświęcimskich
Kaiser-Wilhelm-Platz –
Plac Powstańców Śląskich
Kirschallee – Ulica Wiśniowa
Kopischstraße – Ulica Stalowa
Lohestraße – Ulica Ślężna
Lothringer Straße [nicht mehr vorhanden]
Neue Graupenstraße – Ulica Sądowa
Ohlauer Straße – Ulica Oławska
Rehdigerplatz – Plac Lejba Icchaka Pereca
Ring – Rynek
Schweidnitzer Straße – Ulica Świdnicka
Schießwerderstraße – Ulica Kurkowa
Tauentzienplatz – Plac Tadeusza Kościuszki
Victoriastraße – Ulica Lwowska
Wallstraße – Ulica Pawła Włodkowica
Zimmerstraße – Ulica Joachima Lelewela

Abb. 1: Blick auf den Breslauer Ring, 5. Mai 1934; unten rechts: Denkmal für Friedrich Wilhelm III. und das ab Ende des 13. Jahrhunderts erbaute Rathaus.

Abb. 2: Der Tauentzienplatz, 1924, ab 1807 quadratisch mit der Seitenlänge von 150 Metern angelegt; links mittig: die helle Kuppel der Neuen Synagoge, daneben: das Polizeipräsidium.

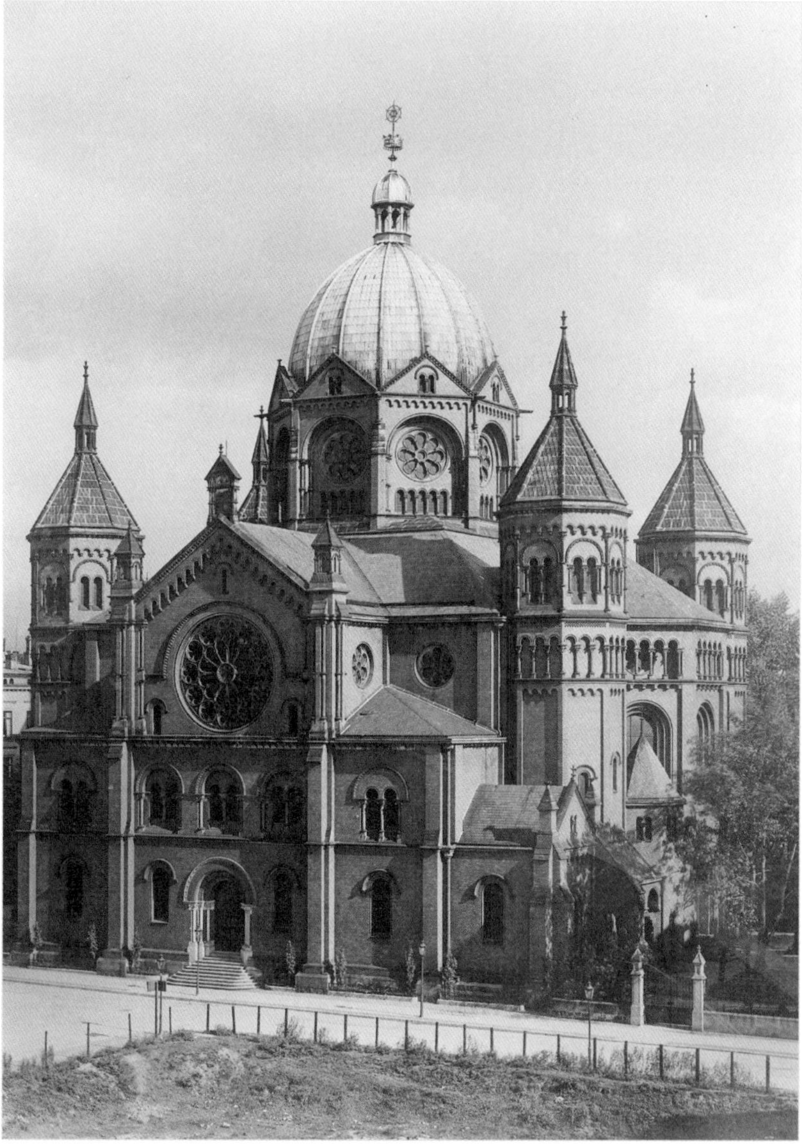

Abb. 3: Die Neue Synagoge, am Anger 8. Der Sakralbau wurde von Edwin Oppler, einem Architekten aus Öls, entworfen und am 29. September 1872 eingeweiht. Mit 2.000 Plätzen war sie nach der Neuen Synagoge in Berlin die zweitgrößte des Deutschen Reiches.

Abb. 4: Ostfront, November 1916: jüdischer Feldgottesdienst; ganz links: Rudolf Aufrichtig.

W
1914

Vorläufiges Besitzzeugnis
über das
Eiserne Kreuz 2. Klasse.

Inhaber dieses
der Unteroffizier Rudolf Aufrichtig
von der 2. Komp. Res. Inf. Regt. 271
hat das Eiserne Kreuz 2. Klasse am 28.11.17 verliehen erhalten.
Im Felde, den 3. Dezember 1917.

Vermessungs-Abtlg. 17. A.A.Gronau

Abb. 5: Urkunde über die Verleihung des ›Eisernen Kreuzes 2. Klasse‹ an Rudolf Aufrichtig, »Im Felde, den 3. Dezember 1917«.

Abb. 6: Breslau, 1912: Emma (50 Jahre alt) und Isidor (56 Jahre alt) Aufrichtig, die Großeltern Klaus Aufrichtigs.

Mein geliebter Mann, unser herzensguter Vater und Großvate
unser lieber Bruder und Schwager

Isidor Aufrichtig

ist heute im 79. Lebensjahre nach einem arbeitsreichen Leben verschiede

Breslau, Gabitzstraße 136, den 29. Dezember 1934.

Emma ~~Martha~~ **Aufrichtig,** geb. Schimmelburg
Rudolf Aufrichtig
Frieda Aufrichtig, geb. Schneider
Klaus Aufrichtig als Enkelsohn

Beerdigung: Montag, den 31. Dezember 1934, mittags 1.15 Uhr
Friedhof Cosel.

Abb. 7: Todesanzeige für Isdior Aufrichtig. Seine Beerdigung am 31. Dezember 1934 wurde zu einer letzten Demonstration von Anständigen.

Abb. 8: Breslau, 8. Oktober 1933: SA-Aufmarsch am Ring.

Abb. 9: Breslau, 1934, Gabitzstraße 136; v. l. n. r.: Emma, Rudolf, Klaus, Frida und Isidor Aufrichtig.

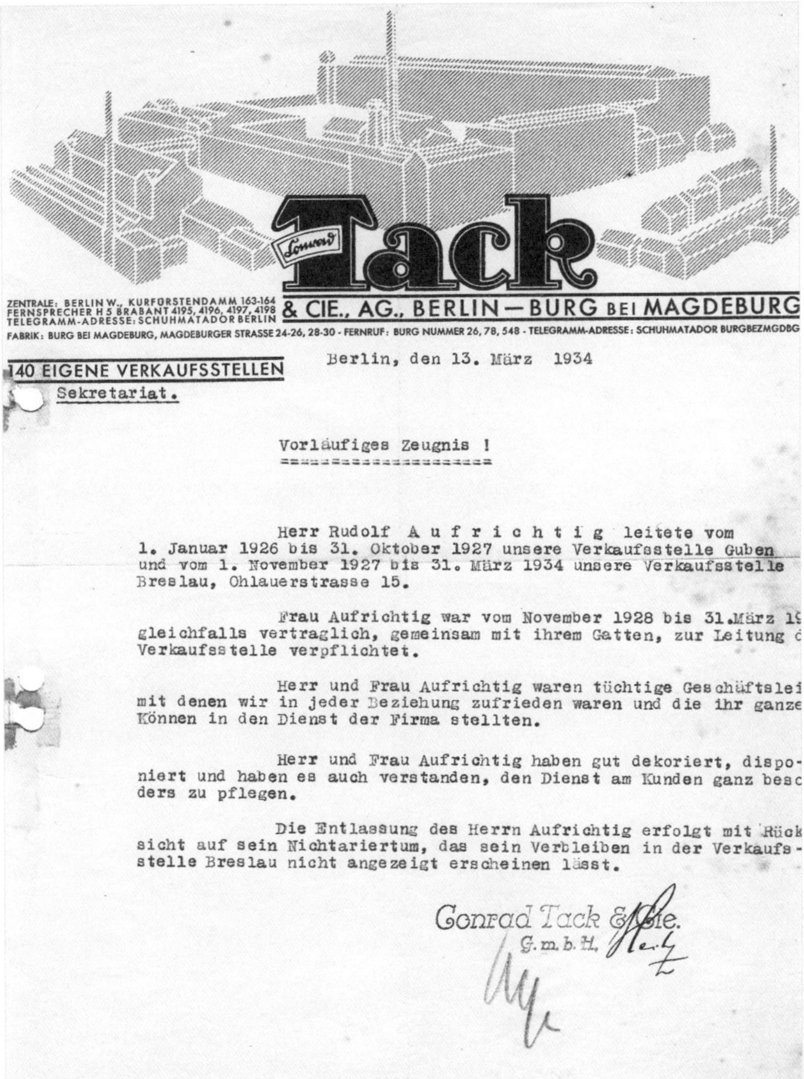

Conrad Tack

& CIE., AG., BERLIN — BURG BEI MAGDEBURG

ZENTRALE: BERLIN W., KURFÜRSTENDAMM 163-164
FERNSPRECHER H 5 BRABANT 4195, 4196, 4197, 4198
TELEGRAMM-ADRESSE: SCHUHMATADOR BERLIN

FABRIK: BURG BEI MAGDEBURG, MAGDEBURGER STRASSE 24-26, 28-30 - FERNRUF: BURG NUMMER 26, 78, 548 - TELEGRAMM-ADRESSE: SCHUHMATADOR BURGBEZMGDBG

140 EIGENE VERKAUFSSTELLEN

Berlin, den 13. März 1934

Sekretariat.

Vorläufiges Zeugnis !

Herr Rudolf A u f r i c h t i g leitete vom 1. Januar 1926 bis 31. Oktober 1927 unsere Verkaufsstelle Guben und vom 1. November 1927 bis 31. März 1934 unsere Verkaufsstelle Breslau, Ohlauerstrasse 15.

Frau Aufrichtig war vom November 1928 bis 31.März 19 gleichfalls vertraglich, gemeinsam mit ihrem Gatten, zur Leitung d Verkaufsstelle verpflichtet.

Herr und Frau Aufrichtig waren tüchtige Geschäftslei mit denen wir in jeder Beziehung zufrieden waren und die ihr ganze Können in den Dienst der Firma stellten.

Herr und Frau Aufrichtig haben gut dekoriert, disponiert und haben es auch verstanden, den Dienst am Kunden ganz beso ders zu pflegen.

Die Entlassung des Herrn Aufrichtig erfolgt mit Rücksicht auf sein Nichtariertum, das sein Verbleiben in der Verkaufsstelle Breslau nicht angezeigt erscheinen lässt.

Conrad Tack & Cie.
G.m.b.H.

Abb. 10: »Vorläufiges Zeugnis« des Schuhgroßhandels *Tack* für Rudolf Aufrichtig vom März 1934, weil er wegen seines »Nichtariertums« entlassen worden war.

Abb. 11: Breslau, 9./10. November 1938: das bislang einzige bekannte Bild vom Brand der Neuen Synagoge; aufgenommen mit einem Teleobjektiv vom Hause der *Schlesischen Zeitung* in der Schweidnitzer Straße.

Mit Berliner Kurszettel

Schlesische Zeitung

Abendblatt

Verlag von Wilh. Gottl. Korn — 197. Jahrgang

Nr. 571 Vollausgabe Abendblatt | Breslau, Donnerstag, 10. November 1938 | Einzelpreis 10 Pfg.

Kemal Atatürk gestorben

Hauptstadt Chust der neue Regierungssitz der Karpato-Ukraine / Chamberlain plädierte erneut für Zusammenarbeit

Kundgebungen gegen Juden im ganzen Reich

DNB. Berlin, 10. November.

Nach Bekanntwerden des Ablebens des durch feige jüdische Mörderhand niedergestreckten deutschen Diplomaten vom Rath haben sich im ganzen Reich spontane judenfeindliche Kundgebungen entwickelt.

Die tiefe Empörung des deutschen Volkes machte sich dabei auch vielfach in starken antijüdischen Aktionen Luft.

Unsere Geduld ist zu Ende

Das Deutsche Nachrichtenbüro teilt hierzu weiter mit:

Das deutsche Volk hatte sich am 9. November in allen Orten des Großdeutschen Reiches zusammengefunden, um wieder, wie alljährlich, der Gefallenen im November zu gedenken, derjenigen Männer, die mit ihrem Tode und ihrem Blutopfer den Grundstein für das nationalsozialistische Großdeutsche Reich gelegt hatten, dessen Vollendung wir in diesen Tagen erleben durften. Wenn wir uns heute zur Feier des 9. November zusammenfinden, sehen wir nicht mehr die Fahnen auf Halbmast, vielmehr bekennen wir uns zu unseren Toten in Stolz. Wir wissen, daß hiermit unser Werk in diesen sechs Jahren vor ihrem Opfertod bestehen kann. In diese Feierstimmung unseres stolzen Bekenntnisses brach die erschütternde Kunde vom Tode des durch jüdischen Meuchelmord dahingerafften deutschen Diplomaten, Parteigenossen vom Rath. Gerade als wir uns zu dieser Trauer zusammenfanden, wollte es diese blutsfremde Rasse, die immer noch in unserem deutschen Volke lebt, daß wieder einer der Besten ihren Rachegelüsten zum Opfer fallen sollte. Nichts war ihnen bisher geschehen. Das deutsche Volk hatte ihnen das Recht zum Leben gegeben. Sie aber konnten sich nicht dazu durchringen, die Großmut des deutschen Volkes anzuerkennen, vielmehr war ihr ganzes Strebensziel darauf eingestellt, um mit fanatischem Haß, wo sie auch immer lebten, alles, was deutsch, was nationalsozialistisch ist, mit ihrer sattsam bekannten Feigheit durch Worte, Schrift und teuflische Taten zu vernichten.

Daß diesem teuflischen Treiben ein Ende gesetzt werden mußte, ist allzu selbstverständlich. Das deutsche Volk bekannte sich in der Stunde der Feier des 9. November einmütig zur entschlossenen Abwehr gegen das Judentum. Es demonstrierte gegen diese Rasse und vergalt diese verruchte Mordtat, indem es überall die Synagogen in Brand steckte, um damit zu zeigen, daß einmal ein Halt geboten werden muß. Wie im Reich, so auch in Schlesien äußerte sich die Stimme des Volkes impulsiv in Aktionen, die im Niederbrennen der Synagogen und dem demonstrativen Zerstören jüdischer Geschäfte Ausdruck fanden. Die Stärke der Empörung wurde nicht zuletzt dadurch dokumentiert, daß auch nicht ein einziges jüdisches Geschäft der strafenden Hand des Volkes entging. Bemerkenswert war, daß in allen Fällen trotz Zerstörung der Fensterscheiben, der Eisengitter und der Türen in keinem Falle Plünderungen oder Ausschreitungen über das gerechte Maß der Empörung hinaus bemerkt wurden. Diese Aktionen waren nicht der Ausdruck eines niederen Instinkts, sie bestanden nicht im bloßen Willen zur Plünderung, sondern einzig und allein den Juden zu zeigen, daß unsere Geduld nun zu Ende ist.

Sicherungsmaßnahmen an der Synagoge

In Breslau stand gegen 2 Uhr nachts die Synagoge in Flammen und eine ungeheure Menschenmenge hatte sich als Zuschauer eingefunden. Sehr bald war die Bleiverglasung der Fenster geschmolzen, so daß die bunten Scheiben herniederklirrten und hinter den so entstandenen großen Öffnungen die Flammen hell emporschlugen. Der Kupferbelag der Synagogenkuppel schmolz zum Teil und sank teilweise zusammen. Infolge der ungeheuren Hitzeentwicklung im Inneren der Synagoge sprangen von den Säulen, soweit sie in ihrem unteren Teil aus Sandstein bestanden, große Stücke Gesteins ab, so daß die gemauerten oberen Teile der Säulen auf einer nur kleinen Unterlage stehen. Die Innenausstattung der Synagoge ist vollständig ausgebrannt. Sicherheitsmaßnahmen jeder Art zum Schutze der umliegenden Häuser sind getroffen worden.

Während die Synagoge brannte, das heißt also bis in die frühen Morgenstunden hinein, klirrten die Fensterscheiben der jüdischen Geschäfte. Die Straßen waren die ganze Nacht hindurch stark belebt und auch in den Vormittagstunden waren überall viele Menschen auf den Straßen, die die Vorgänge der verflossenen Nacht besprechen.

Sowjetrußland liefert Waffen an China

Tokio, 10. November.

Die militärische Hilfeleistung der Sowjetunion für das Tschiangkaischek-Regime nimmt, wie Domei aus Kejo (Korea) meldet, immer größeren Umfang an. So wurden von den Sowjets vor kurzer Zeit über Sinkiang (Chinesisch-Turkestan) nach Sian, der Hauptstadt der Provinz Schensi, 60 Militärflugzeuge, ein größerer Posten Gewehre sowie 80 Lastkraftwagen geliefert. Im übrigen befinden sich zur Zeit über 400 russische Piloten an der chinesischen Front im aktiven Dienst.

Der „Vater der Türken" gestorben

Istanbul, 10. November.

Der türkische Staatspräsident Kemal Atatürk ist am Donnerstag, 9.05 Uhr, gestorben.

*

Kemal Atatürk wurde im Jahre 1879 in Saloniki aus anatolischer Familie stammend, als Sohn des Zolldirektors Ali Rasa geboren. Schon auf der Höheren Schule in Saloniki zeichnete er sich wissenschaftlich aus und galt als Musterschüler, desgleichen aber auch für verschlossen und ohne Anlehnungsbedürfnis. Dasselbe Bild bot er auf der Militärschule, in die er eintrat, um die Offizierslaufbahn zu ergreifen. Hier bewies er vornehmlich in Mathematik überragende Veranlagung und erhielt wegen seiner hervorstechenden Leistungen den Beinamen Kemal, d. h. der Vortreffliche. Von einer unbändigen Vaterlandsliebe erfüllt, dabei ebenso ehrliebend wie zielbewußt, gründete er schon mit 15 Jahren 1894 in Damaskus einen Geheimbund „Watan" (Vaterland) und später in Saloniki eine besondere Abteilung dieses Bundes „Freiheit und Vaterland" und bewegte sich hauptsächlich in den Kreisen der revolutionären Jungtürken. Als junger Generalstabshauptmann gehörte er 1908 mit Enver, Talaat und Dschemal zu den jungtürkischen Führern, die den Sultan Abdul Hamid zur Wiederherstellung der Verfassung zwangen und ihn 1909 zugunsten seines Bruders Reschad, dann Sultan Mohammed V., absetzten.

Während des Balkankrieges 1912/13 war Kemal Major im Generalstab des Kommandierenden der türkischen Dardanellenarmee Fochri Pascha, die der 4. bulgarischen Armee gegenüberstand. Von 1913 bis 1915 war er Militärattaché bei der türkischen Gesandtschaft in Sofia, wohin man den politisch gefürchteten Mann geschickt hatte, um ihn kalt zu stellen. Im Weltkrieg kämpfte er zunächst mit besonderem Erfolg an den Dardanellen. Er half die Engländer von Gallipoli ins Meer treiben. Er erhielt dann den Oberbefehl in Diyarbekir und im März 1917 über die zweite Kaukasusarmee. Dann wurde er der Jilderimarmee unter Falkenhayn zugeteilt, weigerte sich aber, den von diesem geplanten Vorstoß gegen den

(Fortsetzung auf Seite 2)

Trauerfeier in der deutschen Botschaft

Drahtbericht unseres Pariser Vertreters

—ie. Paris, 10. November.

Nach einer eindrucksvollen Feier im Deutschen Haus zu Ehren der am 9. November gefallenen Opfer des Nationalsozialismus begab sich ein großer Teil der deutschen Kolonie Mittwoch abend gegen 10 Uhr vor die Klinik, in der der deutsche Gesandtschaftsrat Dr. Ernst vom Rath gestorben ist. In der Totenfeier hatten bereits der Botschafter Graf Welczeck und der Landesgruppenleiter der NSDAP, Gesandtschaftsrat Dr. Ehrich, das Wort zu Ehren der Novembergefallenen und des verstorbenen deutschen Gesandtschaftsrates ergriffen.

„An der Bahre des neuen Märtyrers der Bewegung", so sagte Dr. Ehrich, neigen wir uns in Ehrfurcht vor seinem großen Opfer, vor seiner Mutter und vor seinem Vater. Wir erheben unser Haupt vor dem Führer, denn einer aus unseren Reihen ist eingegangen in die Standarte Horst Wessel. Wir tragen die Fahne weiter. Nicht wir haben den Boden dieses Landes mit Blut befleckt, sondern die anderen, die uns in den Augen des Gastlandes herabsetzen wollen. Wir wissen, daß nur aus der Hetze jener Kreise solche abscheuliche Tat geboren werden konnte.

Wir Überlebenden wollen aus dem Leben und Sterben der Kämpfer der Bewegung den Willen schöpfen für ein anständiges und sauberes Deutschtum. Wir wissen, daß uns, die wir im Auslande leben, in unserem Streben Grenzen gesteckt sind. Wir kennen diese Grenzen und sind gewillt, sie nicht zu überschreiten. Aber nichts kann uns davon zurückhalten, darüber hinaus unser Deutschtum zu bekennen und nach den Grundsätzen des Führers zu leben. Immer, wenn wir Nationalsozialisten einen Toten in unseren Armen hielten, sind wir stärker geworden. Deshalb wird die Trauer, die uns menschlich anfaßt, gesprengt durch das stolze Bewußtsein, daß wir für eine Idee leben, für die unsere Kameraden gefallen sind, und für die zu sterben wir alle bereit sein müssen."

Anschließend sprach der deutsche

Botschafter Graf Welczeck,

und wies in bewegten Worten darauf hin, daß zu den Toten des 9. November 1923 sich heute ein neues Opfer, sein lieber Mitarbeiter, Gesandtschaftsrat vom Rath, gesellt habe. „Jeden von uns", so sagte er, „hätte die Kugel treffen können, er aber hat das Opfer auf sich genommen. Wir, die wir im Auslande das Reich vertreten, sind die Soldaten des Führers, die außerhalb der Grenzen für das deutsche Volk und Reich kämpfen. Auf diesem Feld zu fallen, ist ehrenvoll. Alle, die Gesandtschaftsrat vom Rath gekannt haben, rühmen seinen reinen Charakter und seine Aufrichtigkeit. Sein Opfer bedeutet für alle seine Mitarbeiter, die auch seine Freunde waren, einen unersetzlichen Verlust. In erschütterndem Mitgefühl wenden wir uns den Eltern zu, die durch den Tod ihres Sohnes dem deutschen Volk und Vaterland ein so schweres Opfer gebracht haben."

Anschließend begab sich die deutsche Kolonie zur Klinik d'Alma, um der sterblichen Hülle des Gesandtschaftsrats vom Rath das Geleit zur Botschaft zu geben.

Als der Sarg mit der Reichsdienstflagge bedeckt die Klinik ver-

Der Erinnerungsmarsch des 9. November

Der Führer bei der Kranzniederlegung im Ehrentempel, begleitet von Generalfeldmarschall Göring, Generaladmiral Raeder, Generaloberst von Brauchitsch, Himmler, Heß und Hühnlein.

Aufn. Presse Bild Zentrale

Abb. 12: Titelblatt der Abendausgabe der *Schlesischen Zeitung* vom 10. November 1938 mit den Hauptschlagzeilen zum Tod Kemal Atatürks und zu den reichsweiten Pogromen.

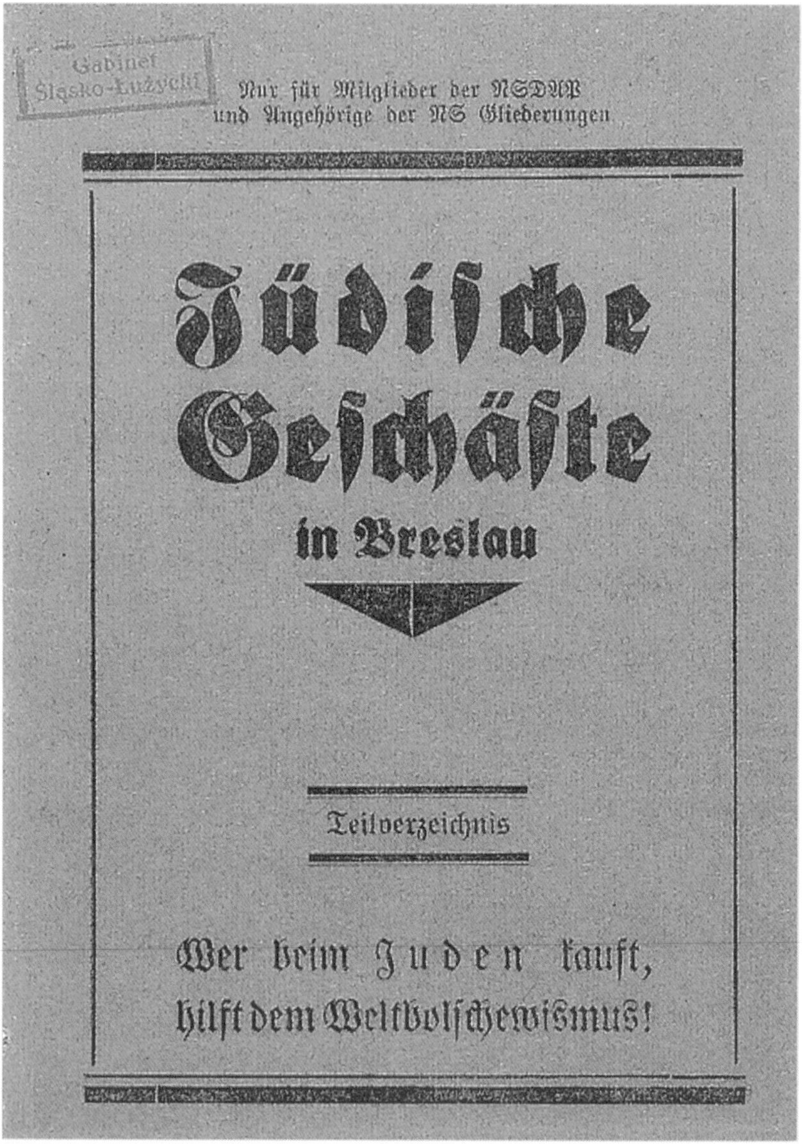

Gabinet Śląsko-Łużycki

Nur für Mitglieder der NSDAP
und Angehörige der NS Gliederungen

Jüdische Geschäfte
in Breslau

Teilverzeichnis

Wer beim Juden kauft,
hilft dem Weltbolschewismus!

Abb. 13: *Jüdische Geschäfte in Breslau,* zusammengestellt von der NSDAP, um 1938. Mit solchen Broschüren sollten 2.000 jüdische Händler und über 250 Ärzte eingeschüchtert werden. Zugleich dienten sie während der ›Kristallnacht‹ als ›Wegweiser‹.

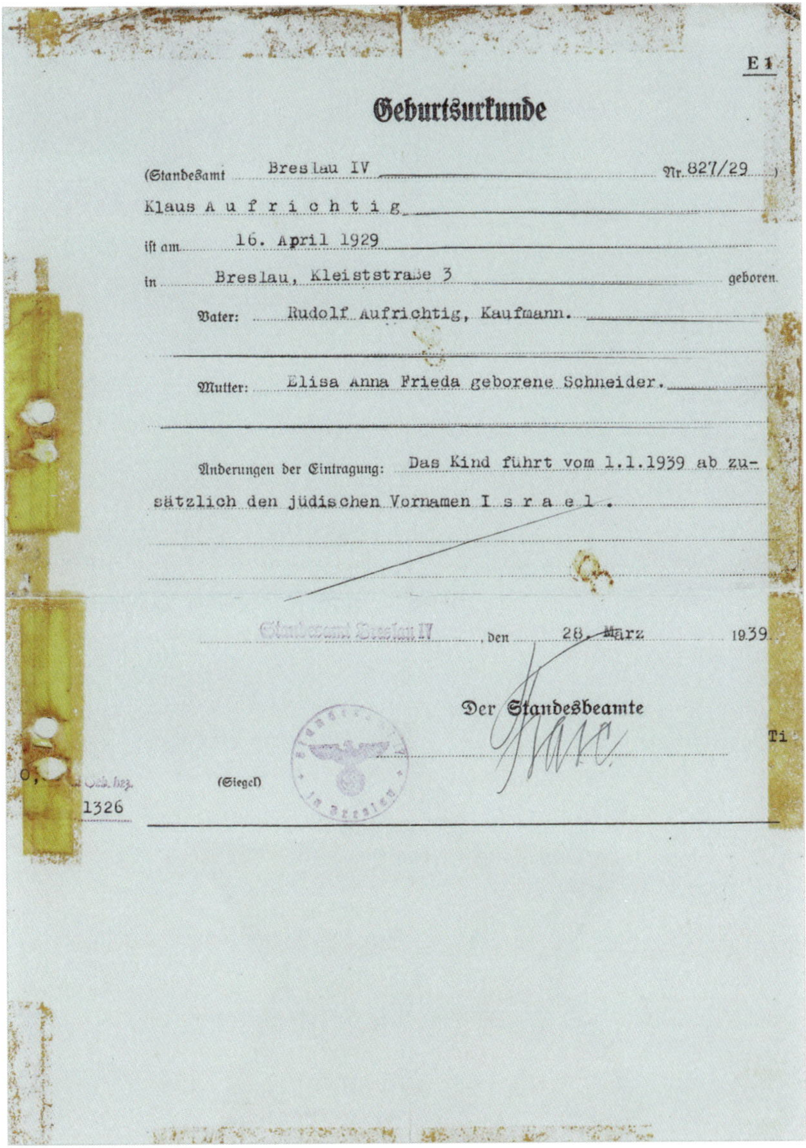
E 1

Geburtsurkunde

(Standesamt Breslau IV Nr. 827/29)

Klaus A u f r i c h t i g

ist am 16. April 1929

in Breslau, Kleiststraße 3 geboren.

Vater: Rudolf Aufrichtig, Kaufmann.

Mutter: Elisa Anna Frieda geborene Schneider.

Änderungen der Eintragung: Das Kind führt vom 1.1.1939 ab zusätzlich den jüdischen Vornamen I s r a e l .

Standesamt Breslau IV, den 28. März 1939

Der Standesbeamte

(Siegel)

Geb. bez. 1326

Abb. 14: Neuausgestellte Geburtsurkunde mit der ›Änderung‹, dass Klaus Aufrichtig ab dem 1. Januar 1939 »zusätzlich den jüdischen Vornamen Israel« zu führen habe. Jüdinnen erhielten zwangsweise den Zusatz ›Sara‹.

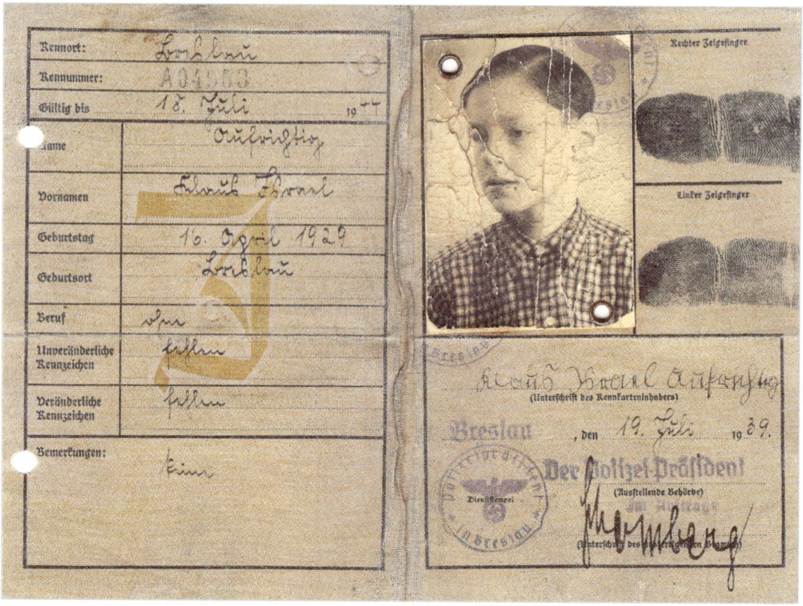

Kennort: Breslau
Kennnummer: A04503
Gültig bis 18. Juli 1944
Name: Aufrichtig
Vornamen: Klaus Israel
Geburtstag: 16. April 1929
Geburtsort: Breslau
Beruf: ohne
Unveränderliche Kennzeichen: fehlen
Veränderliche Kennzeichen: fehlen
Bemerkungen: keine

Rechter Zeigefinger
Linker Zeigefinger

Klaus Israel Aufrichtig
(Unterschrift des Kennkarteninhabers)
Breslau, den 19. Juli 1939.
Der Polizei-Präsident
(Ausstellende Behörde)
Dienststempel
(Unterschrift des ausfertigenden Beamten)

Abb. 15: Kennkarte für Klaus ›Israel‹ Aufrichtig, ausgestellt vom Polizeipräsidenten in Breslau am 19. Juli 1939.

Abb. 16: ›Judenstern‹, den Klaus Aufrichtig ab dem 1. September 1941 ›sichtbar‹ tragen musste und noch heute besitzt.

Abb. 17: Breslau, 1939: Jüdisches Kinderheim in der Gräbschener Straße 61–65;
Rudolf Aufrichtig: 2. Reihe, 6. v. l.. Er verlor seine Anstellung mit der Schließung am 30. April 1941.

Abb. 18: Breslau, 1940: Theateraufführung in der Jüdischen Schule am Rehdigerplatz 3;
v. l. n. r.: Schoschanna Boss, Renate Offner, Klaus Aufrichtig, Hans Schulz; »Name vergessen«.

Abb. 19 – 20: Breslau, wahrscheinlich Ende November 1941: Der beliebte Biergarten an der Schießwerderstraße nahe dem Odertorbahnhof dient als ›Endsammelstelle‹ von Juden vor der Deportation in den Osten.

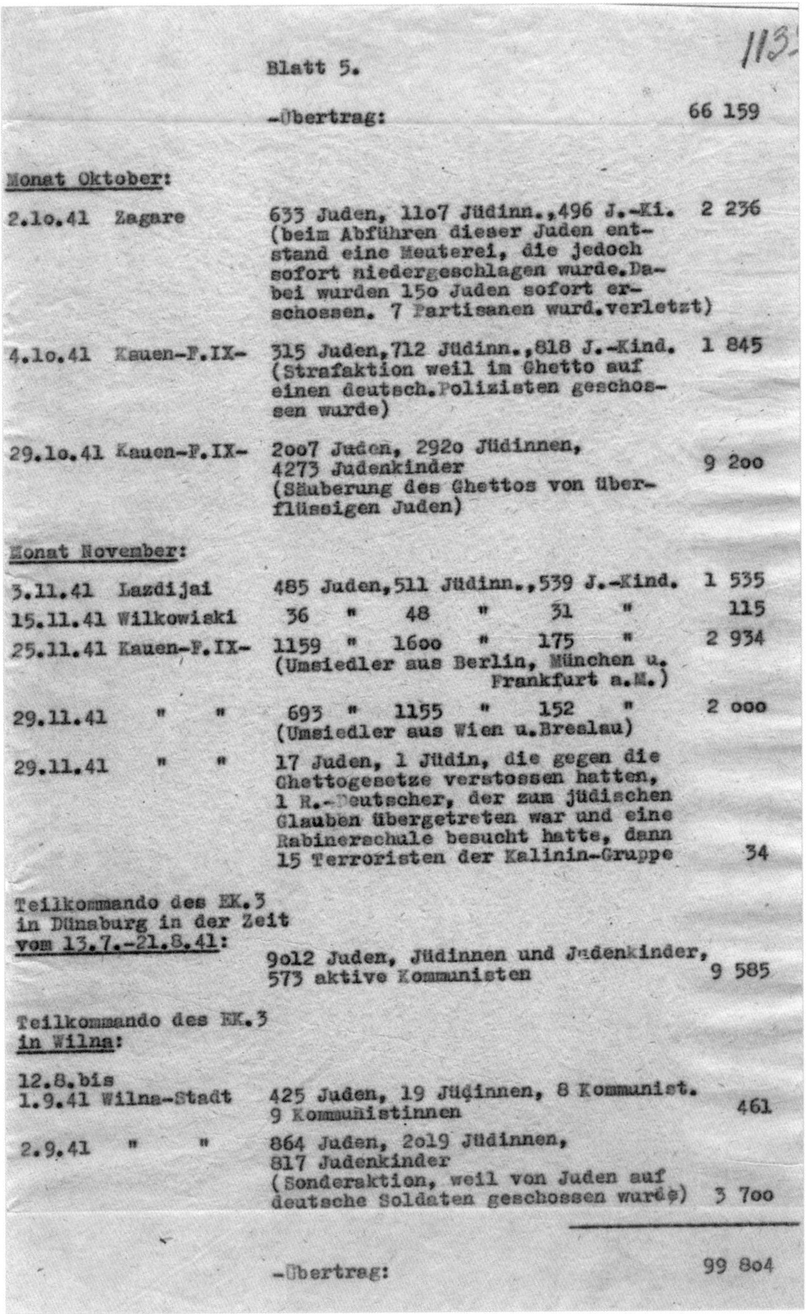

Blatt 5.

-Übertrag: 66 159

Monat Oktober:

2.1o.41	Zagare	633 Juden, 11o7 Jüdinn.,496 J.-Ki. (beim Abführen dieser Juden entstand eine Meuterei, die jedoch sofort niedergeschlagen wurde. Dabei wurden 15o Juden sofort erschossen. 7 Partisanen wurd. verletzt)	2 236
4.1o.41	Kauen-F.IX-	315 Juden,712 Jüdinn.,818 J.-Kind. (Strafaktion weil im Ghetto auf einen deutsch. Polizisten geschossen wurde)	1 845
29.1o.41	Kauen-F.IX-	2oo7 Juden, 292o Jüdinnen, 4273 Judenkinder (Säuberung des Ghettos von überflüssigen Juden)	9 2oo

Monat November:

3.11.41	Lazdijai	485 Juden,511 Jüdinn.,539 J.-Kind.	1 535
15.11.41	Wilkowiski	36 " 48 " 31 "	115
25.11.41	Kauen-F.IX-	1159 " 16oo " 175 " (Umsiedler aus Berlin, München u. Frankfurt a.M.)	2 934
29.11.41	" "	693 " 1155 " 152 " (Umsiedler aus Wien u.Breslau)	2 ooo
29.11.41	" "	17 Juden, 1 Jüdin, die gegen die Ghettogesetze verstossen hatten, 1 R.-Deutscher, der zum jüdischen Glauben übergetreten war und eine Rabinerschule besucht hatte, dann 15 Terroristen der Kalinin-Gruppe	34

Teilkommando des EK.3 in Dünaburg in der Zeit vom 13.7.-21.8.41:

9o12 Juden, Jüdinnen und Judenkinder, 573 aktive Kommunisten — 9 585

Teilkommando des EK.3 in Wilna:

12.8.bis 1.9.41	Wilna-Stadt	425 Juden, 19 Jüdinnen, 8 Kommunist. 9 Kommunistinnen	461
2.9.41	" "	864 Juden, 2o19 Jüdinnen, 817 Judenkinder (Sonderaktion, weil von Juden auf deutsche Soldaten geschossen wurde)	3 7oo

-Übertrag: 99 8o4

Abb. 21: »Blatt 5« des Berichts von SS-Standartenführer Dr. Karl Jäger vom 1. Dezember 1941 über ›durchgeführte Exekutionen‹ in Litauen. Für den 29. November ist die Ermordung von »Umsiedlern«, unter anderem aus Breslau, verzeichnet.

Abb. 22: Meta Bernstein, geb. Schimmelburg (1871–1942), Klaus' Tante; umgekommen in Theresienstadt.

Abb. 23: Ulli Lewin, Sohn von Reinhold und Eva (1929–1943), ein Schulfreund; ermordet in den Gaskammern von Auschwitz.

Abb. 24: Eva Lewin (1904–1943), Mutter von Ulli; ermordet in den Gaskammern von Auschwitz.

Abb. 25: Dr. Reinhold Lewin (1888–1943), ab 1938 letzter Rabbiner zu Breslau; ermordet in Auschwitz.

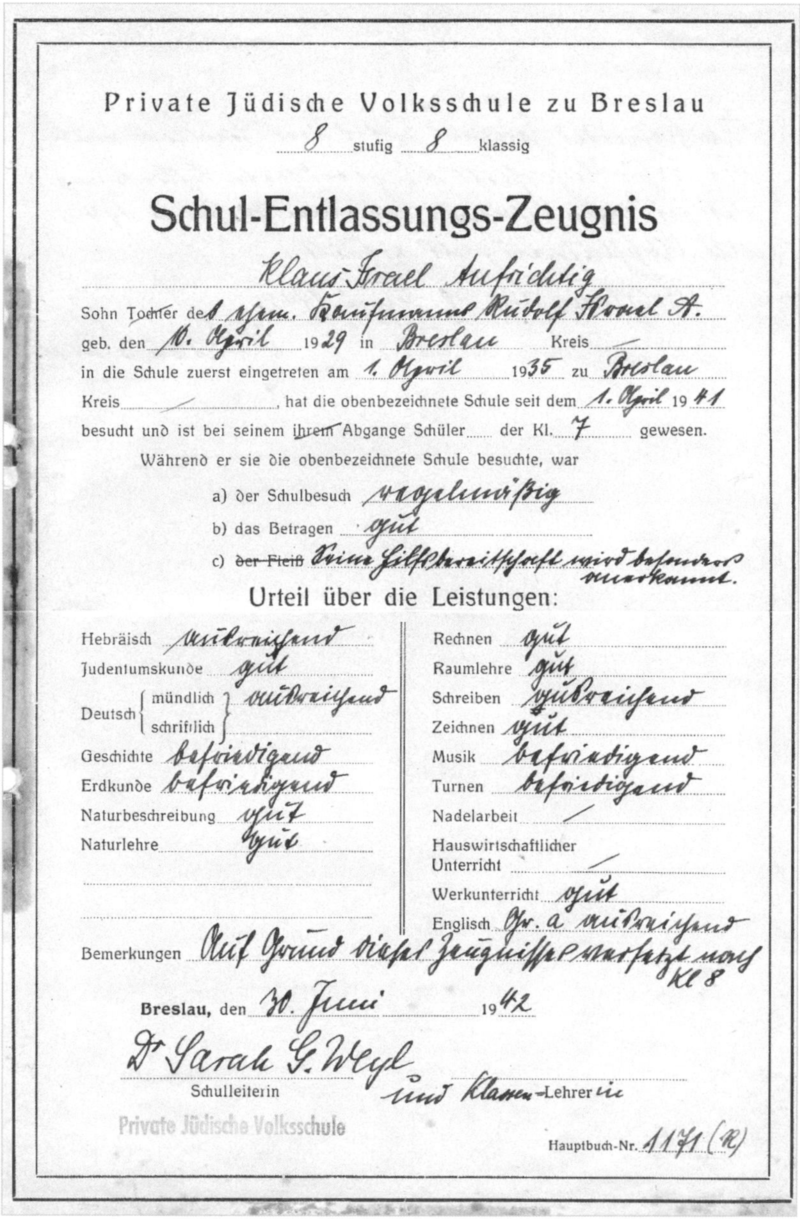

Private Jüdische Volksschule zu Breslau

8 stufig 8 klassig

Schul-Entlassungs-Zeugnis

Klaus Israel Aufrichtig

Sohn ~~Tochter~~ des ehem. Kaufmanns Rudolf Israel A.

geb. den 10. April 1929 in Breslau Kreis —

in die Schule zuerst eingetreten am 1. April 1935 zu Breslau

Kreis —, hat die obenbezeichnete Schule seit dem 1. April 1941

besucht und ist bei seinem ~~ihrem~~ Abgange Schüler der Kl. 7 gewesen.

Während er sie die obenbezeichnete Schule besuchte, war

a) der Schulbesuch regelmäßig

b) das Betragen gut

c) ~~der Fleiß~~ Seine Hilfsbereitschaft wird besonders anerkannt.

Urteil über die Leistungen:

Hebräisch	ausreichend	Rechnen	gut
Judentumskunde	gut	Raumlehre	gut
Deutsch mündlich / schriftlich	ausreichend	Schreiben	ausreichend
		Zeichnen	gut
Geschichte	befriedigend	Musik	befriedigend
Erdkunde	befriedigend	Turnen	befriedigend
Naturbeschreibung	gut	Nadelarbeit	—
Naturlehre	gut	Hauswirtschaftlicher Unterricht	—
		Werkunterricht	gut
		Englisch	Gr. a ausreichend

Bemerkungen: Auf Grund dieses Zeugnisses versetzt nach Kl 8

Breslau, den 30. Juni 1942

Dr Sarah G. Weyl

Schulleiterin und Klassen-Lehrerin

Private Jüdische Volksschule

Hauptbuch-Nr. 1171 (R)

Abb. 26: »Schul-Entlassungs-Zeugnis« für Klaus Aufrichtig; auf der Rückseite ist handschriftlich vermerkt: »Umstehendes Zeugnis wird im Hinblick auf die behördlicherseits angeordnete Schließung des jüdischen Schulwesen zum 30. Juni 1942 als Abschlußzeugnis erteilt. Breslau, den 30. Juni 1942, Dr. Sarah G. Weyl«.

Abb. 27: Das Eingangstor des Konzentrationslagers Groß-Rosen, nach April 1945: Klaus Aufrichtig kam hier auf einem ›Todesmarsch‹ im Januar vorbei.

Abb. 28: Bei Kriegsende liegt Breslau in Trümmern; Klaus Aufrichtig kehrt im August 1945 in seine Heimatstadt zurück, die nun polnisch ist.

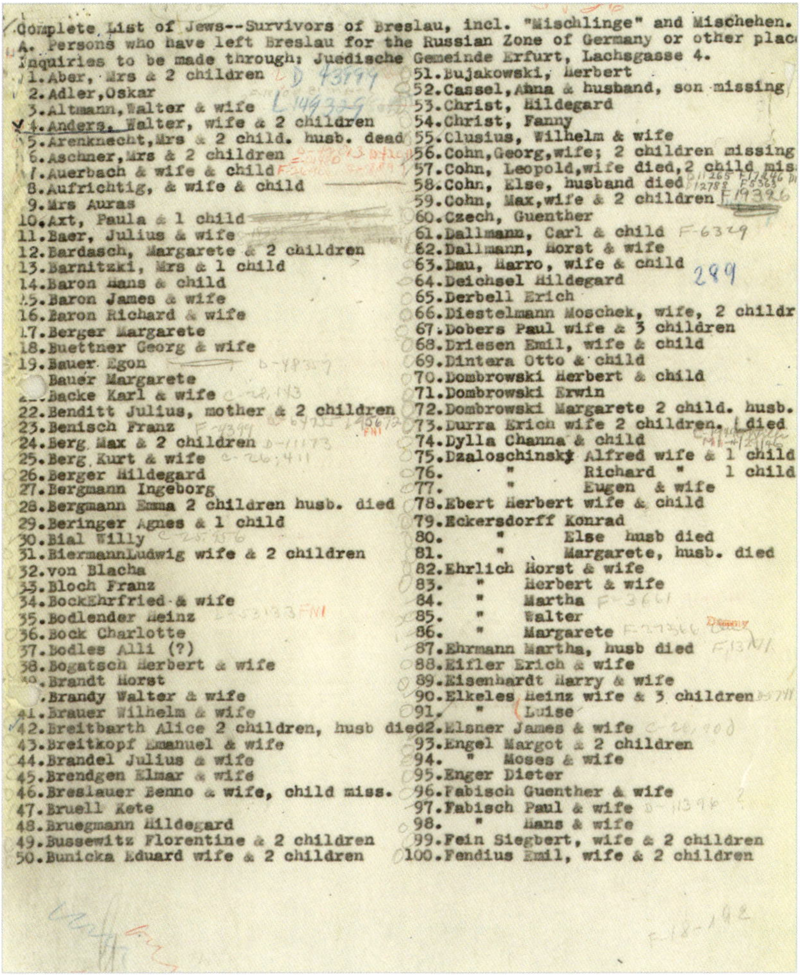

Complete List of Jews--Survivors of Breslau, incl. "Mischlinge" and Mischehen.
A. Persons who have left Breslau for the Russian Zone of Germany or other plac
Inquiries to be made through: Juedische Gemeinde Erfurt, Lachsgasse 4.

1. Aber, Mrs & 2 children
2. Adler, Oskar
3. Altmann, Walter & wife
4. Anders, Walter, wife & 2 children
5. Arenknecht, Mrs & 2 child. husb. dead
6. Aschner, Mrs & 2 children
7. Auerbach & wife & child
8. Aufrichtig, & wife & child
9. Mrs Auras
10. Axt, Paula & 1 child
11. Baer, Julius & wife
12. Bardasch, Margarete & 2 children
13. Barnitzki, Mrs & 1 child
14. Baron Hans & child
15. Baron James & wife
16. Baron Richard & wife
17. Berger Margarete
18. Buettner Georg & wife
19. Bauer Egon
Bauer Margarete
21. Backe Karl & wife
22. Benditt Julius, mother & 2 children
23. Benisch Franz
24. Berg Max & 2 children
25. Berg Kurt & wife
26. Berger Hildegard
27. Bergmann Ingeborg
28. Bergmann Emma 2 children husb. died
29. Beringer Agnes & 1 child
30. Bial Willy
31. BiermannLudwig wife & 2 children
32. von Blacha
33. Bloch Franz
34. BockEhrfried & wife
35. Bodlender Heinz
36. Bock Charlotte
37. Bodles Alli (?)
38. Bogatsch Herbert & wife
40. Brandt Horst
Brandy Walter & wife
41. Brauer Wilhelm & wife
42. Breitbarth Alice 2 children, husb died
43. Breitkopf Emanuel & wife
44. Brandel Julius & wife
45. Brendgen Elmar & wife
46. Breslauer Benno & wife, child miss.
47. Bruell Kete
48. Bruegmann Hildegard
49. Bussewitz Florentine & 2 children
50. Bunicka Eduard wife & 2 children
51. Bujakowski, Herbert
52. Cassel, Anna & husband, son missing
53. Christ, Hildegard
54. Christ, Fanny
55. Clusius, Wilhelm & wife
56. Cohn, Georg, wife; 2 children missing
57. Cohn, Leopold, wife died, 2 child mis
58. Cohn, Else, husband died
59. Cohn, Max, wife & 2 children
60. Czech, Guenther
61. Dallmann, Carl & child
62. Dallmann, Horst & wife
63. Dau, Harro, wife & child
64. Deichsel Hildegard
65. Derbell Erich
66. Diestelmann Moschek, wife, 2 childr
67. Dobers Paul wife & 3 children
68. Driesen Emil, wife & child
69. Dintera Otto & child
70. Dombrowski Herbert & child
71. Dombrowski Erwin
72. Dombrowski Margarete 2 child. husb.
73. Durra Erich wife 2 children, died
74. Dylla Channa & child
75. Dzaloschinsky Alfred wife & 1 child
76. " Richard " 1 child
77. " Eugen & wife
78. Ebert Herbert wife & child
79. Eckersdorff Konrad
80. " Else husb died
81. " Margarete, husb. died
82. Ehrlich Horst & wife
83. " Herbert & wife
84. " Martha
85. " Walter
86. " Margarete
87. Ehrmann Martha, husb died
88. Eifler Erich & wife
89. Eisenhardt Harry & wife
90. Elkeles Heinz wife & 3 children
91. " Luise
92. Elsner James & wife
93. Engel Margot & 2 children
94. " Moses & wife
95. Enger Dieter
96. Fabisch Guenther & wife
97. Fabisch Paul & wife
98. " Hans & wife
99. Fein Siegbert, wife & 2 children
100. Fendius Emil, wife & 2 children

Abb. 29: Auflistung jüdischer Überlebender aus Breslau, die die Stadt in Richtung Sowjetische Besatzungszone verlassen haben; unter 8. ist Familie Aufrichtig verzeichnet.

Der Vorstand
der Synagogen-Gemeinde
Fernsprecher 24964
Bankkonto: Landeskreditbank Thüringen

(15a) ERFURT, den 12.8.48
Büro: Anger 30/32
Eingang: Lachsgasse

Bescheinigung

Wir bestätigen hierdurch, daß Herr Klaus Aufrichtig, geb. am 16.4.29, früher wohnhaft in Breslau, jetzt Erfurt, Damaschkestr. 18, Sternträger war.

Der Vorstand der Synagogengemeinde

DER VORSTAND der Synagogen-Gemeinde zu Erfurt

R. Cars

023 22512

Abb. 30: »Bescheinigung« der »Synagogen-Gemeinde zu Erfurt«, dass Klaus Aufrichtig im Nationalsozialismus »Sternträger« gewesen war.

Abb. 31: Erfurt, 1946, in der Wohnung der Aufrichtigs: Treffen junger Juden, die aus Breslau stammten; ganz links: Klaus Aufrichtig.

Abb. 32: Erfurt, 1947: Treffen der Vorstände der Jüdischen Gemeinden in der Sowjetischen Besatzungszone; 5. v. r.: Rudolf Aufrichtig.

Abb. 33: : Erfurt, der 1952 geweihte Tempel am heutigen Juri-Gagarin-Ring, der einzige Synagogenneubau zu DDR-Zeiten.

Abb. 34: Erfurt, 1947, Damaschkestraße 18: Klaus, Frida und Rudolf Aufrichtig.

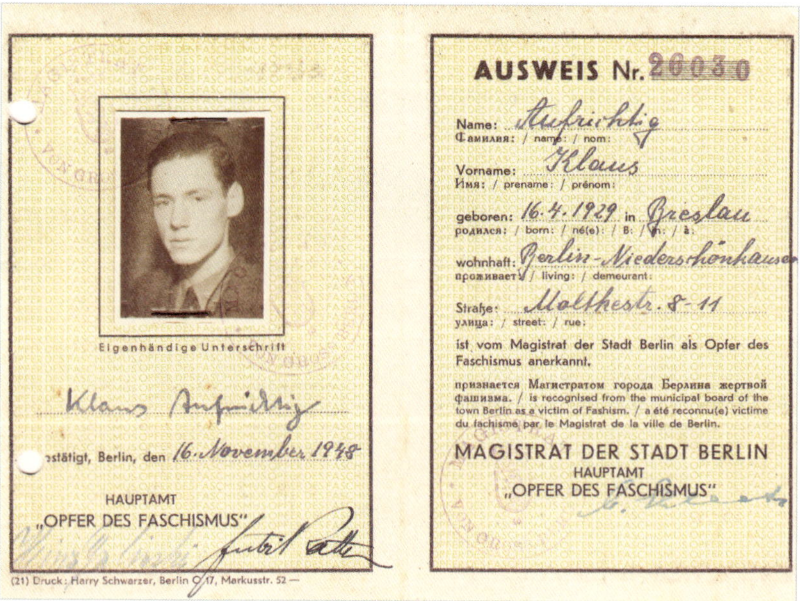

Eigenhändige Unterschrift

Klaus Aufrichtig

…stätigt, Berlin, den 16. November 1948

HAUPTAMT
„OPFER DES FASCHISMUS"

(21) Druck: Harry Schwarzer, Berlin C 17, Markusstr. 52 —

AUSWEIS Nr. 26030

Name: Aufrichtig
Фамилия: / name: / nom:

Vorname: Klaus
Имя: / prename: / prénom:

geboren: 16.4.1929 in Breslau
родился: / born: / né(e): / B: / in: / à:

wohnhaft: Berlin-Niederschönhausen
проживает: / living: / demeurant:

Straße: Moltkestr. 8-11
улица: / street: / rue:

ist vom Magistrat der Stadt Berlin als Opfer des Faschismus anerkannt.

признается Магистратом города Берлина жертвой фашизма. / is recognised from the municipal board of the town Berlin as a victim of Fashism. / a été reconnu(e) victime du fachisme par le Magistrat de la ville de Berlin.

MAGISTRAT DER STADT BERLIN
HAUPTAMT
„OPFER DES FASCHISMUS"

Abb. 35: Ausweis »Opfer des Faschismus« für Klaus Aufrichtig vom 16. November 1948.

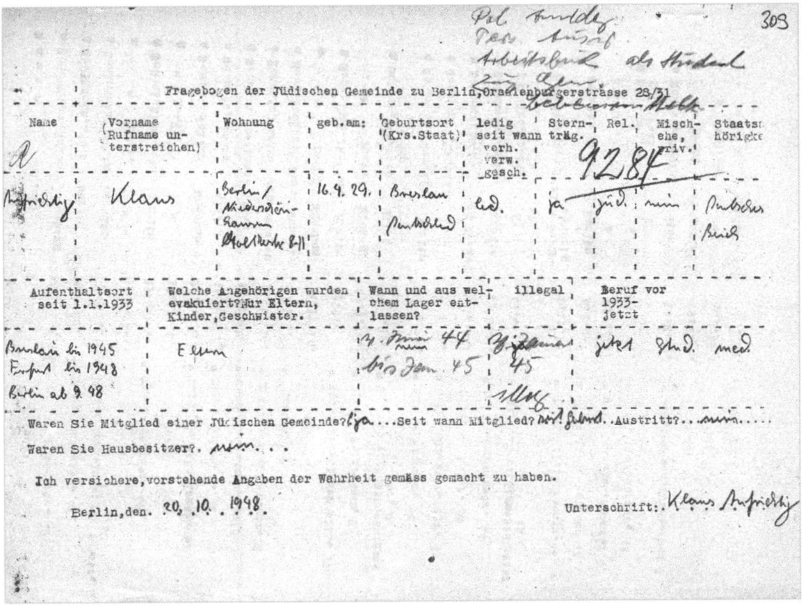

Pol Anmeldg
Pers. Ausw.
Arbeitsbuch als Student

Fragebogen der Jüdischen Gemeinde zu Berlin, Oranienburgerstrasse 28/31

Name	Vorname (Rufname unterstreichen)	Wohnung	geb.am:	Geburtsort (Krs.Staat)	ledig seit wann verh. verw. gesch.	Sternträg.	Rel.	Mischehe, priv.	Staatsangehörigkeit
Aufrichtig	Klaus	Berlin/ Niederschönhausen [illegible]	16.4.29.	Breslau Deutschland	led.	ja	jüd.	nein	Deutsches Reich

9284

Aufenthaltsort seit 1.1.1933	Welche Angehörigen wurden evakuiert? Nur Eltern, Kinder, Geschwister.	Wann und aus welchem Lager entlassen?	illegal	Beruf vor 1933- jetzt
Breslau bis 1945 Erfurt bis 1948 Berlin ab 9.48	Eltern	3. [illegible] 44 bis Jan. 45	[illegible] 45 illeg.	jetzt Stud. med.

Waren Sie Mitglied einer Jüdischen Gemeinde? ja ... Seit wann Mitglied? seit Geburt. Austritt? ... nein ....

Waren Sie Hausbesitzer? . nein . . .

Ich versichere, vorstehende Angaben der Wahrheit gemäss gemacht zu haben.

Berlin, den. 20. 10. 1948.

Unterschrift: . Klaus Aufrichtig

Abb. 36: »Fragebogen der Jüdischen Gemeinde zu Berlin, Oranienburgerstrasse 29/31«, ausgefüllt von Klaus Aufrichtig.

Abb. 37: Berlin, Dezember 1947: Hauptgebäude der kriegsbeschädigten Universität, Unter den Linden, wo Klaus Aufrichtig im Jahr darauf ein Medizinstudium aufnahm.

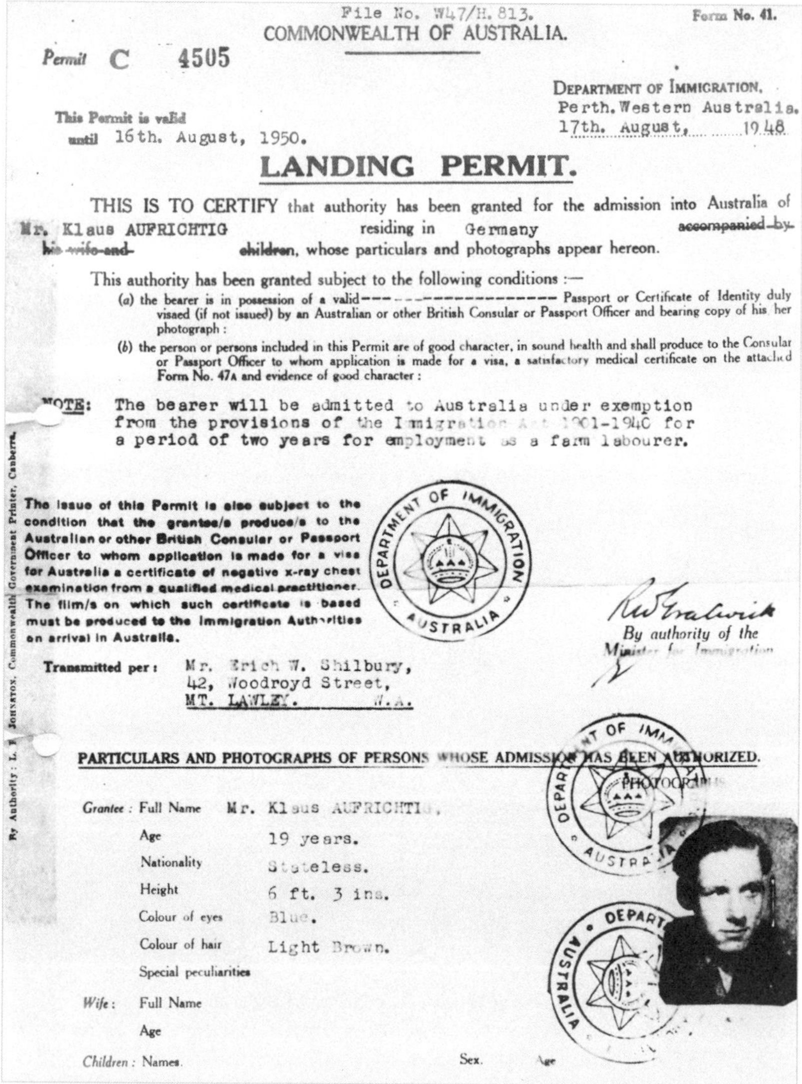

File No. W47/H.813. Form No. 41.

COMMONWEALTH OF AUSTRALIA.

Permit C 4505

DEPARTMENT OF IMMIGRATION,
Perth. Western Australia.
17th. August, 1948.

This Permit is valid until 16th. August, 1950.

LANDING PERMIT.

THIS IS TO CERTIFY that authority has been granted for the admission into Australia of Mr. Klaus AUFRICHTIG residing in Germany ~~accompanied by his wife and~~ ~~children~~, whose particulars and photographs appear hereon.

This authority has been granted subject to the following conditions :—

(*a*) the bearer is in possession of a valid———————— Passport or Certificate of Identity duly visaed (if not issued) by an Australian or other British Consular or Passport Officer and bearing copy of his her photograph :

(*b*) the person or persons included in this Permit are of good character, in sound health and shall produce to the Consular or Passport Officer to whom application is made for a visa, a satisfactory medical certificate on the attached Form No. 47A and evidence of good character :

NOTE: The bearer will be admitted to Australia under exemption from the provisions of the Immigration Act 1901-1940 for a period of two years for employment as a farm labourer.

By Authority: L. F. Johnston, Commonwealth Government Printer, Canberra.

The issue of this Permit is also subject to the condition that the grantee/s produce/s to the Australian or other British Consular or Passport Officer to whom application is made for a visa for Australia a certificate of negative x-ray chest examination from a qualified medical practitioner. The film/s on which such certificate is based must be produced to the Immigration Authorities on arrival in Australia.

DEPARTMENT OF IMMIGRATION AUSTRALIA

By authority of the Minister for Immigration

Transmitted per: Mr. Erich W. Shilbury,
42, Woodroyd Street,
MT. LAWLEY. W.A.

PARTICULARS AND PHOTOGRAPHS OF PERSONS WHOSE ADMISSION HAS BEEN AUTHORIZED.

PHOTOGRAPHS

Grantee : Full Name Mr. Klaus AUFRICHTIG.
Age 19 years.
Nationality Stateless.
Height 6 ft. 3 ins.
Colour of eyes Blue.
Colour of hair Light Brown.
Special peculiarities

Wife : Full Name
Age

Children : Names. Sex. Age

Abb. 38: ›Anlandeerlaubnis‹ für Australien vom 17. August 1948; Klaus Aufrichtig gilt als ›staatenlos‹.

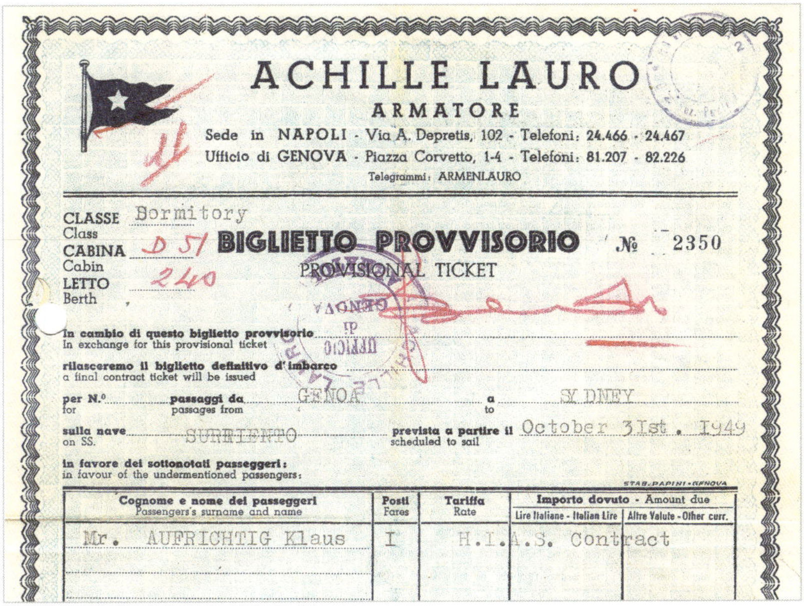

ACHILLE LAURO
ARMATORE
Sede in NAPOLI - Via A. Depretis, 102 - Telefoni: 24.466 - 24.467
Ufficio di GENOVA - Piazza Corvetto, 1-4 - Telefoni: 81.207 - 82.226
Telegrammi: ARMENLAURO

CLASSE Class: Dormitory
CABINA Cabin: D 51
LETTO Berth: 240

BIGLIETTO PROVVISORIO № 2350
PROVISIONAL TICKET

In cambio di questo biglietto provvisorio
In exchange for this provisional ticket
rilasceremo il biglietto definitivo d'imbarco
a final contract ticket will be issued
per N.° for — passaggi da passages from: GENOA — a to: SYDNEY
sulla nave on SS.: SURRIENTO — prevista a partire il scheduled to sail: October 31st. 1949
in favore dei sottonotati passeggeri:
in favour of the undermentioned passengers:

STAB. PAPINI - GENOVA

Cognome e nome dei passeggeri Passengers's surname and name	Posti Fares	Tariffa Rate	Importo dovuto - Amount due: Lire Italiane - Italian Lire	Altre Valute - Other curr.
Mr. AUFRICHTIG Klaus	I	H.I.A.S. Contract		

Abb. 39: Fahrschein für die Schiffspassage von Genua nach Australien auf der *Surriento*, ausgestellt in Paris am 20. Oktober 1949 (Ausschnitt).

Abb. 40: Das Motorschiff *Surriento* im Hafen von Perth, 1950.

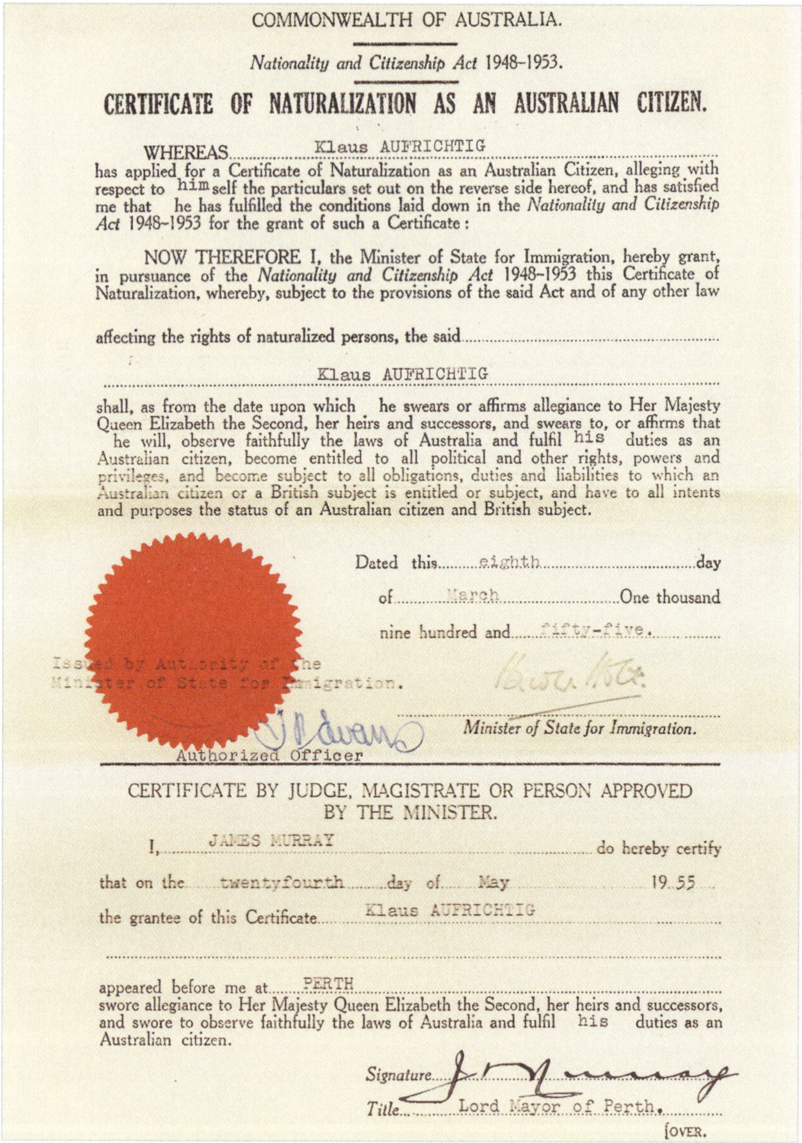

COMMONWEALTH OF AUSTRALIA.

Nationality and Citizenship Act 1948–1953.

CERTIFICATE OF NATURALIZATION AS AN AUSTRALIAN CITIZEN.

WHEREAS Klaus AUFRICHTIG has applied for a Certificate of Naturalization as an Australian Citizen, alleging with respect to himself the particulars set out on the reverse side hereof, and has satisfied me that he has fulfilled the conditions laid down in the *Nationality and Citizenship Act* 1948–1953 for the grant of such a Certificate:

NOW THEREFORE I, the Minister of State for Immigration, hereby grant, in pursuance of the *Nationality and Citizenship Act* 1948–1953 this Certificate of Naturalization, whereby, subject to the provisions of the said Act and of any other law affecting the rights of naturalized persons, the said Klaus AUFRICHTIG shall, as from the date upon which he swears or affirms allegiance to Her Majesty Queen Elizabeth the Second, her heirs and successors, and swears to, or affirms that he will, observe faithfully the laws of Australia and fulfil his duties as an Australian citizen, become entitled to all political and other rights, powers and privileges, and become subject to all obligations, duties and liabilities to which an Australian citizen or a British subject is entitled or subject, and have to all intents and purposes the status of an Australian citizen and British subject.

Dated this eighth day of March One thousand nine hundred and fifty-five.

Issued by Authority of the Minister of State for Immigration.

Minister of State for Immigration.

Authorized Officer

CERTIFICATE BY JUDGE, MAGISTRATE OR PERSON APPROVED BY THE MINISTER.

I, JAMES MURRAY do hereby certify that on the twentyfourth day of May 19 55 the grantee of this Certificate Klaus AUFRICHTIG appeared before me at PERTH swore allegiance to Her Majesty Queen Elizabeth the Second, her heirs and successors, and swore to observe faithfully the laws of Australia and fulfil his duties as an Australian citizen.

Signature

Title Lord Mayor of Perth.

[OVER.

Abb. 41: Australische Einbürgerungsurkunde für Klaus Aufrichtig, der sich bald darauf Kenneth Arkwright nennt, vom 8. März 1955.

Abb. 42: Perth, 1969: Ken und Judith Arkwright mit ihren Söhnen Peter und Kevin.

Abb. 43: Breslau-Kosel, Herbst 2010: der verwilderte Jüdische Friedhof.

Abb. 44: Breslau-Kosel, Herbst 2010: der Grabstein von Isidor und Emma Aufrichtig.

Abb. 45: Breslau, Herbst 2010: deutsch-polnisch-hebräischer Gedenkstein am Standort der Neuen Synagoge.

Abb. 46: Perth, 26. Januar 2005: Ken Arkwright und seine Ehefrau Judith im Garten des Hauses des Gouverneurs von Westaustralien nach der Verleihung des ›Ordens von Australien‹.

Abb. 47: Deutschland und Polen nach dem Potsdamer Abkommen 1945. Gepunktete Linie: Grenzen des Deutschen Reiches und Polens 1937.

Kaunas
Königsberg
Danzig
Schneidemühl
Polen
Treblinka
Warschau
Bentschen
Groß-
osen
Groß Bargen
Trachenberg
Grüntal
Jauer
Öls
Pitschen
Landsberg
Kreuzburg
Dupine
Brieg
Riebnig
Reichen-
bach
Paulsdorf
Beuthen
Gleiwitz
Auschwitz
rüssau
Breslau
Lager: Breslau-Hundsfeld;
-Klettendorf; -Masselwitz;
-Neukirch
Sobibor
Majdanek
Lublin
Izbica
Kielce
Belzec
Wien
Budapest
Orte im Buch
Lager

Stiftung
Denkmal für die
ermordeten Juden
Europas